个体化闲暇——城镇化进程中苏北泉村的日常生活与时空秩序

王 会 著

Private Leisure——
Daily Life and Space-time Order
of Quan Village
in Northern Jiangsu Province
during the Process of Urbanization

上海社会科学院出版社
SHANGHAI ACADEMY OF SOCIAL SCIENCES PRESS

编审委员会

主　　编　张道根　于信汇
副 主 编　王玉梅　朱国宏　王　振　张兆安
　　　　　干春晖　王玉峰
委　　员（按姓氏笔画顺序）
　　　　　王　健　方松华　朱建江　刘　杰
　　　　　刘　亮　杜文俊　李宏利　李　骏
　　　　　沈开艳　沈桂龙　周冯琦　赵蓓文
　　　　　姚建龙　晏可佳　徐清泉　徐锦江
　　　　　郭长刚　黄凯锋

总　序

当代世界是飞速发展和变化的世界,全球性的新技术革命迅速而深刻地改变着人类的观念形态、行为模式和社会生活,同时推动着人类知识系统的高度互渗,新领域、新学科不断被开拓。面对新时代新情况,年轻人更具有特殊的优越性,他们的思想可能更解放、更勇于探索,他们的研究可能更具生命力、更富创造性。美国人类学家玛格丽特·米德(Margaret Mead)在《文化与承诺——一项有关代沟问题的研究》一书中提出,向年轻人学习,将成为当代世界独特的文化传递方式。我们应当为年轻人建构更大的平台,倾听和学习他们的研究成果。

上海社会科学院自1958年建院以来,倾力为青年学者的成长提供清新空气和肥沃土壤。在此环境下,青年学者奋然崛起,以犀利的锐气、独到的见识和严谨的学风,向社会贡献了一批批令人振奋的研究成果。面对学术理论新人辈出的形势,上海社会科学院每年向全院40岁以下年轻科研人员组织征集高质量书稿,组织资助出版"上海社会科学院青年学者丛书",把他们有价值的研究成果推向社会,希冀对我国学术的发展和青年学者的成长有所助益。

本套丛书精选本院青年科研人员最新代表作,内容涵盖经济、社会、生态环境、文学、国际贸易、城市治理等方面,反映了上海社会科学院新一代学人创新的能力和不俗的见地。年轻人是上海社会科学院最宝贵的财富之一,是上海社会科学院面向未来的根基。

上海社会科学院科研处
2020年3月

前　言

随着经济的迅猛发展和消费主义进村,乡村社会发生了急剧分化。本书主要以苏北泉村为田野,以村庄闲暇为研究对象,梳理了城镇化进程中农村闲暇生活世界形式和内容的变化,分析了闲暇性质和功能的变迁,进而深化了对转型期乡村社会性质的认识。

本书将农民闲暇生活分为三类,即娱乐性生活、交往性生活和民俗性生活。传统农民的闲暇生活是在村落熟人社会中实现的,它具有双重意义和三重功能。所谓双重意义是指闲暇兼具个体性和社会性,它满足了个体的功能需求,但其实现方式是社会性的,并且客观上也具有社会性的功能后果。所谓三重功能是指闲暇满足了个体身心放松、人际沟通和价值体验三方面的功能需求,其社会性的功能后果是指客观上促进了社会整合。

闲暇生活的变迁表现为上述3个方面的日益个体化,即闲暇生活的功能需求和实现方式脱嵌于村落熟人社会。娱乐生活中的闲暇单一化、庸俗化,在电视为代表的消费文化侵袭下成为个体化、消费性的闲暇;交往生活中,村民奉行不得罪、不管闲事的逻辑,农民不愿再讲闲话、闲暇话题去村庄化,闲话已经彻底失去规范和控制的效力;人情已经名实分离,不再具有公共的交往规则,也不再是一种互惠互助的机制,演变为一种个体敛财和谋利或者利益交换的工具。人情剥离了社会性、公共性、伦理性的内涵,越来越朝个体性、私人性的方向发展;在文化信仰生活中,作为象征体系的生命仪式和民俗信仰的闲暇方式走向瓦解,闲暇的文化意涵渐趋消弭,从而集体意识和社会整合功能失去依托,村民情感寄托单一化,走向无归属的意义世界和价值世界。

闲暇生活之变需要在乡村社会变迁的整体视域中理解。这种变化可归结为半熟人社会化。一方面,伴随着现代性进入,乡村社会社会性竞争日趋激烈,闲暇时间层级化、货币化,农民开始形成时间产权意识;另一方面,闲暇空间不断开放的同时,空间区隔和农民心理距离却渐渐拉大,人际交往模式不断走向功利性关联。闲暇生活的个体化与乡村社会的变迁紧密相关。外出务工迅速改善了农民的经济生活水平,带来了农民职业结构的调整,村庄内部的经济分化开始逐步拉大,生活经历差异也加速了农民的异质化,村庄边界日渐模糊,原来相对封闭的熟人社会开始不断遭受外部力量的渗透。市场经济和消费主义生活方式不断强化着农民的个体主义观念,个人与村庄的关联日益瓦解,村庄越来越缺乏笼罩性的结构力量进行规约,于是,无论从社会层面还是个体层面,乡村社会的半熟人社会化都在加速推进。

本书最后提出,重建闲暇生活方式需重新建立农民与村庄之间的关联,这种闲暇生活方式的核心在于焕发村庄价值生产能力,为农民提供安身立命的基础。这样,农民仍然可以自由地在城乡之间流动,并且有序地、可控地城市化,即使不进城,他们依然可以在村庄中享受美好的生活。

目 录

第一章 导论 1
 第一节 问题及缘起 1
 第二节 闲暇研究回顾 6
  一、批判范式与闲暇异化 8
  二、闲暇研究的功能主义范式 10
  三、人类学中的闲暇研究 14
 第三节 理论资源与分析框架 17
 第四节 田野与方法 23
 第五节 章节安排 30

第二章 农民闲暇中的娱乐生活 32
 第一节 娱乐的合法性：解放话语与村庄视角 33
  一、"权利解放"与"人性解放" 33
  二、熟人社会中的娱乐休闲 35
 第二节 电视下乡与网络进村 37
  一、"关门看电视" 37
  二、网络游戏、手机游戏与混社会 44
  三、"进城的冲动" 51
  四、"外面的世界很精彩" 54

第三节　棋牌与赌博　　　　　　　　　　　57
　一、棋牌：金钱与刺激　　　　　　　　57
　二、赌博：暴利与暴力　　　　　　　　61
　三、娱乐的盛宴：六合彩风波　　　　　64
第四节　娱乐物化的政治社会学　　　　　67

第三章　农民闲暇中的社交生活　　　　73
第一节　闲话不闲　　　　　　　　　　　76
　一、闲话的内涵与性质　　　　　　　　76
　二、闲话的衰弱与"不得罪"的交往逻辑　78
　三、闲话的去村庄化　　　　　　　　　81
　四、闲话的去道德化　　　　　　　　　86
第二节　没有人情味的交往　　　　　　　92
　一、人情的功能与性质　　　　　　　　92
　二、仪式性人情的变迁　　　　　　　　95
　三、人情功能的异化　　　　　　　　　99
第三节　"无公德的个人"和无规则的社会　103

第四章　农民闲暇中的民俗生活　　　　108
第一节　闲暇生活中的生命仪式　　　　　109
　一、婚姻仪式衰落与婚恋乱象丛生　　　110
　二、丧葬仪式变迁与老人危机　　　　　121
　三、婚丧生命仪式作为一种反文化的文化实践　126
第二节　闲暇生活中的民间信仰　　　　　130
　一、农民的信仰　　　　　　　　　　　130
　二、信佛与信上帝　　　　　　　　　　131

三、地下教会　　　　　　　　　　　　　　　　　132
第三节　象征体系的瓦解　　　　　　　　　　　　136

第五章　农民闲暇的时空秩序　　　　　　　　　　139
第一节　农民闲暇中的时间与空间　　　　　　　　139
第二节　闲暇时间货币化和时间产权意识的兴起　　144
　　一、劳动力价值化与闲暇时间货币化　　　　　144
　　二、时间产权意识的兴起　　　　　　　　　　150
　　三、闲暇时间的公共性意涵丧失　　　　　　　154
第三节　闲暇空间区隔化与人际关联功利化　　　　158
　　一、闲暇的空间区隔　　　　　　　　　　　　158
　　二、人际区隔与功利化关联　　　　　　　　　166
第四节　时空秩序与个体化闲暇　　　　　　　　　170

第六章　个体化闲暇兴起的根源　　　　　　　　　174
第一节　经济分化与农民闲暇变迁　　　　　　　　174
　　一、"闲而不暇"：村庄经济分层与社会性竞争　175
　　二、消费压力与闲暇变迁　　　　　　　　　　180
第二节　社会分化与农民闲暇变迁　　　　　　　　184
　　一、闲暇交往圈层化、阶层化　　　　　　　　184
　　二、闲暇交往中的超社区关系　　　　　　　　187
　　三、家庭核心化与私人性闲暇的兴起　　　　　192
第三节　农民价值分化与闲暇变迁　　　　　　　　195
　　一、消遣经济时代的闲暇与价值观　　　　　　195
　　二、农民的价值观分化与闲暇变迁　　　　　　197

第七章　结论　202
　第一节　闲暇的性质与功能　203
　　一、熟人社会中的闲暇　203
　　二、闲暇的三重功能　205
　　三、闲暇的个体性与社会性　209
　第二节　闲暇个体化与半熟人社会化　211
　　一、闲暇生活的个体化　211
　　二、半熟人社会化　214
　　三、飘零的个体与空虚的村庄　216
　第三节　重建美好生活　218

参考文献　222

第一章
导　论

"在中国农民第一次有了大量闲暇时间的情况下，如何发展出健康的、具有农民主体性的消费闲暇的方式，是意义极为重大的现实问题，要让农民体验到美，诗化自己的生活，让农民获得心灵体验而不只是诉诸感官刺激。"[①]

——贺雪峰提出的"低消费、高福利"的农村生活理想

第一节　问题及缘起

当前农村流行着"三个月种田，三个月过年、六个月休闲"的口头禅。这话虽然说得有些夸张，但也反映了农村的实情。随着农业生产力提高，农业生产对劳动力的需求降低，并且，在经济收入多样化的背景下，农民在权衡劳动投入和劳动成果产出上越来越参照劳动力市场价格，即传统的不计劳动成本的"过密化"农业生产方式正发生改变。这样一来，农民就有了越来越多劳动之余的时间。按照最简单的定义，这部分劳动之余的生活就构成闲暇。

---

① 贺雪峰：《中国农村的"低消费高福利"实践》，《绿叶》2009年第12期。

从劳动生产中解放出来的农民有了更多的空闲时间,然而,"休闲(引者注:即本书的闲暇)和空闲时间是两个截然不同的概念①",闲暇时间是空洞的时间计量,而闲暇则是包含价值的具体生活方式。我们之所以要区别闲暇时间和闲暇生活,正与中国农村生活方式变迁有关。农民所说的"三个月种田、三个月过年、六个月休闲"真实地反映了当前农村闲暇时间增多的情况,然而这并不一定代表农民就过上了有价值和有体验的闲暇生活。带着这样的问题意识,我们在农村调研中开始将农民的闲暇生活方式当做研究主题之一。

2010年,笔者在苏北目睹了一场丧事仪式,死者死于肝癌,不足50岁,办丧事当天全村飘扬着劲爆的流行歌曲,②村民都说"今晚又有热闹看了",傍晚,喇叭队开始表演,年轻的姑娘衣着暴露,先跳了一段双人舞,没人鼓掌,姑娘竟然从观众席里揪出一位老人,拧着老人的耳朵拖上舞台,边跳边拧老人的耳朵转圈,转了几圈后姑娘跳起了摇头舞并拉着老人一起使命甩头,这时下面响起了稀稀拉拉的掌声,姑娘就操起方言,戏谑地骂着难听的话,将老人按在地上,然后骑在老人的头上唱歌,还手舞足蹈……后面的节目还有一对中年夫妇站在舞台中间讲低俗的荤段子。我们知道,丧葬仪式沟通生死两界,表达后人对前辈亲人的沉痛哀思之情,是农村最严肃的仪式活动之一。曾几何时,它竟然变得如此庸俗低俗。据后来我们调研得知,这种风气已经在全国农村多地都有出现。我们调研发现,丧事东家将此变成攀比夸耀的手段,其他村民将此当做休闲娱乐方式。

在之后的研究中,我们观察到了更多类似的离奇现象。对此,贺雪峰评

---

① 参见托马斯·古德尔、杰弗瑞·戈比:《人类思想史中的休闲》,成素梅译,云南人民出版社2000年版。书中论及,空闲时间是一种人人拥有的并可以实现的观念,而休闲却并非每个人都可以真正达到的人生状态,因为,休闲不仅是一种观念,而且更是一种理想。空闲时间只是计算时间的一种方式,而闲暇则涉及存在状态和人类生存的环境。
② 笔者访谈了一个丧葬乐队,他们的曲目主要有《眉飞色舞》《咚巴拉》《高调爱》《爱引力》、super girl、super star 等。

论说:"我在农村调查,深刻感受到,因为缺少健康的消费闲暇的方式,农村出现了严重病态……第一次获得大量闲暇时间的农民没有形成良好的消费闲暇的方式,因此出现暴饮暴食、带彩娱乐,出现生活无规律、过度诉诸感官刺激。由此带来的身心严重受损,可谓触目惊心。广泛深入农村的电视,节目繁多,内容丰富,但电视是快餐文化,是物欲的表述。"[①]对于当前农村的闲暇生活状态,我们得出两点:一是农民闲暇生活质量下降;二是闲暇生活脱离道德规制,变得越来越自由多样。

除了关注当前中国农民闲暇生活内容和方式的变化之外,本书还要重点研究闲暇生活变迁所带来的社会后果。闲暇作为一种生活方式,本身是有价值和有质量的,闲暇研究从根本上反映出"对人类前途命运的一种思考,是对几千年人类文化精神和价值体系发生断裂的现状做补救工作的一种努力,是试图通过对休闲与人生价值的思索重新理清人的文化精神坐标,进而促进人类的自省"。[②] 闲暇之于人的价值在于从劳动的必然状态中解放出来的自由状态,哲学家将自由当做休闲的内在价值。本书也要研究农民的闲暇生活质量,不过却不是从个体的角度上进行的。因为要对个人的闲暇生活选择进行价值评判,则必须要给出价值标准,而这属于规范性命题,不是实证社会学研究所能够完成的。

闲暇除了具备满足个体需求的功能之外,还具有社会建构的功能。闲暇生活很大一部分是在群体中完成的,尤其对于中国农民而言,参与群体生活很重要。农民的闲暇生活基本上是在村落熟人社区内完成的。当然,乡土社会中,这种参与并非一种刻意的参与,费孝通在观察传统乡土社会的闲暇时创造性地提出消遣经济的概念。消遣经济模式下,人们不以物质财富为主要生活目标,农民闲暇消遣的是时间,而不是消费货币,农民的闲暇生活基本上是在村落熟人社区内完成的。费孝通将中国传统熟人社会称为礼

[①] 贺雪峰:《中国农村的"低消费高福利"实践》,《绿叶》2009 年第 12 期。
[②] 参见马惠娣:《休闲:人类美丽的精神家园》,中国经济出版社 2004 年版。

俗社会,"熟悉是从时间里、多方面、经常的接触中所发生的亲密的感觉"。"在一个熟悉的社会中,我们会得到从心所欲不逾矩的自由。""规矩不是法律,规矩是'习'出来的礼俗。从俗即是从心。换句话说,社会和个人在这里通了家。"乡土社会里从熟悉得到信任。①

吴飞发现农民"过日子"具有存在论的意义,②即"过日子"中包含着价值体验和道德追求。而闲暇生活本身属于"过日子"的一部分。在农村调研中,农民向我们介绍"过日子"的经验:"将家里面的事情处理好,还要将家庭之外的事情处理好。"家庭之外的事情就包括社会参与、人情往来、公共舆论、仪式活动等,这些活动都是在闲暇时间中完成的。闲暇是农民"过日子"的重要内容,也是村落社区生活的重要组成部分。参与闲暇是参与社区公众生活的手段,一个家庭如果"关起门过日子"而不与人交往,他就变成"死门子",这样的"日子"就过不好。

与评价闲暇之于个人价值的规范性观点不同,闲暇生活之于社会建构的功能本身不涉及"善""恶"与"好""坏"的评价,本书只描述和分析闲暇生活的社会性,力图建立闲暇生活方式与社会秩序之间的关系。产生出这样的问题意识还与我们在农村观察到的农村闲话现象变迁有关。

所谓闲话就是指农民日常交流中的"张家长、李家短"的行为,说闲话是农村中最常见的现象,也是农民闲暇生活的重要内容。"看似无关紧要的闲话,构成村庄中重要的交往方式,在村民的说人道事中,村庄社会被激发出生气。在缺乏事件的村庄生活中,闲言碎语成为大多数普通村民之间互动的载体,在相互传话中,建构了村庄的社会关系与社会形态。一个人只有参与这类社会交往才能够被村庄所容纳,正如一个村外人不可能参与村庄闲话一样,村民既是闲话生活的主体,也是闲话的对象。村民必须以适当的方

---

① 参见费孝通:《乡土中国·生育制度》,北京大学出版社1998年版。
② 吴飞:《论"过日子"》,《社会学研究》2007年第6期。

式,有分寸地参与到闲话生活中,维持自己的社会地位。"[1]也就是说,农民在说闲话的过程中,除了交流信息之外,还维系和架构了一种村庄社会秩序。即闲暇生活本身包含了超越个体性体验的社会功能。

实际上,除了闲话这种闲暇生活具有社会性之外,我们发现农民绝大多数闲暇生活都具有社会性内涵。中国农民既不是像古希腊的哲人一样过着独立思考的闲暇生活,也不可能如同陶渊明一样过着"采菊东篱下,悠然见南山"的诗性闲暇生活,更不会过着神秘体验的宗教生活。中国农民的闲暇生活基本上是要参与到人与人的关系中去的,农民"过日子"的基本前提是组成家庭并参与社区生活,中国否定一种孤独个体式的生活方式,闲暇生活也是如此。无论是在家庭的私密场合,还是在村中的公众场合,闲暇生活既依托于社会关系,也再生产出社会关系。

闲话的社会性就体现在闲话作为一种道德评价机制对于维系村庄熟人社会秩序是必不可少的。在这个意义上,我们又将闲话称之为公众舆论。与闲话相似,村庄中的其他娱乐活动、仪式性活动和社会交往活动,都是一种具有社会性的闲暇生活方式。然而,这些闲暇生活方式当前正在发生变化,比如,农村娱乐活动的市场化、农民不再说闲话、农村人情的异化、仪式活动的变化等,都从根本上反映出闲暇生活的社会性在发生变化。从本质上讲,这要归结为村庄社会秩序的变化。

概言之,我们认为当前农村的闲暇生活方式变化体现出一种私人化的趋势,即农民的闲暇生活选择越来越脱离村庄的公共社会秩序,脱离了传统的道德规范,也脱离了传统的价值评判标准。本书将此称为农民闲暇生活的私人化。私人化的闲暇生活具有与传统熟人社会语境下闲暇生活不同的价值,也对建构村庄社会秩序产生新的影响。结合这两个方面,本书的基本问题意识是,通过研究农村闲暇生活方式的变迁来理解村庄熟人社会秩序的变化。

---

[1] 桂华:《论村庄社会交往的变化:从闲话谈起》,《中共宁波市委党校学报》2010年第5期。

第二节 闲暇研究回顾

国外关于闲暇的研究最早可以追溯到古希腊时期。在古希腊,闲暇是沉思的时间,是学习和接受教育的时间。[①] 在亚里士多德看来,闲暇是全部人生的唯一本原,是哲学、艺术和科学诞生的基本条件,闲暇中的沉思是最神圣的活动,闲暇的人是幸福快乐的,因为有时间思考最高尚和最好的真理。[②]"亚氏认为闲暇活动不应该是追欢逐乐,而应该是作为公民追求城邦和谐,或是作为个人追求智慧。亚氏的闲暇观渗透着至善的道德追求,拥有闲暇的人是至福之人。"[③]古希腊时期不能有助于精神升华和发掘心灵洞见的东西为人民不屑,公共的市政生活是闲暇生活的代表,而市政生活是实现城邦这一至善的唯一途径,享受闲暇生活的道德性要求是获得和保持城邦的至善。[④]

在中国古代农业社会,闲暇是一种美好的合道德的生活状态。孔子主张"志于道,据于德,依于仁,游于艺",并将之看成是礼制天下、建立仁政的极致;把"暮春者,春服既成,冠者五六人,童子六七人,浴乎沂,风乎舞雩,咏而归"视为人生最高的审美活动。道家重道,突出人的自省与内敛的色彩,重视个人的悟性,强调以"中"为度,以"平"为期,实现人与自然的和谐与协调。由此洞见人性之美,并以此构建人性之美。老子主张淡泊名利,推崇逍遥自在、清静无为的人生境界,庄子追求内心冥寂、与时而动、与物而化无所不适。"乘云气,御飞龙,而游乎四海之外"的"逍遥游"和"观天地之大美"成为人生休闲的最高境界。墨子主张"兼爱""非攻"的和平生活。[⑤]

---

① 亚里士多德:《政治学》,颜一等译,中国人民大学出版社2003年版,第255—257页。
② 转引自张永红:《马克思的休闲观及其当代价值研究》,中南大学博士学位论文,2010年。
③ 同上。
④ 亚里士多德:《政治学》,颜一等译,中国人民大学出版社2003年版,第255—257页。
⑤ 于光远、马惠娣:《休闲、游戏、麻将》,文化艺术出版社2006年版,第8—10页。

作为一种休闲智慧,中国人可能深受老庄思想的影响。老庄主张,人要活得自然,心性尤其要悠然散淡。因此,中国人推崇"君子之行,静以修身,俭以养德,非淡泊无以明志,非宁静无以致远",赞誉"体静心闲"。"在这种状态中,人才能精神集中、思维敏捷,头脑才是自由的,因此我们才能欣赏,才能感知生命的美好、自然的美好、万物的美好。古人云:流水之声可以养耳,青禾绿草可以养目,观书绎理可以养心,弹琴学字可以养脑,逍遥杖履可以养足,静坐调息可以养筋骸。陶渊明的诗句"采菊东篱下,悠然见南山",非常有代表性地表达了中国人的休闲之境界与智慧——自我心境与天地自然的交流与融合——体悟到了精神世界与客观世界的和谐统一"。[1]

中国古人通过闲暇领略生活的意义,提升道德品质,"从心所欲不逾矩"是闲暇生活的唯美境界。可以说,中西方的古人对闲暇生活的阐释都蕴含着对理想生活的向往,对真、善、美的人生境界的追求。[2]

然而,无论是古希腊、古罗马的哲人对于闲暇的极致追求,还是我国先秦时期的闲暇思想主张,都是一定历史时期的产物,或多或少存在着一定的历史局限性。中国传统文化中儒家文化的闲暇主张多与平民百姓无关,而是出于一种为政之道,普通劳动者的闲暇在历史上并不为人关注。老庄崇尚的逍遥自在、回归自然之道由于缺乏社会经济条件和物质基础的支撑,与平民百姓的生活也相隔甚远。总之,早期中西思想家关于闲暇的阐述多认为是少数人的特权,对大多数人而言还缺乏一种应然的闲暇人性关怀。

人类进入工业社会以来,劳动和闲暇空前对立,闲暇研究更多地关注工业化机器大生产与人性异化问题。由此,闲暇才被放在学术层面加以考察研究。可以说,这一时期的闲暇研究伴随着对工业社会和消费社会的批判

---

[1] 于光远、马惠娣:《休闲、游戏、麻将》,文化艺术出版社2006年版,第8—9页。
[2] 于光远:《论普遍有闲的社会》,中国经济出版社2006年版,第4—9页。

与反思,同时,也有学者关注到闲暇对于社会整合的意义和价值。于是,西方的闲暇研究形成了两个经典范式:一种侧重于工业社会闲暇的性质批判;另一种重视闲暇的社会功能与意义整合。

一、批判范式与闲暇异化

马克思是现代工业社会闲暇研究的开拓者,他开辟了现代闲暇研究的源头,唯物史观和剩余价值学说中无不隐喻着他的闲暇观。通过对旧世界的批判,他批判工业社会的雇佣劳动,并指出这是一种异化的劳动,他将工人的劳动时间分为必要劳动时间和剩余劳动时间,并以此指出资本主义社会的剥削性质。[①] 马克思以此深刻而一针见血地指出,资本主义社会的产业工人不可能拥有真正意义上的闲暇。资本主义工厂里的工人没有自由时间,他们的时间是属于资本家的,他们在剩余劳动时间创造的剩余价值被资本家无偿占有。工人只是在失业时间里拥有自由时间的假象,工人不可能拥有真正意义上的闲暇时间。[②] 马克思还指出,资本主义社会工人的劳动已经彻底异化,工人不仅没有闲暇时间,也不可能有"闲钱",更无"闲情",工人被完全排斥在闲暇之外。马克思指出,只有建立共产主义社会,才有可能实现劳动与闲暇的统一。马克思认为,真正的自由时间应当是一种非劳动时间,不过这种自由时间可以从事劳动生产,人们可以利用自由时间提升自己的劳动能力。在自由时间里的劳动生产应当建立在个人兴趣爱好的基础上,应当是一种劳动化的闲暇,不必要承担所谓的义务。[③] "可以自由支配的时间,也就是真正的财富,这种时间不被直接生产劳动所吸收,而是用于娱乐和休息,从而为自由活动和发展开辟了广阔天地。时间是发展才能的广阔天地……财富就是可以自由支配的时间,如此而已……自由时间,可以支

---

① 参见《马克思恩格斯选集》(第1卷),人民出版社1995年版。
② 同上。
③ 同上。

配的时间,就是财富本身。"①

马克思对自由时间的定义是:"不是为完成某种社会义务而必然进行的一项活动,人们在自由时间里摆脱了世俗的种种束缚,摆脱了劳动的必然性,摆脱了生活的困扰,从而闲暇主体在这种自主选择、自主行为、自我享受、自我展现的活动中,实现了自由意识、主体意识和目的意识的有机统一,自由自主性是闲暇自由活动最突出的特点。"②马克思主义思想的精髓即为,每个人的自由发展是一切人的自由发展的条件。马克思一生致力于对人类理想社会目标的探索,他认为这个理想社会的目标应当是培养"全面而完整的人"。在马克思看来,衡量人类进步的根本标准归根到底在于人的自由个性的建立和人的自由而全面的发展。他说:"到那时,任何人都没有特定的活动范围,每个人都可以在任何部门内发展,社会调节着整个生产,因而使我有可能随自己的心愿,今天干这事,明天干那事,上午打猎,下午捕鱼,傍晚从事畜牧,晚饭后从事批判,但并不因此就使我成为一个猎人、渔夫、牧人或批判者。"③

另外,通过对资本主义社会的消费能力、消费意义和消费状况的分析,马克思的闲暇消费观也隐喻其中。他指出:"生产与消费是人的感性表现,就是说,是人的实现或者是人的现实。"④马克思认为,消费不仅是对产品的消耗和使用,也是人的本质的确认和人类劳动的展现。⑤ 马克思立足于早期资本主义社会的生产和生活现实,从人的发展的应然性要求角度对闲暇消费的合理内核,即文化精神消费给予肯定和强调,这是马克思闲暇观的精髓。⑥ 马克思还认为闲暇的活动和意义具有层次性、差异性,有雅闲、俗闲和

---

① 《马克思恩格斯选集》(第1卷),人民出版社1972年版。
② 《马克思恩格斯全集》(第46卷下),人民出版社1995年版。
③ 《马克思恩格斯全集》(第47卷下),人民出版社1995年版。
④ 《马克思恩格斯全集》(第46卷下),人民出版社1995年版。
⑤ 马克思:《1844年经济学哲学手稿》,人民出版社2000年版。
⑥ 张永红:《马克思的休闲消费理论探析》,《探索》2010年第2期。

恶闲之分。雅闲是一种是积极、主动地发挥人的本质力量的高级休闲活动；俗闲一种是消极、被动消遣的普通休闲活动；恶闲则是无聊的寻衅滋事。①

对此，恩格斯在《英国工人阶级状况》一文中指出，在资本主义社会，"挥霍财富就是休闲，休闲就在于挥霍财富"，②有闲阶级中风靡流行这种畸形休闲观，认为闲暇就是占有和挥霍财富，这是一种庸人的龌龊的休闲消费观，最终导致人在休闲生活中不是"成为人"，而是成为金钱和财富的奴隶。

总之，马克思和恩格斯认为闲暇时间不仅可用于消遣，愉悦身心，还可以是一种积极的存在，是一种提高个人发展型的活动时间。自由的闲暇时间是人的生命的尺度，也是人的发展空间，缺乏自由时间，人就不可能全面发展自己，不可能全面展示自己存在的多种价值。马克思和恩格斯的闲暇研究主旨在于对资本主义社会的社会性质进行揭露和批判，也因此自然而然地将个人与社会、闲暇与资本对立起来，其开出的药方自然是在自由时间里从事较高级的自由活动，倡导健康文明的休闲方式。

不难看出，批判范式的闲暇研究伴随着资本主义大生产的兴起而兴盛，与西方资本主义精神相耦合。批判范式的闲暇研究将闲暇与工业化、城市化生活联系起来，认为"闲暇是一种能够高度商品化的参与市场供应与资源分配的活动，是挣来的消费③"，具有明显的经济理性色彩，将这种经济理性无限扩大化为现代社会的理性主义，并用此来衡量前工业社会，忽视了不同社会类型闲暇现象的本质。更为关键的是，闲暇的文化意涵、闲暇的社会功能则被完全忽略，缺乏相应的论述和有力的分析。

二、闲暇研究的功能主义范式

闲暇作为一种社会事实的研究是在结构功能主义框架中得以展开的，

---

① 张永红、曾长秋：《马克思"自由"意蕴中的休闲思想》，《河北学刊》2008 年第 3 期。
② 参见《马克思恩格斯选集》(第 2 卷)，人民出版社 1995 年版。
③ 参见黄平：《误导与发展》，中国人民大学出版社 2006 年版。

这一范式更加关注闲暇的意义、闲暇的文化内涵以及闲暇的结构和功能。

涂尔干对闲暇研究突破性的贡献在于其对集体意识的社会作用的阐释，并特别阐明了分类图式和象征仪式与"集体表现"之间的紧密关系。他对急剧社会变迁所导致的欲望膨胀、行为偏差和社会混乱等社会失范问题进行探讨，对如何消除社会病态、恢复正常社会秩序的整合问题做了研究，他为社会危机开出的救世良方是：通过职业群体或法人团体的组织方式，彻底拯救日益败落的伦理道德，以此搭建起一个功能和谐与完备的新型社会。[1]

布迪厄将社会区位、性别差异和闲暇行为都放到文化资本的概念中进行讨论，认为闲暇行为提供了一个个体展示文化资本、显现社会区隔、巩固自我社会地位、划定社会边界的机会。他深刻指出了在现代西方工业社会中闲暇被作为一种象征符号的价值和意义，认为人们在闲暇中所从事的一切活动都表现为符号的使用。此外，在揭示象征符号的文化之间的关系时，他强调了习惯的作用，强调实践在符号建构中的作用。人们在闲暇生活中越来越不能获得满足感，闲暇被异化为一种符号的消费。[2] "闲暇并不意味着一种享受自由时间、满足和功能性休息的功能。它的定义是对非生产性时间的一种消费。这种时间在经济上是非生产性的，但却是一种价值生产时间——区分的价值、身份地位的价值、名誉的价值。"[3] 布迪厄认为，生活方式和消费品位是由不同阶层的社会地位有等级地排列和决定的，一个阶级的成员通过自己的生活方式和消费行为展现出他所占据的社会空间位置和人们的阶级关系。在不同的空间场域存在由不同的习惯和品位构成的区隔。

布迪厄提出闲暇消费方式体现出来的品位将不同阶层加以区分，不同

---

[1] 参见[法]涂尔干：《职业伦理与公民道德》，梁东、付德根译，上海人民出版社2001年版。
[2] 参见高宣扬：《布迪厄的社会理论》，同济大学出版社2004年版。
[3] 参见[法]波德里亚：《消费社会》，刘成富、全志刚译，南京大学出版社2006年版。

阶层的人有不同的闲暇消费方式，也有不同的价值观念和生活方式。闲暇生活方式是个人进行群体内部认同和外部区别的手段，闲暇消费方式的差异是社会分化的指示器。因此，在某种程度上，人们的闲暇消费行为和状况是他们社会地位的表征：消费者的商品选择过程充分体现了他们的文化水准、生活方式和品位，这样，个人的消费方式就与其阶层地位发生了联系。"人们具有不同的生理结构和心理结构，具有不同的生活经历和生活环境，个人的消费内容——即个人需要的满足的结构和范围——因此表现出巨大的差异，人们的生活方式、生活品位因此也表现出明显的差异，这些在客观上反映为，人们处于不同的闲暇消费层次，并且表现出不同的阶层分布。"[1]

马克斯·韦伯论述了闲暇消费方式与阶层地位之间的关系，认为闲暇消费方式促使阶层差别显性化，并形成地位不同、生活方式不同的地位群体，闲暇消费决定个人的阶层归属。[2]

美国休闲学的奠基者索尔斯坦·凡勃伦也对闲暇消费作了进一步的阐释和描述。在《有闲阶级论》一书中，他对当时"有闲阶级"奢侈放纵的闲暇生活方式展开分析，"有闲阶级在炫耀性心理的驱使下，疯狂的占有财产，挥霍金钱，展开一波又一波的消费竞赛""明显消费""服装是金钱文化的一种表现"，炫耀性消费心理腐蚀人的心灵，败坏社会风气。然而，"消费或炫耀性消费是社会成员现实为维持其社会地位的必要手段"。他同时提出"有闲"的生活如果采取一种"非物质"的方式，即一种以"准学术"或"准艺术"的方式进行，他说，这是高级的、有价值的、满足的，是人的精神上、审美上、文化上的需要，认为这样的"有闲"生活不仅可以提高人的教养、社会的文明程度，可以将人导向自律和高尚。他指出"炫耀性消费"是一个消极性的而不是积极性的定律。[3] 在他的《有闲阶级论》中，他没有建立物质层面的休闲经

---

[1] 参见高宣扬：《布迪厄的社会理论》，同济大学出版社2004年版。
[2] 李路路：《论社会分层研究》，《社会学研究》1999年第1期。
[3] 参见[美]凡勃伦：《有闲阶级论》，商务印书馆2009年版。

济理论框架,也没有鼓励有闲阶层去尽情地作感官享受的消费。《有闲阶级论》出版后,全美国逐渐形成了鄙视"炫耀性消费"的风气,越来越多的人开始从事一些公共服务活动,如志愿者活动、慈善教育事业、义工等。社会上在公共活动领域兴起各种志愿者,创办大学、建图书馆等各种公益性活动也逐渐增多,"一段时间内甚至形成了美国文化的转变,各式各样的社团组织开始兴盛,人们愿意投入更多时间在各种社区服务活动、弱势群体帮扶、为教堂做服务生、参加环保、动物救治等等,这些志愿者和志愿者活动在调节人与人之间的关系、国家与公民之间的关系上发挥着重要的作用"。①

凯普兰、帕克等人将闲暇放在工业社会的总体性特征下探讨,并将之视为社会建制的产物,他们指出,闲暇与家庭、文化、宗教等都有密切联系,闲暇研究应当关注到"闲暇对于家庭、工作、社会的贡献,关注闲暇对于社会整合的意义和价值。根据这种理论,闲暇实际上被定义为建制工作时间之外的剩余价值",认为闲暇是工作的有益补充,同时闲暇也可能影响工作。②

帕特南对闲暇的考察目的在于民主关怀,他着重对20世纪后期的美国公民社会的发展变化及社会资本理论进行阐述,其中继承了托克维尔《论美国的民主》的问题意识,力图从民情出发来考察和评价美国民主制度的运转。他认为,"如果某一个社会的民主运转出了问题,从根本上说,那一定是公民社会(公民意识、公民组织、公民行为等,总之是公民生活)发生了变化——例如,社区生活走向了衰落。他发现那种喜好结社、喜好过有组织的公民生活、关注公共话题、热心公益事业的美国人不见了;他们不再愿意把闲暇时间用在与邻居一起喝咖啡聊天,一起走进俱乐部去从事集体行动,而是宁愿一个人在家看电视,或独自去打保龄球"。③ 他用独自打保龄球这个词来形容和概括美国社会的这一变化,并力求对这种变化的性质和原因做

---

① 转引自于光远、马惠娣:《休闲、游戏、麻将》,文化艺术出版社2006年版。
② 参见[美]约翰·凯利:《走向自由——休闲社会学新论》,赵冉译,云南人民出版社2000年版。
③ 参见[美]罗伯特·帕特南:《独自打保龄:美国社区的衰落与复兴》,刘波等译,北京大学出版社2011年版。

出理论解释。在他看来,"独自打保龄球"的现象意味着美国社会资本的流失,造成这种现象的原因可能是复杂而不易确定的,但后果是确切的,那就是公民参与的衰落。[1]

帕特南为社会资本下的定义是:社会资本指的是社会上个人之间的相互联系——社会关系网络和由此产生的互利互惠和互相信赖的规范。他认为,作为社会关系的社会资本与公民美德、互惠信任、社会合作、集体归属感和集体行动有着密切的联系,社会资本的性质决定了社会信任的范围,社会合作的治理、公民参与的可能性。他对美国社会资本衰减趋势的解释主要是通过对在 20 世纪后半期出现的代际更替、科技和大众传媒、时间和财富压力,人口流动性和扩张等进行了讨论。[2]

对不同类型社会资本的区分实际上也是从功能角度对闲暇做出的区分。闲暇时间从事什么样的活动对于社会资本创造有着重要的意义。功能主义的闲暇研究更为关注闲暇的不同功能和闲暇作为一种社会控制的手段或机制,关注闲暇对于社会整合的意义和价值,认为合理的闲暇安排有助于社会有效管理和社会控制,家庭、文化、宗教对闲暇都有影响,闲暇与这些社会结构有着密切的关系。

三、人类学中的闲暇研究

人类学中的闲暇研究摒弃了古典社会学研究单纯从社会结构或功能的角度来分析闲暇,其对工业社会以来的闲暇研究和闲暇观念进行深刻反思,建立了从行动者主题及其与特定社会情境的关系来分析闲暇的研究框架,侧重闲暇的意义阐释,这种社会、文化的研究视野在很大程度上受到了韦伯思想的影响。在韦伯看来,任何经济行为本质上都是一种社会行为,是处于

---

[1] [美]罗伯特·帕特南:《美国社会资本:如何再洗牌?》,《中国图书评论》2011 年第 3 期。
[2] 参见[美]罗伯特·帕特南:《独自打保龄:美国社区的衰落与复兴》,刘波等译,北京大学出版社 2011 年版。

由宗教、政治、文化等因素构成的大系统中,具体的个体行为是基于自己的历史和个人的角色来进行有意义的选择。[①] 在这一分析路径下,人类学的闲暇研究力图呈现的是不同社会中的群体或同一社会中的不同群体对闲暇的不同体验和理解,即强调闲暇的文化意涵。人类学者发挥了其研究地方知识的专长,对闲暇进行微观社区研究,侧重于阐释作为地方知识的闲暇,分析闲暇与一定文化形式和社会规则之间的关系,主要从3个方面展开,即时间、空间、闲暇仪式与公共生活。

人类学者对闲暇时间的研究关注到了不同社会类型对时间的不同体验、理解和不同的利用方式。在前工业社会时期,闲暇时间是丰裕的、充足的,是用来打发的时间,如萨林斯通过对狩猎-采集和农耕社会的比较研究,提出了"原始的充裕的社会"概念,认为在初民社会中,生产最大的目的在于最大量地获得闲暇时间,闲暇时间最大化是初民社会的终极价值。[②] 而一些学者认为闲暇的产生是以一定的经济剩余为前提的。这就涉及闲暇时间的获得是一种主动的选择还是被动的适应。在不同的社会,时间的概念并不相同,闲暇时间的充裕或稀缺是相对的,闲暇时间的产生并不仅仅是因为资源供给不足而带来的劳动时间空余,初民社会中对时间价值的认识和现代社会有根本的区别。西方的工业社会闲暇时间观是线性的时间观念,是一种经济理性观阐释,把个体和社会对立起来,忽略了地方性实践的价值和意义。萨林斯等人认为初民社会中存在着一套与西方工业社会所不同的稀缺观念和节约观念,这种概念的不同决定了他们对于时间的不同利用方式。这些对于我们理解和认识闲暇时间观念颇具启发。

人类学者对闲暇空间的研究多集中在闲暇空间的建构以及探讨空间的社会意义和政治意义。有人认为闲暇空间是与社会文化、不同社会群

---

① 参见[美]约翰·凯利:《走向自由——休闲社会学新论》,赵冉译,云南人民出版社2000年版。
② 参见[美]萨林斯:《石器时代经济学》,张经纬、郑少雄、张帆译,生活·读书·新知三联书店2009年版。

体有着密切联系的实体场域,如王笛、小田①等人对茶馆作为公共空间的研究。王笛认为,公共空间可以"定义为对所有人开放的地方,如街道、路旁、公园、国家财产等,也包括介于'公'与'私'之间的半公共的地方,它们由私人拥有但为公众服务,如商店、剧场、理发店等"。②通过对公共空间、下层民众、大众文化和地方政治之间关系的讨论,力图从下层民众的角度探索现代化对他们日常生活的影响以及下层民众与精英和国家权力的互动关系。

人类学的反思精神使得闲暇研究有了更为深刻的理论关照,"适度的闲暇及在闲暇中所从事的创造活动才是社会的终极目标"。萨林斯在《石器时代经济学》中就指出,在前工业社会,追求利益最大化从来不是社会的主导原则,随着文化的不断进化,每个人的工作量不断增加,而闲暇时间却不断减少了。不同的文化赋予闲暇不同的内涵,文化体现了一个社会中的人们为追求自我满足的欲望和表现。③"资本主义的金钱理性只是更大文化价值体系的结果。理性只是文化的一种表述,它表现为围绕物质使用的意义体系。"④文化内涵的不同,文化所限定的社会生活目标和价值意义也不同。这方面的闲暇仪式和闲暇文化研究摆脱了唯经济论的闲暇观念的束缚,认为闲暇深嵌入日常社会生活中,从而将闲暇置于特定社会的社会关系、人伦观念、价值体系中探讨,并分析闲暇如何受这些因素的影响和制约。

罗红光通过对黑龙潭的一系列公共信仰活动来分析与思考其象征符号体系中的权力与权威,以及国家深化与民间信仰的并存与重叠关系,反

---

① 小田:《近代江南茶馆与乡村社会运作》,《社会学研究》1997年第5期。
② 王笛:《街头文化——成都公共空间、下层民众与地方政治,1870—1930》,中国人民大学出版社2006年版,第12—30页。
③ 参见[美]萨林斯:《石器时代经济学》,张经纬、郑少雄、张帆译,生活·读书·新知三联书店2009年版。
④ 参见[美]萨林斯:《文化与实践理性》,赵炳祥译,上海人民出版社2002年版。

思"想象的共同体"理论,强调民间共同体构造所包容的人生与政治反思能动性;[①]朱晓阳通过对村庄越轨与惩罚进行深度阐释,指出村庄里日常谈话、流言蜚语、咒骂、骂街等是最常用的公共制裁形式,而这种制裁是以村庄公共生活为载体的。[②]甘满堂通过对村庙崇拜活动的泛化民间信仰进行分析,揭示了村庙信仰在社区公共生活中的意义及社会功能。[③]景军则对西北大川孔姓重建孔庙进行了研究,从社会记忆的理论角度考察了仪式知识、族谱写作、民众观念中的村史等与庙宇相关的具体问题。[④]

人类学以他者体验的内部视角对农民闲暇文化与仪式生活进行研究的优势在于对研究对象的微观把握和解释体系的宏观关怀,颇有启发和解释力。国内这方面的研究关注的公共仪式多处于地方性规范较强的华南和华北乡村,不过社区研究从微观个案研究跨入宏观判断存在惊险一跃,[⑤]仪式与象征的讨论与当地生活变迁的契合度有待于进一步考证。

第三节 理论资源与分析框架

传统休闲学对闲暇生活的理解,正如瑞典哲学家皮普尔的论断:"休闲是人的一种思想和精神的态度,它既不是外部因素作用的结果,也不是空闲时间的必然,更不是游手好闲的产物,而是人们的一种精神的态度,即人们保持的平和宁静的态度,也是人为了使自己沉浸在平和心态中、感受生命的

[①] 参见罗红光:《权力与权威——黑龙潭的符号体系与政治评论》,载王铭铭、王斯福主编:《乡土社会的秩序、公正与权威》,中国政法大学出版社1999年版。
[②] 参见朱晓阳:《罪过与惩罚》,天津古籍出版社2003年版。
[③] 参见甘满堂:《村庙与公共社区公共生活》,社会科学文献出版社2007年版。
[④] 景军:《知识、组织与象征资本——中国北方两座孔庙之实地考察》,《社会学研究》1998年第1期。
[⑤] 吴毅:《何以个案,为何叙述——对经典农村研究方法质疑的反思》,《探索与争鸣》2007年第4期。

快乐和幸福。"①由于将闲暇理解为一种个体性的精神状态及其体验,休闲学只能在抽象的层面讨论闲暇价值,因此,休闲学的目的是通过闲暇研究来反思"未来的路如何走?人生的意义和价值究竟是什么?我们究竟在寻找什么?"②本书的研究试图回答这样的抽象命题。

为了对农民的闲暇生活作出经验性的解读,本书主要是借鉴社会学和人类学的方法,将闲暇当做一种社会事实进行研究。我们认为闲暇属于农民整体生活方式的一部分,它必然受到农村经济条件、社会结构、村庄秩序、道德规范和价值体系的影响。因此,本书既要对农村闲暇生活方式的具体内容进行描述,也要在村庄熟人社会语境中对其性质进行分析,还要发掘推动农民闲暇生活选择变迁的现实原因。

如此定位闲暇生活,类似于国内的生活方式的研究。生活方式在1980年代成为中国社会学的重要研究主题之一。生活方式研究的兴起是"改革开放、思想解放、拨乱反正和我国的社会主义运行走上社会主义现代建设的产物"③,这样一来,对微观生活方式的研究本质目的还是为了回应社会建设的宏观现实问题。这一点,最早倡导生活研究的于光远明确指出:"生活方式、价值观和人的成长,是研究中国社会主义发展战略、研究中国式现代化道路时必须重视的一些问题。"④这几乎构成了生活研究的指导思想,在新的形势下,王雅林论述了当代生活研究理论的定位和意义,他指出:"在今天尤有必要揭示生活方式作为人的生成及需要满足与实现基本形式的内涵,确立其在社会理论乃至历史唯物主义中的重要范畴地位。在全面建设小康社会中生活方式将成为实现人与社会全面发展的重要条件,生活方式问题也

---

① 参见[美]托马斯·古德尔、杰弗瑞·戈比:《人类思想史中的休闲》,成素梅等译,云南人民出版社2000年版。
② 参见[美]约翰·凯利:《走向自由——休闲社会学新论》,赵冉译,云南人民出版社2000年版。
③ 王雅林:《生活方式研究评述》,《社会学研究》1995年第4期。
④ 于光远:《社会主义建设与生活方式、价值观和人的成长》,《中国社会科学》1981年第4期。

为社会学学科体系的创新提出新课题。"①尽管自1980年代至今,构成生活方式的宏观背景已经发生巨大转型,关于生活研究的上述抱负并没有发生变化。

生活研究的基本关怀如王雅林所言:"生活方式是人自身的生产方式,生活方式的动力学体现为社会条件的规定性和主体价值能动性的统一,社会全面发展的条件正是通过生活方式的中介环节实现人的需要满足的全面性,从而生成全面发展的人。"②实际上,在生活研究中,依然是要设定一种抽象的生活目标,尤其借用马克思理论对现代社会进行批评。这样的研究还隐含着一种对理想生活方式的期待,因此延续了休闲学所包含的规范性取向。另外,生活研究关注的是宏观社会背景,比如生产方式和社会关系变化对于生活方式的影响,而本书则是将闲暇生活变化放置在微观的熟人社会语境中理解。纵然工业化、城市化和商品化等现代性因素是推动农民生活方式变化的根本原因,它们也要转化为具体的农村社会变化而体现出来。

真正从微观层次上对农民生活方式做实证研究的,当属法国年鉴学派开创的"私人生活史"研究,它运用社会学方法研究"平凡人的生活",目的是探讨人们的私生活与其相关的生活方式、行为准则及其文化习惯等。③ 由菲利普·阿利埃斯和乔治·杜比编撰的描述欧洲(以法国为主)的5卷本《私人生活史》在国内已经出版,从这部著作中可以看出,在公共财政兴起,国家与市民社会形成以及文化传播方式改变和宗教自由等条件下而形成的以礼仪、规范、隐私和品味等所组成的私人世界,是西方近代公民社会的组成部分。或可以说,我们当前所具备的"私人生活"方式理念,如选择生活方式的个体自主性、信仰自由、价值多元等,都是现代产物。"私人生活史"描述了现代生活理念的发育和形成。

---

① 王雅林:《生活方式研究的理论定位与当代意义》,《社会科学研究》2004年第2期。
② 同上。
③ 参见[法]阿利埃斯、杜比主编:《私人生活史》,杨家勤等译,北方文艺出版社2009年版。

这套现代生活理念已经通过多种途径影响到中国社会。从总体上看，当前中国农村受现代性影响日益加深，农民闲暇生活变迁也遵循着从传统到现代转型的整体趋势。阎云翔最早将"私人生活"研究运用于中国农村，在这方面具有开创性。阎云翔以"权利"的视角来分析中国农村的生活方式变迁，认为当前中国农村的"私人化"趋势象征着农民的"隐私权"兴起。阎云翔进一步将其理解为在人口流动与信息传播条件下，农村受到城市现代文化的影响，并造成农民思想和行为方式的变化。由于"私人生活"的概念本身是对西方社会生活(尤其是法国)的抽象化，阎云翔在引入"私人生活"时必然会将包含在概念深层的逻辑带入现实问题分析中。他运用"私人生活发展的世界历史趋势"[①]来分析中国农村的实际经验，并以下岬村的经验来讨论现代意义的私人权利在中国农村的状况，最终提出"家庭生活以夫妻为中心，家庭成员也更具有个人权利意识，于是就又产生了对个人空间和隐私的更多追求。在更深的层面上，这种变化标志着人们在私人生活领域对个人权利的要求在增加"[②]的结论。对此，贺雪峰批评阎云翔是用"外来的逻辑来替代下岬村本身的逻辑"，[③]用"革命观念"的大词汇掩盖了农村生活的实际变迁过程。

贺雪峰提出要"从本土的角度而非西方意义上的'权利'角度讨论农村近年来发生的重大变迁，即在中国学术语境而非美国的中国研究传统中研究中国农村变迁"。[④] 贺雪峰认为村庄生活出现了"半熟人化"的趋势，具体表现为农村生产方式的多样化与村庄异质性增强，这才是农民闲暇生活方式变化的直接原因。贺雪峰从村庄社会性质来分析农民生活方式转变，避免"权利"视角的外在性。或者说，我们在农村所看到的"私人化"的趋势，是村庄社会分化和村民交往方式变化所造成的，它表现为在村庄中形成一种

---

① 阎云翔：《私人生活的变革》，上海书店出版社 2006 年版，第 155 页。
② 同上。
③ 贺雪峰：《什么农村，什么问题》，法律出版社 2008 年版，第 152 页。
④ 同上，第 151 页。

"有了兴趣和爱好,有了需求,就到公共场所一走,而没有兴趣就可以退回自己的生活空间里去"①的自由闲暇生活方式。

纵然是承认农民生活方式的变革在总体上呈现出一种从传统到现代转型的"世界历史趋势",但是这个过程却是具体的。因此,本书放弃借用"私人生活"的概念,避免被西方的经验所误导。法国年鉴学派开创了"私人生活史"的研究,阎云翔借鉴他们的研究成果,参照法国历史学界对"私人生活"的定义,将研究对象定义为"在理想状态下既不受公众监督、也不受国家权力干预的那部分个人生活"。② 实际上,这种意义上的"私人生活"与"公共政治生活"是相对的,在这个语境下所分析的私人生活的"私人性"是与政治生活中的公共性是相对的。

然而,对于中国农村生活方式的理解中,我们应该跳出这种政治学的思维。也就是说,中国的村庄熟人社会秩序中最重要的因素是道德伦理,是费孝通所说的"维系私人关系的道德",而非政治学意义上的"权利"和"权力"。政治学意义上的"公共性"重点在于"权利"分配和对"权力"边界的划定。也在这个意义上,"私人生活"的"私人性"是指不受公众监督和不受国家权力干预。而村庄熟人社会语境中用"社会性"和"个体性"对规则与秩序的描述更为贴切。

本书将运用社会性与个体性这对概念分析闲暇生活的社会性。我们所说的"社会性"不是政治学意义上的,是指一种具有规则性和包含价值评判标准的村庄社会秩序。比如,农民所说的"公道"就是指"社会性"。当村庄社会中存在"社会性"时,村民才会在公开场合辩论是非,才会去评价张家长、李家短。在具有"社会性"的村庄社会中,农民的闲暇生活本身也受公共性的支配。与之相对的是丧失公共性之后的村庄生活的"个体性""私人性"兴起,它是指村庄社会丧失规则性和价值性,一种纯粹按照个人

---

① 贺雪峰:《什么农村,什么问题》,法律出版社2008年版,第148页。
② 阎云翔:《私人生活的变革》,上海书店出版社2006年版,第12页。

兴趣、爱好、脾气的自主生活方式的兴起。由于村庄丧失了统一规则和标准，除了合法和非法标准之外，其他的道德话语就丧失了规制能力。如今，农村社会越来越依靠引入法律来解决矛盾纠纷，这便是董磊明所说的"迎法下乡"①。

在费孝通所处的时代，由道德规范维系着村庄社会秩序，形成了"礼治"的自洽，当时的"送法下乡"会造成"法秩"未成而"礼秩"已失的混乱局面。② 如今村庄的公共性丧失，"礼秩"已经渐行渐远，面对此现实，董磊明说："迎法下乡的原因是社会变迁使得传统的地方性规范和内生权威力量式微，根本无法应对新出现的混乱状态，乡村社会内生出了对国家力量和法律的需求。在当代中国，国家法律已日益成为维护社会秩序、促进社会和谐、保障新农村建设的不可或缺的力量。虽然在乡村社会这样一个急剧变迁的转型时期，迎法下乡不能彻底改变'结构混乱'的局面，但是在传统结构和规范几乎不能恢复的情况下，它却可以防范和遏止农村黑恶势力的暗流，保证基本的秩序与公正，促进新的稳定结构早日形成。"③

中国人通过参与社会交往而实现闲暇生活方式，从本体上建立了闲暇生活与村庄社会秩序的关系。反过来，闲暇生活的社会性又决定了它具有哲学、艺术或者信仰等不同的实现方式。这是能够对农民闲暇生活做实证社会学研究的基础。农民参与闲暇生活获得了基于村庄社会结构的身份意识。一个人如果能够按照村庄社会规范度过闲暇生活，他就会将"日子"过好。而"过日子"本身具有的价值内涵，又赋予农民在闲暇生活中的价值感。

随着传统村庄社会结构的解体和村庄社会秩序的公共性丧失，农民具有越来越多的闲暇生活自主性，市场经济扩大、人口流动和信息交换，也为

---

① 董磊明：《结构混乱与迎法下乡》，《中国社会科学》2008年第5期。
② 参见费孝通：《乡土中国·生育制度》，北京大学出版社1998年版。
③ 董磊明：《结构混乱与迎法下乡》，《中国社会科学》2008年第5期。

农民闲暇生活提供了更多的选择。多方面的原因造成了农村闲暇生活"个体化"的演变趋势。由于传统的闲暇生活本身包含了"过日子"的价值,因此,"个体化"不仅反映了闲暇生活方式的变化,也包含了闲暇生活价值的变动。也就是说,农民在参与传统具有公共性闲暇生活所获得的身份意识、道德感和价值体验,随着闲暇生活的"个体化"而丧失。

缺乏由村庄熟人社会秩序所赋予的规则性和价值性,形式多样自由的"个体化"闲暇生活很有可能被市场经济因素所影响。这既为农民闲暇生活注入了现代文明因素,也带来了负面的影响。被商品化的闲暇生活具有高度物化的成分,很多离奇的农村闲暇因此而产生,比如赌博、地下六合彩、人情异化等。脱离了传统的与人交往的闲暇生活方式后,农民开始转入依靠通过物质而寻求体验的孤独式的闲暇生活方式。这是闲暇生活"个体化"的另外一层内涵。

本书将闲暇生活区分为娱乐、公共交往和仪式活动等三类,这三类活动都是农民在劳作之余必须完成的生活内容,是"过日子"的重要组成部分。农民在闲暇生活中进行关系建构,包括人与自然(时空)的关系、人与人的关系以及人的精神价值世界。这也构成了闲暇交往的三重基本功能,即身心满足、社会关系建构和价值体验。其中,本书重点研究上述三类闲暇生活在村庄熟人社会秩序建构方面发挥的作用。

第四节 田野与方法

本书属于经验性研究,主要的田野工作在苏北农村完成。主要的田野调查点——苏北泉村,①是隶属于江苏省 A 市 L 县的一个行政村。L 县县

---

① 本书涉及的人名、地名均已经过处理。

域人口 80 万人左右,地处淮河下游,有低山、丘岗、平原、河湖圩区等多种地貌。

泉村所在区域资源基础、经济基础均十分薄弱。当地在 1983 年实行了家庭联产承包责任制,分田到户之初,收入来源仍然主要是种地收入。到 90 年代以后,村民纷纷去往苏南及沿海地区打工,一些经济条件好的农户开始陆续搬离村庄,村庄面向向外。①

2000 年以来,为了促进县域经济的发展,L 县展开大规模招商引资,并创建经济开发区及工业园区。同时,实施"旅游兴县"战略,吸引外来人口流入。经过 10 多年的快速发展,L 县县域经济得到了迅猛飞跃,城区人口和面积大幅增加,县统计资料显示,近年来 L 县新建商品房面积 370 多万平方米,L 县逐步发展成集工业园区、商业中心、星级宾馆集聚的新兴县域。随着当地招商引资和房地产事业的发展,县域兴起各种类型的私人性质的商业和服务业,县城大面积兴建工业园区和商业中心,当地村民开始在本地打工,也吸引了很多外省市农民工。

因受苏南、长三角经济带发展的辐射,基础薄弱的 L 县各种非内生性商业机会、经济机会突增,本地人或外出到苏南务工,或在县城务工,同时大量云、贵、川、赣等地农民工涌入大量流出和流入的双向社会流动短短 10 年在本地展开。据 2007 年的数据显示,L 县外出务工人口高达 25 万以上,外来打工人口 10 多万。10 年内,全国中西部很多村镇都在城镇化浪潮中经历了前所未有的变化,而泉村所在的县镇,因其独特的社会基础和位置,可以说,构成了一个同时经历大规模流出和流入的流动社会变迁的"理想型"。② 泉村到县城只

---

① 关于村庄面向的讨论见贺雪峰《新乡土中国》,北京大学出版社 2016 年版。有价值生产能力的村庄,村庄面向向内,表现为能人愿意留在村庄,搬出去的能人也愿意回馈乡里,村庄有一定的集体行动能力。缺乏价值生产能力的村庄则相反。笔者认为,村庄价值生产能力与村庄历史、地方性共识有一定关联,且不是一成不变的。

② 就社会流动而言,东部沿海地区农村主要是流入型村庄,流出也主要在本地,与村庄仍然紧密相连。中西部多数村庄主要是人口流出,外来人口相对较少,而泉村所处县镇正处于大量流入、流出双重流动中,也承受了双重冲击,从这个意义上讲,泉村是流动社会的理想型。

需要20分钟的路程,到市区也只需要2.5小时。从县城就可以坐高速直达上海、苏州、南京、无锡等各大中城市,长途运输的发展与当地农民打工的流动方向密切相关。这里必须说明,本书将要论及的泉村在短短10年发生如此剧烈的撕裂、变迁、乱象,与其所处的地理位置和经济社会基础有直接关联。笔者调研时间正是在2010年前后,即变迁的一个节点,这10年,"千年未有之变局"的巨变图景在泉村上演。

随着县域经济的快速飞跃发展,泉村也在短短几年发生前所未有的改变。公路、有线电视均实现"村村通",不少农户还安装了无线网络。自来水普及,70%的泉村居民住上了楼房,有三成左右农户在县城买了商品房。由于生产的发展与生活方式的变革,农民与市场的交集不断扩大加深;收入增加后,生产、生活、闲暇消费需求的满足大都到县镇上实现;再加上,道路的修缮及基础设施和商业网点的建设,电动车、汽车成为人们广泛拥有的日常交通工具,从而促进了县镇的繁荣和发展,形成了以此为中心对乡村地区的文化辐射。县城、集镇都成为推动农村经济发展,传播商业文化信息,以及娱乐、商业和政治活动的中心。另外,本地务工阶层每天往返于县乡村之间传递各种信息;大量的劳务输出,农村能人在各城市、省之间的穿梭往来,以及远离乡土的务工、购物、旅游,都成了沟通农村与周围环境联系的媒介。随着县域经济的高速发展,现代的消费主义思潮也逐渐渗透到泉村的村民生活中,特别是体现在年轻一代的日常生活中。

泉村作为L县下面的一个普通村庄,目前共有常住人口608户,2 428人,共有10个村民小组。全村共有中共党员30人,45岁以上的党员20人。2005年乡镇体制改革以后,适应精简结构的需要,村内共保留干部7名,共有书记、副书记、会计、村长、副村长、妇女主任和治保主任各1名,不再单独设立村民小组长,实行村组干部一肩挑,各个自然村分别有各个村干部包村负责。

泉村有山林、田地共计4 800亩,人均2亩地,以种植水稻、小麦等粮食作物为主,兼有花生、油菜等其他经济作物。外出打工者占各个自然村人口的20%左右,约30%的人在本地打工。泉村大姓家族有王、孙、杨、赵四家;次大姓家族有修、沈、胡三家;其余为小姓。从总体格局上看,该村居民分布格局中没有形成占压倒优势的姓氏家族。据村里老人回忆,自土改以后特别是人民公社化以后,家族结构日趋土崩瓦解,在苏北一带,家族结构已经不成其为支撑村庄共同体主要活动的关键结构因素,家族关系之间、主要姓氏之间的关系均逐步发生了变化。主要姓氏家族内部成员之间家族观念日趋淡薄,从前是五服之内(五层以内的亲缘关系)称"家里头",现在"各吃各的饭"。家庭结构的变化从侧面反映出了一个社会的历史变迁过程,分田到户以后,核心家庭成为主要的家庭形态。打工经济兴起后,泉村的家庭模式变迁开始往两个方向分化发展,一些原本比较完整、看重代际伦理的家庭形成一种以打工为核心的家计模式,全家合力为子代进城进行劳动力配置安排,开始往新"三代家庭模式"[①]方向发展;另一些条件较差的家庭或原本不完整的家庭进一步个体化,成为边缘意义上的"个体户"。

  泉村村民家庭收入主要来源有以下几方面:务工(外出和本地都有)、种植业、养殖业、运输业、经商、个体户、装修、建筑等。具体到每个农户,经济收入来源是多元化的,其中种植业和外出务工是多数农户收入来源。从总体上说,泉村村民家庭依据经济收入可分为上层、中层和下层。上层较少,主要是做大生意的个别农户;中上层,就是富裕户,约占25%,富裕户主要跑运输、包工地、搞装潢;所谓中层,就是一般户占60%~70%,这样的家庭"有饭吃,有房住,有钱花",主要收入来源是打工和种植养殖收入;而下层,有20~30户,主要原因是家里没有劳动力、小孩多、生病、伤残等。根据观察和访谈的经验材料,泉村村民的支出主要有子女接受教育费、医疗费、

[①] 参见杨华、王会:《中国农村新"三代家庭"研究》,《中国乡村研究》2018年第一卷。

建房、红白喜事、人情往来、农业生产投入、生活费、养老费等构成,其中建房、教育等费用所占比例较高,红白喜事花费较大,个别农户因患病,医疗费成为主要负担。

本项研究以泉村的6个自然村及邻近的几个自然村落为蹲点对象。自然村在当地被称为庄子,一个行政村通常由数个大小不同的庄子组成,每个大庄有20～30户,小庄则只有10户左右的人家。该地区农村多是村庄历史较短的多姓杂居村,多是在晚清以来的历次战乱中由各地迁居而来的移民形成的。村庄历史上就有很多外地移民并由移民组成,改革开放之后,这种流动性仍旧持续进行。因而当地村庄缺乏历史记忆,村庄中普遍缺乏厚重的传统,缺乏世代传承的习俗和仪式。贺雪峰基于村庄历史、自然条件等方面的原因,依据村庄内部的结构对中国农村进行区域类型划分,并划分了南方团结型村庄、北方分裂型村庄和中部分散型村庄。[①] 泉村在地理位置上靠近华北农村,属于北方分裂型村庄和中部分散型村庄的过渡地带,即村落记忆不完整、村庄结构性力量比较薄弱的村庄。

2005年前后,与全国很多城镇一样,当地城市开始大规模扩张,城市工、商业用地激增,政府推出"增减挂钩""占补平衡"政策,在新农村建设的规划和号召下,泉村出现大规模房屋拆迁,有条件的农户纷纷进城买房,在村的农户则纷纷把楼房建在马路边上,也有不少农户在村里建好楼房后,又给儿子在县城买商品房。土地被征用,农业劳动时间剧降,村民闲暇交往活动内容和活动场域因生产活动形式发生变化也发生急剧变化。泉村闲暇日常生活伴随着城市化运动进一步发生快速变迁。在2000—2005年的短短5年里,泉村所在的县城招商引资兴建了集聚100家企业的工业园区,大量人口回流涌入。2005—2012年笔者蹲点调研期间,县城正处于房地产遍地开花、轰轰烈烈的城市化进程中,以总人口在

[①] 参见贺雪峰:《村治模式:若干案例研究》,山东人民出版社2009年版。

县城和村里的活动分布来看,60%以上的人长期在县城区域活动,长期在村庄生活的不到40%,这一城市化的速率在未来几年还会大幅度提升。

在田野调研方面,笔者曾两次对泉村进行长期蹲点。第一次是2010年7月—8月的调查,主要了解泉村的社会结构和乡村治理;第二次是2011年2月初入驻泉村,6月底结束,为期5个月。

除了泉村的调查之外,笔者还于2010年5月—6月、2010年8月在河南周口村庄调查共计80天,了解了当地社会文化和乡村治理的基本情况,并对农村闲暇进行了深入了解。此外,笔者还在四川邛崃农村、浙江奉化农村、湖北京山农村、江西乐平农村、河北青龙农村调查时专门关注过农村闲暇问题。这些地区的闲暇生活及变迁与泉村当然不同,不过这些地区的调研所产生的认识加深和拓宽了笔者对闲暇与村庄社会性质的理解。

本书属于个案研究,试图对泉村闲暇生活的变迁过程进行抽象和提炼,揭示村庄人际关联模式及乡村社会性质的变迁机制。近代以来,随着现代性对乡土社会的冲击,农村传统的人伦和血缘关系发生了变化,这个变化又因其内在结构的差异性而带有明显的区域特征,因而"农村"本身在时空结构上就具有极大的差异性。[①] 即便是进行抽象解释,也得厘定个案村在整个农村时空结构中的位置,才能把握理想类型究竟是在哪个层面进行的抽象。为了解决这个问题,定位个案村,本书采取区域比较与深度个案研究两套策略,将个案村纳入整体主义的视野中。这样,"一方面,区域比较视野不仅使深度个案研究具备了'他者'的眼光,能够通过区域的差异性来激发个案研究中习以为常的钝感,增加调查者对个案经验的敏感性,而且将个案村纳入区域比较的视野,就能够对其内部的现象及其关联在不同的区域类型中进行质的把握,从而能够认清个案村在区域中的位置。另一方面,在不同区域

[①] 贺雪峰:《论中国农村的区域差异——村庄社会结构的视角》,《开放时代》2012年第10期。

农村调查时,对相关主题产生了灵感,或发现了新现象,由于对非个案村的内在结构把握不充分,而可能对该灵感和现象的理解不够深刻。但若将它们放置在个案村的深度研究中,将有助于加深和拓展对该灵感和想象的理解,从而使对个案村相关主题的研究更加深刻。在深度研究的基础上认识个案村在历史事件脉络中的位置。"①

具体到本研究的泉村,笔者将从农民基本的认同与行动单位的区域差异来定位个案村的空间位置。在贺雪峰提出的"中国农村区域差异"结构中,南方农村的宗族意识至今还较为强烈,宗族构成该地区农民的认同与行动单位,主要囊括鄂西南、江西、福建、南岭地区农村。北方农村主要包括河南、山东、河北、山西和陕西等省农村,其内部超出核心家庭之上的认同与行动单位主要是"小亲族"及其变种"户族""联合家庭",它们都是现代性冲击传统宗族结构之后留下来的宗族碎片。中部农村主要是指环洞庭湖平原地区,以及与其性质类似的东北、四川、贵州等地农村,更多的是指一种类型的农村,它的主要特征是缺少超出核心家庭之上的认同与行动单位,村庄内部已经原子化,难以达成合作与一致行动。就传统的人伦与血缘关系而言,南方农村保存相对较为完整,北方农村次之,中部农村最弱。② 苏北泉村属于小亲族村庄到原子化村庄的过渡地带,近年来原子化程度非常明显。

尽管全国农村社会及农民的闲暇生活在总体上呈现出从传统向现代变化的趋势,但是变迁的速度并不同步。南方宗族性村庄的传统保留得最多,变迁相对缓慢;北方农村正在加速转变的过程中;中部农村闲暇的私人化程度和人际关系的功利化最为明显。由于苏北泉村在地理区位和区域类型上均接近中部农村,对它的抽象也就更切合变迁的理想类型。

---

① 参见杨华:《隐藏的世界——中国农村妇女的归属意义世界》,中国政法大学出版社2012年版。
② 关于区域差异的讨论详见贺雪峰等:《南北中国:中国农村区域差异研究》,2017年版。

第五节 章节安排

第一章：导论。提出本书的问题和分析框架。作为一项实证社会学研究，本书放弃在理念层面上对闲暇生活的抽象理解和批判。本书提出社会性与个体性一对概念用于描述闲暇生活的社会性内涵及其变迁。

第二章：农民闲暇中的娱乐生活。论述电视下乡对村庄娱乐生活的影响，以及消费主义观念下农民休闲娱乐方式的变化，并论及日益货币化和低俗化的娱乐生活对村庄熟人社会的影响。

第三章：农民闲暇中的社交生活。通过闲话的变化和农村人情仪式等的变化论述农民交往规则的变化，以及村庄社会性闲暇的变迁。

第四章：农民闲暇中的民俗生活。论述文化信仰生活中作为象征体系的生命仪式和民俗信仰的闲暇方式的变化，以及信仰生活中闲暇的集体意识和社会整合功能的变化。

第五章：农民闲暇的时空秩序。农民闲暇在一定的时空秩序中展开，消费经济时代的闲暇时空秩序不同于消遣经济时代。通过时间货币化、时间产权意识的兴起和空间区隔化、人际关联模式的变迁来论述闲暇时空秩序之变和熟人社会性质之变。

第六章：个体化闲暇兴起的根源。分别从经济分化、社会分化和价值分化来论述闲暇变迁的原因。认为闲暇生活的个体化与乡村社会的变迁紧密相关。村庄内部的经济分化、农民的异质化加大，村庄边界日渐模糊，原来相对封闭的熟人社会开始不断遭受外部力量的渗透。市场经济和消费主义生活方式不断强化着农民的个体主义观念，个人与村庄的关联日益瓦解，村庄越来越缺乏笼罩性的结构力量进行规约。个体化闲暇进一步带来本体性价值坍塌，社会性价值泛滥。

第七章：结论。总述传统熟人社会农民闲暇生活的双重意义和三重功能。消费主义逻辑下农民闲暇生活日益个体化，闲暇生活的功能需求和实现方式脱嵌于村落熟人社会。村庄走向半熟人社会化。本书最后提出，重建闲暇生活方式需重新建立农民与村庄之间的关联，焕发村庄价值生产能力，为农民提供安身立命的基础。

第二章
农民闲暇中的娱乐生活

娱乐休闲在很多西方学者眼中承载着特殊意义。西方系统化的"休闲学"发轫于100多年前的工业时代,娱乐休闲之所以被愈来愈多的学者所重视,在于其能够成为"人的解放"的重要路径之一。工业化时代以来,人们物质生活水平得到极大提高,但货币、市场、启蒙、科层、科学等"理性"元素正压制着人类的意义、价值、人性、信仰、精神。马克思指出,人类处于被异化的危险;[1]韦伯认为,人类正陷入由科层和理性所打造的"铁笼";[2]福柯哀叹"人死了";[3]海德格尔思索"在"的意义;[4]弗洛姆揭示我们正在"逃避自由";[5]马尔库塞直陈,工业社会将人们打造为"单向度的人"。[6] 于是,休闲娱乐成为人类精神生活的最后一片净土,是人们自我实现的一个重要途径。然而,在泉村,休闲娱乐日益货币化和低俗化,其状况令人担忧。

---

[1] 参见[德]马克思:《1844年经济学哲学手稿》,于晓、陈维纲译,生活·读书·新知三联书店1987年版。
[2] 参见[德]马克斯·韦伯:《新教伦理与资本主义精神》,中共中央马克思恩格斯列宁斯大林著作编译局译,人民出版社2000年版。
[3] 参见[法]米歇尔·福柯:《词与物:人文科学考古学》,莫伟民译,上海三联书店2001年版。
[4] 参见[德]马丁·海德格尔:《存在与时间》,陈嘉映、王庆节译,生活·读书·新知三联书店2006年版。
[5] 参见[美]埃里希·弗洛姆:《逃避自由》,刘林海译,国际文化出版公司2002年版。
[6] 参见[美]赫伯特·马尔库塞:《单向度的人:发达工业社会意识形态研究》,刘继译,上海译文出版社2006年版。

第一节　娱乐的合法性：解放话语与村庄视角

一、"权利解放"与"人性解放"

在工业化背景下，学者期冀通过休闲娱乐找回"人"的本初，具体又可分为"权利解放"和"人性解放"。所谓"权利解放"，就是要通过娱乐休闲减轻或消除社会中的剥削、不平等以及压迫。"权利解放"针对的是劳动与休闲之间的二元对立紧张关系，工业化将每个工人变为机器生产链条中的一颗螺丝，如卓别林在《摩登时代》中所展示的那样，工人成了大工业生产的附庸，针对这种情况，一些人将休闲娱乐作为"人权"之一提出，1817年，罗伯特·欧文提出"八小时劳动，八小时休闲，八小时休息"的口号，直接导致了1833年英国的"八小时工作制"运动。1839年，蒲鲁东指出休息日对人的政治解放的重要作用，这可以说是历史上第一次把休闲权利上升到立法的高度，[①]1948年，联合国《世界人权宣言》明确规定："人人有享有休息和闲暇的权利，包括工作时间有合理限制和定期给薪休假的权利。"这是人类首次以重要文件形式将休闲纳入人权范畴。而2000年世界休闲组织的《休闲宪章》更在第1条就规定休闲是一项基本人权。

所谓"人性解放"，就是要通过娱乐休闲寻找人类的意义世界。马斯洛指出：自我实现(self-actualization)是人的最高层次的需要，[②]自我实现就是充分发挥人的潜能，实现人的价值。娱乐休闲正是通向自我实现的道路之一。凯利在《走向自由》中提出：休闲应被理解为一种"成为人"的过程，是

[①] 章辉：《论休闲学的学科界定及使命》，《中央民族大学学报》(哲学社会科学版)2012年第2期。
[②] 参见[美]马斯洛：《动机与人格》，许金声等译，华夏出版社2006年版。

人的一生中一个持久的、重要的发展舞台。①"成为人"意味着摆脱"必需"后的自由。它使人超越虚假意识，获得人性的面貌。的确，在功利思想的误导下，人自幼便丧失了天性。在效率原则和技术理性的控制下，人类在工作中有沦为机器的危险。②法国社会学家J.迪玛瑞杰试图综合各种观点，指出休闲包含密不可分的3个部分：放松、娱乐和个性发展。其中个性发展是最为重要的组成部分，它使人们摆脱功利或实用主义，通过阅读、旅行、接受教育培训、交谈，或仅仅是独处反思而获得信息，形成新的观点，深化并扩展情感，借此发现真我。③社会学家纽曼指出："毋容争辩，工作已不再具有重要意义，而退居次要地位，自我肯定的学说的中心已转移到未被占用的领域，闲暇突出地成为唯一的支配因素。后工业化社会中人的需要，正是在其闲暇活动中得到满足，感到舒适，并获得自我肯定，以及获得有助于实现社会一体化的技能，甚至在某种程度上，可能使客观极为单调乏味、令人厌倦的工作变得富有意义，而且使人产生满足感。"④

在"权利解放"领域，休闲作为一项基本政治权利被法律确定，"权利解放"目的大致实现。但在"人性解放"领域，提议者们本希望通过休闲娱乐"人性解放"自我实现、找回人的主体性，现实却令人担忧和失望：工业化的力量过于强大，以至于人们在休闲领域也不免遭受"物化"的侵袭，休闲和娱乐成为货币化和商品化的一个链条、一种产业，人们丧失了自主追求精神解放的能力，沉溺于各种感官刺激。而且，这种"不自由"难以令人们察觉以及产生反感，工人面对资本家在时间和工资方面的剥削，有切肤之痛，易于和知识分子结成联盟进行反抗，如"权利解放"，但在"人性解放"领域，普通劳动者并不关注，当前的社会如马尔库塞所说，是一个"舒舒服服的不自由社

---

① 参见[美]约翰·凯利：《走向自由：休闲社会学新论》，赵冉译，云南人民出版社2000年版。
② 章辉：《论休闲学的学科界定及使命》，《中央民族大学学报》（哲学社会科学版）2012年第2期。
③ 张广瑞、宋瑞：《关于休闲的研究》，《中央民族大学学报》（哲学社会科学版）2001年第9期。
④ 参见奥斯古德著、黄德兴等编译：《工作后的生活》，载《现代生活方式面面观》，上海社会科学院出版社1987年版。

会",人们心甘情愿地加入"物化"式娱乐。休闲娱乐作为人类精神世界的最后一片"净土"也正在沦陷,从这个角度看,重塑人们的休闲娱乐生活意义重大。

二、熟人社会中的娱乐休闲

随着市场化进程的推进,中国农民正被不断纳入"现代化"维度,也正遭遇着各种"现代性"休闲娱乐的好处和弊病。本书的核心视角不仅关注农民休闲娱乐的外在元素——市场化和工业化,还关注农民休闲娱乐的内在元素——村庄。前者决定了中国农民将和所有迈入现代化进程的人们一样面临现代娱乐的种种特征,后者将揭示出中国农民的特殊属性。如前所述,西方"休闲学"关注点为娱乐休闲中如何"成为人",正是在"成为人"这个关键节点上,中国与西方体现出巨大的差异。

西方关注的"成为人"的核心是个体化的"人",理想状态是个体的"人"突破外在的一切抑制——无论是具体的政治组织、资本组织,还是抽象的物欲和消费主义,最终达到个体沉静的哲思或是心灵完全皈依上帝。而中国人"成为人"的核心是社会化的"人",个人投入社会关系才能体现人格的完整,对于中国农民而言,参与村庄群体生活至关重要,村庄生产着全体村民共同在场的"当地感",传承着村落集体记忆汇成的"历史感",[①]"熟人社会"对于农民而言至关重要,不仅是生产、生活和娱乐的场所,而且还是生命的最终栖息之地,是人生的归属。农民的闲暇生活基本上是在村落"熟人社会"内完成,在"熟人社会"中,农民才能获得本体性的安全感,才能获得休闲的娱乐感。闲暇生活既依托于社会关系又再生产出社会关系。

中国学者在描述中国农民休闲娱乐状态时,大多以西方休闲学的框架进行分析。李景汉记录了 20 世纪 30 年代的中国农民娱乐,并给出了如下

---

① 杨华:《农民的"历史感"与"当地感"——对农民生活意义和生命价值的一项探讨》,http://www.snzg.net/article/2008/0219/article_9155.html。

评价:因为乡村的生活简单,各种文化的机关缺乏,社会团体的生活太少。这样,农民除了耕种收获、娶妻生子、新年酬酢、逛庙烧香、墙根底下谈天等等以外,很少有其他复杂的社会生活,尤其是社会的娱乐,很是缺乏。① 而一本书如此描述20世纪80年代的中国农民娱乐:太阳暖洋洋地照着。顺着南墙的柴垛上,蹲着或躺着一排无所事事的男人,有年轻的有年老的,他们百无聊赖地谈论着一个与己无关的话题。偶尔的一句笑话,引来一阵哄笑……夕阳西下,各家的女人招呼着自己的男人和孩子回家吃饭……天幕暗淡下来,刚刚掌灯不久的村落又复归于沉寂。熄灯……一切都在等待又一个黎明的到来……这是20年前中国无数个农闲日的真实写照。② 在以上两段带评价色彩的描述中,我们看到的是中国农民娱乐休闲的匮乏和无聊,但中国农民正是在重复成百上千次的插科打诨中获得休闲的快乐感,亲密交往本身就是村民的休闲娱乐。

正如费孝通先生所说的,乡土社会的一个特点就是这种社会的人是在熟人里长大的,用另一句话来说,他们生活上互相合作的人都是天天见面的,也即"面对面的社群"。"熟悉是从时间里、多方面、经常的接触中所发送的亲密的感觉。这感觉是无数次的小摩擦里陶炼出来的结果。"费孝通先生说我们正是从熟悉的社会中得到从心所欲不逾矩的自由。"社会和个人在这里通了家。"但如果按照西方休闲学的框架观测,中国农村既缺乏个体精致的娱乐,也缺乏团体组织的娱乐。西方正因为强调个人,才有了相对的团体,个人与个人、个人与团体、团体与团体界限分明,个人需要从团体中获得社会慰藉,个人又时刻警惕着团体的侵扰。但在中国却是个人与社会网络的二元关系,个人与社会网络难以界定,个人融于社会网络,"个人-团体"的休闲学理论无法解释"个人-社会网络"的休闲行为。

至于当前的中国农民休闲娱乐学术分析,依然延续西式思维,采取各种

---

① 参见李景汉:《定县社会概况调查》,中国人民大学出版社1986年版。
② 参见中国青少年研究中心等:《新跨越——当代农村青年报告》,浙江人民出版社2000年版。

量化指标对村民进行问卷测量,结论大多显示:(1)农民学会了许多"现代"的娱乐方式,这体现了进步,说明农民休闲处于"觉醒"时期;(2)与市民相比,农民娱乐仍然不够"现代",不够丰富;(3)农民在从事"现代"娱乐时,不免有"消费"和"享乐"等"现代"式弊病。以上论述,仍然仅仅着眼于休闲的表层事项,而并没有把休闲放在具体的"场域"中进行考察,休闲学从来不是"无水之鱼",其逻辑链条为"休闲者—社会—休闲行为",西方休闲学中将社会属性不言自明地隐去了,但在中国研究中,我们必须重新"发现社会",如中国农民娱乐,必须放在村庄中看待,即"休闲者—村庄—休闲行为"。

第二节 电视下乡与网络进村

一、"关门看电视"

电视网络进村从根本上改变了农民的闲暇生活,这一过程中,农民是主动迎合的,同时也被动承受着电视网络对人际关系的改变。改革开放后,电视机零零星星地进入泉村,20世纪80年代,一些"半边户"①或"致富能手"率先购买了黑白电视,平均几个小组才有一台电视机。每天晚上拥有电视机的村民家中挤满了前来观看节目的村民,有时甚至屋里都站满了人,有些村民不得不站到院子里。村民回忆当时的情景,觉得那时看电视就像集体观看电影一样热闹。电视节目结束后或忽然遭遇停电,大家并不会马上散去,而是在原地聊聊天、评论一下节目内容。看电视在当时成为将村民串联在一起的"绳索",电视机成为公共资源,拥有电视机的人家成为公共场所,村民前来接收的信息也不仅仅是电视节目本身,还有由观看电视节目所派生出来的各种评论和调侃。在电视机进入村庄之初,表面上看属于披着现

---

① 即通常家庭中的丈夫有正式工作及固定收入。

代机器娱乐的外壳,但实质仍依附在传统的"社会性"娱乐上。各种村庄的社会关系在"看电视"中展开,并在"看电视"过程中得到强化,从而"看电视"的屋子替换了以往的大树下、小河边和广场等交流场所,同时对电视节目的评论融入或替换了以往那些村庄历史故事、村民外号典故、神鬼传说等话题。

"1980年代,我们都是去看电影,晚上出去,哪个庄子放就去哪个庄子。那时候家里有一条草狗特别通人性,去的时候把我们送过去,回来的时候,狗好像知道似的,又跑过来把我们接回去。女孩子出去的少,多数是男孩子,一些小年轻的边走边路上吹口哨。"(访谈对象 WYM,女,40岁)

"那时候人都保守,有一次我和我姐姐出去看电影,我三哥不让我们去,我们非要去,三哥竟然把我们的被子拖到粪堆上丢掉了。他怕我们晚上出去被人欺负,主要怕我们这些小女孩子出去了跟人学坏了……"(访谈对象 LXM,女,42岁)

"1990年代不是家家户户有电视机,那时候有个什么好看的电视剧,早的有《加里森敢死队》《一位好客传奇》啦,鬼神片《聊斋》,情感剧《梅花三弄》《渴望》《女人不是月亮》啦,后来还有什么武打片《射雕英雄传》《莲花争霸》《侠客岛》,历史剧《封神榜》,这些片子一放,那就不得了了,只要有电视机的人家门口,都是人,家里大板凳不够还要去旁边借。晚会就不用说了,更是人挨人……那时候电视剧跟现在的不一样,有侠义精神的,我们看的上瘾,看完第二天几个人约好肯定还要去看……那时候除了看这些就是看新闻……"(访谈对象 WL,男,32岁)

"刚开始兴电视那时候没什么广告的,后来广告太多了,广告完了又是点歌台,县电视台每天都是点歌台,谁过生日啦、结婚啦,都在上面点一首歌,播报一下,有面子。点歌台时兴了好多年。后来广告就乌七八糟的,全是补品的广告、性功能的广告,大人都不好意思跟孩子一起看,就广告一播都是个把小时,那时候县电视台就没法看了……"(访谈对象 NDL,女,

38岁）

"开始的时候，只能收一两个台，都是黑白电视机，14英寸的，后来16英寸、18英寸的，还有人家没通电，用的就是电瓶带的，每天白天还要把电瓶拿去充电。县电视台清楚，后来市电视台能收到，后来就有大彩电了，就能收到很多台了，还有外国台，装一个小锅盖能收几十个台……"（访谈对象CYG，男，31岁）

"第一台大彩电还不是本村人买的，是李老头的女婿，在南京打工，过年的时候带回来，每年开个农用车带回来看，每次回来他家就是一屋子人，看什么古惑仔碟片，1997年前后吧，他女婿还会拿大哥大打电话，赚到钱了，后来村里头有彩电，是1999年才有，到后来家家户户都买……家家户户都有电视机了，你就不能晚上去人家看了，最多白天在人家厅里看看，也不能看时间太长，那就不像话了……再到最近几年，有人家没分开住的，楼上一台，楼下一台，年轻人不跟老年人一起看电视的，爱好都不一样……"（访谈对象WLK，男，51岁）

村民们在回忆起二十世纪八九十年代那段时间的集体观看电视节目的经历时，都觉得其乐融融，"很有味道"。当然，村民所购买的电视机并非真正的公共资源，导致集体观看电视也或明或暗引发一些不快。集体看电视和集体看电影最大的不同在于，电影是一种真正的公共资源，由政府派专人播放，电视机本质上是一种私人物件，只不过在资源稀缺的情况下成了公共资源。在村庄"熟人社会"的语境中，大家都是左邻右舍，抬头不见低头见，怎么好意思不让别人来看呢？于是，大方的人愿意别人来一起看，小气的人尽管心里不愿意，表面上也不能公然反对其他村民的到来。日久天长，不论大方的村民还是小气的村民，甚至是前来"沾光"的村民，都觉得这样凑在一起看电视并不过瘾。无论如何，集体看电视的过程中，时而主人不痛快，时而客人不痛快，于是，拥有一台自己的电视机就成为大多数村民的共识。随着越来越多的村民购买了电视机，电视机逐渐从一种公共物品变为私人物品,从公共场所退回到私密空间中,村庄中渐渐出现"关起门来看电视"的场景。

表1 农民看电视状态的变迁史

	1980年代—1990年代	1990年代中期前后	2000年后
看电视的伙伴	夫妻、家人、邻居、朋友、五服亲属、家族、小组村民	夫妻、家人、邻居、朋友、一个人	夫妻(60%)、家人(30%)、邻居(5%)、一个人(5%)
时间长短	2小时左右	2~3个小时	3~5个小时
一天中的时间段	晚间20:00—22:00	晚间19:00—22:00	午间10:00—13:00;晚间19:00—22:00
节 目	港台电视剧、电影	新闻、电视剧	国际国内新闻、娱乐节目、电视剧

在自己家里"关起门来看电视"取代集体观看电视,可以归结为两个方面原因:一是经济条件好转,收入增加,同时电视机价格也从奢侈品降为日常用品,电视机逐渐在农村得到普及;二是私人生活的兴起,这是核心原因,观看电视的方式附随于日常生活的流变,闲暇从公共生活的方式转变为纯粹的私人生活,电视作为私密的空间被一步步地建构起来。从二十世纪八九十年代几乎一个小组所有的村民聚集在某一家或几家的集体活动蜕变为家庭的私人性生活,电视媒体在其中的影响是巨大的。最近10年,一个家庭楼上1台电视机楼下1台电视机,中年人在楼下看旧电视,年轻夫妻在楼上或中青年人一个人看电视甚为普遍。电视进村的初期,通过电视,把大部分农民聚在一起,加深了交往、沟通了彼此的感情,农民讲那时候"大家的关系都比较好,一起看电视,一起谈论情节,平常还相互帮忙",至今很多人还觉得大家一起看热闹,有氛围,认为"一个人在家里看电视打瞌睡,没啥意思"。到1990年代中后期,尽管大部分家庭都买了电视机,但仍有人串门看电视,一起看电视话题多。2000年后,串门的越来越少,串门越来越不方

便,大部分农民是夫妻一起看电视,电视也就成了夫妻间的私密话题,也正是在这个意义上,电视完全私密化。村庄串门的减少与电视的私密化是同一过程,很多中老年人对串门减少很有看法,觉得大家比以前陌生了,谁都不太了解谁,谁也不大愿意去了解谁,彼此保持一定距离,产生了一种大家都接受的陌生感。

表2 农民喜欢看的电视节目表①

节目\性别\年龄	男性				女性			
	新闻	民生	休闲	电视剧	新闻	民生	休闲	电视剧
老 年	中央	/	戏剧	/	/	/	/	/
中 年	中央 地方	天气预报 都市报道	戏剧 综艺	战争片 农村 生活片	/	天气预报 情感密码 都市报道	戏剧 综艺	宫廷戏 农村 生活片
青 年	中央	天气预报	综艺	武侠片 外国片	/	情感密码	综艺	都市 生活片

私人生活的兴起,看电视成了个体的娱乐活动。而电视强大的信息传播技术,又能使观众产生"上瘾"的效果,有时候节目本身不一定有多大的趣味性,但其能够为观众提供源源不断的视觉刺激,村民在观看电视时无需劳心劳力就能打发时间,一到晚上就打开电视已经成为很多村民不自觉的习惯,这种习惯进一步将每个村民"锁"在自己的私密空间中。

在电视下乡背景下,人们不再谈论张家长李家短的事,谈论电视节目成为农民日常交往中固定而自然的话题。女人们热衷于谈论情感剧、生活剧、娱乐节目中的人物情感逸事,男人们热衷于谈论新闻广播或历史剧中涉及的一些奇闻或重大问题。调查还发现,儿童喜欢各式各样的动画、娱乐节

---

① 笔者曾参与"电视下乡对乡村社会影响"系列课题,关于农民看电视方式和节目选择的变化具体可以参见华中科技大学中国乡村治理研究中心2008年"电视下乡对乡村社会的影响"调查报告合集。

目,广告、情感节目也对儿童的世界观形成、社会化方式带来重大影响。另外,电视节目对不同年龄群体产生了"观念沟",不同代际之间的思维迥异,"电视就像是一台离心机,青年人在电视中寻找的是一些表征现代性的符号,而中老年人则是在其中寻找他们往昔的传统事物,经过电视的处理,两代人观念间的差别不断扩展、加深"。① 老年人选择简单明了、善恶分明的传统节目,这与年轻人更倾向于观看包含各种现代元素的节目形成鲜明对比。代际之间自然存在的观念差异,因电视节目的多样性选择而进一步固化。

人们越来越依赖电视,电视长驱直入农民的日常生活空间,收看电视成为乡村社会不可忽视的文化现象。无论是村庄内部村民与村民之间,还是家庭内部代际之间的距离都在拉大,村庄关联和人际关联不断走向个体化、理性化。费孝通描述的传统乡土社会一体的、其乐融融的闲暇生活方式——人们全天劳动完毕以后,大家聚集起来娱乐,家庭间的联系得到了加强,感情也更加融洽。在农业劳动和蚕丝业劳动周期性的间歇,人们连续忙碌了一个星期或10天之后。可以停下来稍事休息和娱乐。男人们利用这段时间在茶馆里消遣。茶馆在镇里,它聚集了从各村来的人——②已经不复存在。

从某种意义上讲,电视下乡是乡村社会闲暇变迁的一个节点,在此之前,村民的闲暇生活关注的是村庄内部的事情,闲暇以村庄为载体,时间是漫长的,闲暇是静态的,村庄内部,闲暇无处不在。一口井、一条小路、一个池塘、一个树桩、一条狗,村庄里的物件都是有生命的,正是相对封闭的村落生活,或许正是"不值钱"的闲暇时间赋予了这些物件以生命。村落的历史是重要的、不可忽略的,闲暇生活无不包含着并赋予这些历史以新的生命。闲暇时间与村落历史是一体的,并通过民间流传的故事、老人的讲古丰富了

---

① 袁松等:《电视与村庄政治——对豫中付村的传播社会学考察》,《新闻与传播评论》2010年第1期。
② 参见费孝通:《江村经济:中国农民的生活》,商务印书馆2001年版。

看似静止单调的闲暇生活,传统的闲暇生活并因此有内容、有内在气场。

电视进村之后,村民的闲暇生活开始与外界产生联系。在泉村这种原本传统性主体性不强的村庄,像一直紧闭的闸门瞬间被打开一样,外来的无论是新鲜刺激的还是卑劣粗俗的,都一并被视为新鲜的,甚至先进的代表。闸门一旦打开,那种恒定的闲暇时间、闲暇空间一去不复返,一下就消失殆尽了。人们就不再满足于过去亘古不变的东西,一切新鲜的马上就又变得陈词滥调。

最具代表性也最夸张的例子是黄色录像进村。2000年前后,随着电视进村逐渐普及化,电视节目已经很难吸引村民眼球,村里开始流行碟片、VCD等录像。然而,村里普遍流行的碟片并非播放外国大片或传统文化精粹之类,而是各种低俗歌舞表演及黄色录像。刚开始,一些村民在家中观看,紧接着就有人议论并开始有三五成群的在房间观看,后来直接发展为在客厅,村里中青年及老人小孩一起观看。因为节目太过夸张,有些老人看了以后呕吐、谩骂,但在客厅聚众观看黄色录像还是持续了一段时间。[①]

这段时间里,也就是2000年,发生了几件在全村引起轩然大波的事件。其中一件事情影响最大,发生在2000年的开春。某天,村里李五细家的客厅放黄色录像,不一会儿就聚过来不少村民观看,有老有少。本村民组一个14岁左右的青少年看完黄色录像后,回家想来想去觉得很好奇,竟然爬过围墙,将独自在家的隔壁邻居家的8岁小女孩诱奸,并给了5毛钱威胁不许说出去。当日女孩的父母都下地干活去了。次日小女孩母亲发现小女孩流血。知情后,女孩父母十分愤怒,到隔壁男孩家找男孩的父母讨要说法,不料男孩父母没有任何歉意,还不承认。后来经过再三争吵,男孩父母认为这不过是孩子之间玩游戏过家家而已,不必太当真,大不了长大了男孩把小女

[①] 来源于对多位村民的访谈,一位老人提到当时无意中在别人家厅里看到情节夸张的黄色录像,当时就呕吐不止。笔者2007年在河南汝南调研时也发现当地村庄那几年也经历过黄色录像进村。

孩娶了。这一说，女孩父母更是无法接受。开始女方父母觉得可以私了解决，男孩父母就是不买账，后女孩父母通过亲友及长辈出面施加压力，要求男孩父母赔偿5万元，男孩父母不同意。随着事态的发展，越来越多的村民知道这件事，村里开始有不少人议论，后来男孩父母怕闹大，同意私了，但这时女孩父母想争口气，不同意私了。到底是私了还是打110，在全村都传播开来，至此，这件事演变成一场村庄公共事件，每家每户都在议论，但没人出来主持正式讨论或者给个什么说法。并最终以女孩父母打110，青年被劳教，并后来在全县严打主题教育活动中被拉上台批评教育而告终。（案例来源于对多位村民的访谈）

这一事件看似告终，但之后的很多年，村里的小店作为村庄公共场所，还是公然在门口放置电视放映脱衣舞表演来吸引村民前来购物消费。这几年，村里发生几起婚外情导致家破人亡的事件，这里后文会提及，此处不详细展开。村里的小青年，尤其是父母长期在外打工的青年，周末还是会聚到一起，偷偷从谁家偷出碟片一起看，并在那短短的几年时间，村里兴起了一帮小混混，主要是初中、小升初阶段的青少年男孩以及有痞气的几个女孩，一到晚上就聚众到村口吹口哨，晚上包出租车到县城泡网吧、酒吧，白天到中学寻衅滋事。调研中不少小青年胳膊上都烙有印记，在村里没混几年，后来就都进城打工去了。

二、网络游戏、手机游戏与混社会[①]

随着市场化及信息技术的发展，网络在乡村社会不断普及，网络电视、电脑、手机成为农村的常见品甚至必需品，每家每户都有多部智能手机，中青年家庭几乎每个家庭都有电脑，不少家庭近两年陆续装上了无线网络。年轻人无论是在外打工还是回到农村老家都离不开网络。近两年农村家庭

---

① 这部分内容修改后发在《中国青年研究》2017年第1期，题为《农村学龄青年"混混"心态形成及其原因探析》。

生活闲暇的重要变化是,中老年人习惯在晚上看电视,年轻人则习惯上网。并且,目前年轻人上网主要目的就是娱乐,即网络聊天、看电影电视剧和网络游戏。调研中还发现,村里年轻的媳妇几乎个个都有 QQ 空间,而结婚两三年还不认识村里很多人属于普遍现象。每天茶余饭后,不是抱着手机上网,就是对着电脑上网。

网络游戏、手机游戏迅速成为村里青少年的主要闲暇方式,沉迷游戏在前几年还是个贬义词,是个别现象,短短时间内从青年到中年到老年对身边青少年沉迷游戏都开始习以为常。青少年放学、放假、寒暑假都抱着一部手机窝在墙角或沙发或床上玩游戏。调研显示,泉村的小学生放学后不再像过去一样无拘无束地做游戏,过去,小学生放学后会爬山、一起跳皮筋、踢毽子以及玩各种集体性的游戏,而如今取而代之的是电视、手机、网络游戏。过去孩子们玩游戏会有大人一起参与,过去,大人们参与孩子们的游戏十分常见,尤其是一些 20 岁上下的小伙子经常陪亲戚孩子或者庄上的孩童们一起玩耍,现在的大人没有那个闲情逸致,也不再觉得陪孩子玩游戏是一件很有意思、有意义的事,甚至陪孩子玩耍会被认为很傻。这与市场化进程中人们的理性化有关。

骑自行车、一起下地干活、一起爬山游泳等都越来越少。对于有条件的家庭,学习各种辅导班则越来越普及,条件稍好的家庭多数在城里有房子,没房子的也会在县镇租房子,这样不仅可以在城里上学,还可以参加各种辅导班。各种各样的电子游戏、CD 和上网设备的普及,使得人们渐渐忘记了传统游戏在人类生活中的作用,甚至产生了根本性的误解。曾有研究报告指出:传统的游戏方式对青少年儿童的身心健康、发育、协作能力以及情感培养有着至关重要的作用。而游戏、兴趣和工作是人生中不断思考实践和创造的内在动力。"通过游戏而产生浓厚的兴趣,人的意愿、情感和感觉才得以忘我投入。不论是在科学领域、艺术领域,还是在我们的日常生活中所有创造性的努力都是游戏、兴趣和工作的结合体。研究心理学的专家认为,积极的游戏活动在本质上是治疗性的,它可以使个人通过游戏清除或是逐步化解那些令人不快的经验和情感,并将它们排遣掉。任何积极的游戏活动都将有助于青少年以及包括成人在内的健康和智力的发展。游戏产生了自由、欣喜和好奇,促进人类的发明创造。游戏充满了神奇、夸张、即兴的创造力和丰富的幻想,它是纯粹的'好玩'。游戏中人人平等、不分等级,游戏后人与人之间的关系会变得更加融洽。对于青少年的成长来说,游戏则会培养青少年的创新知识和技能的潜在能力。从很多方面来讲,传统的游戏都是极为必要的。"[1]

于光远先生在论述闲暇与游戏时也提出游戏对于青少年发展的作用。他认为,在传统游戏严重缺少的状况下,有四种现象非常普遍:一是"网络",二是偶像崇拜,三是身体素质下降,四是创造能力低下。[2]"网络"作为当代人类科学技术进步最具代表性的成果,它的出现从各个方面改变着人类社会的生存方式、生产方式和生活方式,近几年也往乡村社会各个角落渗透。在网络发源地美国,政府要求孩童时期就学会上互联网,会利用网络做各种游戏(包括功课)。可是,在我国境况却大不相同,青少年"网络"正在遭受前所未有的讨伐,尤其是乡村社会留守儿童沉迷网络引起社会广泛关注。[3] 调研中不少农民感慨,"现在父母外出打工的很多,管不了孩子,村里被手机废掉的孩子有一大批",很多孩子沉迷在网络游戏中对学习彻底失去兴趣而辍学、打工,不用读书他们便可以更自由地玩游戏,打工收入也可以提供玩游戏的资本。"网络瘾"已严重伤及青少年的身心,甚至还给不少家庭带来了血和生命的代价。但目前大家在广泛讨论网络游戏的危害时,鲜有人讨论我们生活中的游戏内容和闲暇的本质。青少年精力旺盛、奇思妙想多、对新事物探索的欲望强,而社会、学校、家庭将他们生活的大部分时间

---

[1] 参见于光远、马惠娣:《休闲、游戏、麻将》,文化艺术出版社2006年版。
[2] 同上。
[3] 《农村孩子正在大批被手机游戏废掉》,《中国青年报》2018年8月6日。

都置于"死读书"中,漠视他们正当的要求,违背他们成长的自然规律,这无疑会带来一系列负面效应以及青少年创造能力的下降。

当网络手机游戏占据青少年的闲暇生活时,他们生活在一个经验与事实分离的世界,他们的世界在某种程度上是割裂的,他们的生活表面上是在村庄,但实际上他们并未接受村庄的社会化,村庄与他们而言已经不是一个实体。村里青少年的社会化应当是从儿时创造性的游戏中开始,并一以贯之的。在儿时创造性的游戏中他们获得友谊,获得与人交往的方式,习得各种行为方式并获得责任感。村落里这种创造性的游戏还包括传统的闲暇仪式中孩童的参与,包括中秋、清明、过年等传统佳节孩童参与的各种游戏,这些参与在大人看来是孩子的游戏,好玩而已,实际上不仅仅如此,生活的意义正是在其中共享并传递。而网络游戏、手机游戏不过是外在灌输的制造性游戏,这种制造性游戏正是切中了青少年这种割裂的生活世界——他们从小就从父母那里听说外面的世界,从手机、电视、电脑上听闻外面的世界,向往外面的世界,同时他们生活在一个不完整的、缺失的村落世界。

"现在农村孩子跟以前不一样了,很不好管,上课都在玩游戏,看电视剧,不管男生还是女生都喜欢玩游戏,没有办法管,一节课45分钟提醒10次都没用,刚说过没几分钟,学生又把手机掏出来了,没收手机实行过一段时间,但也不行,弄丢了还得赔他们,总不能一直没收不给他们用。"(泉村李老师,男,33岁)

"上课很难吸引学生的兴趣,语文、数学、英语这些基础课他们根本不愿意学,因为没什么考试,这些学习都要很长时间才能看到效果,学生就想学立竿见影的东西,马上就能派上用场的才好。拿一张地图,让他们指出北京、上海在哪里都不知道,上地理的第一节课告诉他们上海、北京在哪里,学生还觉得新鲜,第二节课就又埋头玩游戏去了。"(泉村陈老师,女,28岁)

"上课有什么好听的,老师讲的一点儿意思也没有,电脑上都能搜到,还不如看看电视剧,同学们都喜欢追剧。"(学生王某,女,16岁)

"现在学生似乎男女不分,上课的时候这个拽拽那个头发,那个摸摸这个脸十分正常。这个不算什么,打架的很多,我们班中途退学的同学差不多占1/3,主要就是太乱,没有学习氛围,学不下去,学校我都待不下去了,今年开学又有几个同学想退学了,我开学后也不想去了,学校太乱了……"(职业中学学生李某,女,17岁)

"打架很难管理,职业中学比普通的初中还要难管理,因为要哄着学生,学生一不乐意就可以辍学回家,中途退学的问题很严重,学校都怕他们退学,回家了我们老师还要去学生家里做工作。这些学生多数家庭条件都普通,父母长期在外面打工。有的家庭条件比较好就是来混日子的,年龄不大在外面不放心。"(中学张老师,男,40岁)

村落社会是农村青年社会化的重要场所,其重要性与学校旗鼓相当。村落社会中"别人家的故事"是共同的秘密,生活其中的人们对此耳濡目染,村落青年在价值观、人生观形成时期,就始终浸泡其中。虽然"90后"青年与村庄的联系相对较少,但长辈、邻家、同龄群体的行为、闲话都被共享并真切地感受得到,村庄依旧是他们成长过程中最重要的习得场所。1990年代前,吵架纠纷事件发生时,总有长者到场评理,游手好闲的农村小青年爱闹事打架,但普遍讲义气,也讲道理。在青春躁动的年代爱出风头,也做坏事,但遇到大事时也能够辨是非。个别不讲道理的人,会被村庄的舆论评头论足并加以排斥。现在,村落社会变为不讲闲话、不讲道理的场域,没人愿意出头,甚至打架时邻居都装作听不见,更没人愿意去讲是非、讲道理,没人愿做得罪人的事情。袁大爷年轻时爱管闲事,现在50多岁了反而不愿管了,袁大爷说及自己的顾虑"过去管有人听,有人捧,旁边听的人都会一起讲个是非道理,现在我就是去管了,我一个人说不起,人家会说多管闲事"。"传统社会是讲理的,有理走遍天下都不怕,现在讲势,没钱没势被瞧不起,抬不起头做不起事……"成为村民共同的感受。村民反映,一些年轻混混看到老人直呼"老不死的",还有小混混开着摩托车到老人身边就加速度,呼哧一下过去,故意把老人吓一跳。有些老人看孙子睡沙发上玩游戏说了几句,立刻被孙子顶了回来"你懂个什么!"

农村学龄青年多是留守儿童,自幼被放在家里给爷爷奶奶带,隔代教育的问题凸显。他们受到的来自父母的关爱很少,爷爷奶奶要么过于溺爱,要么只是解决温饱问题,缺乏全面的家庭教育。爷爷奶奶只是带大孩子,其他方面他们管不了也没能力管,他们的观点是教育有学校有老师管就行了。导致留守儿童缺乏完整的社会化过程,心理健康、心理满足、心理成长被完全忽视。村里有三成左右的农村底层家庭,父母教育水平很低,有的还是文盲,不善言辞,甚至有不良爱好,喜欢赌博,他们外出打工,只是给子女寄一些生活费。还有不少是单亲家庭,父母常年在外打工很少回家,父母就是游离不定的状态,子女教育更无暇顾及。

当然,农村家庭并非不重视对子女的教育,调查发现有些家庭很重视子女教育,而有些家庭则彻底放任自流。多数农村家庭都知道只有一次机会的教育投资对家庭非常重要,然而,对于农村家庭而言,教育的高投入、高淘汰率和激烈的就业竞争,使得这种风险被进一步放大。相比而言,外出打工似乎是更为实际的选择。地方经济高速发展带来乡村社会的不断分化,农民家庭深深嵌入社会性竞争体系中,多数家庭都要精打细算以不至于被甩在后面。不少家庭甚至开始算计教育的机会成本和风险规避,虽然多数都有能力培养子女完成高等教育,但很多父母,尤其是子女成绩不好的,他们更希望子女早点儿出来打工。教育投资的风险更大,回报更低,考大学花钱,几年后还不一定能找到好工作。在社会性竞争异常激烈情况下,中等家庭更不愿因为教育投资失败,而沦落为村庄底层。曾有思想家说过,家庭是对文明最有影响的学校,因为文明归根到底要转化为个人的训练问题,而社会的每个成员在青少年时期受到的良好的或不良的教育,决定了社会整体文明程度的高低。

村庄对青年人很难产生正面的影响,青年人因为几乎没有务农体验,很多人对村庄并不了解。他们的参照对象是城市和同龄群体,他们混迹的街角青年圈子中有各式各样的,有的是某些领导的亲戚子女,他们因为有资源多是扮演大哥的身份,有的家里办了工厂,富家子弟在圈子中也往往扮演重要角色。这些人需要一些得力下手,也需要寻求保护。多数人都要从跑腿开始,跟对人或许就能获得一些重要的机会。中年人因为人生已经基本定型,多数在农村种地同时兼业打工,还是农民心理,他们的希望就是子女不要再过这种打工种地的生活,改变农民身份,他们望子成龙、望女成凤的心理很重,攀比的心理也很重。"谁谁谁的儿子在外办了工厂,谁赚了大钱,谁谁谁的女儿嫁到沿海城市,等等。"这也给青年人也带来了不小的压力,多数年轻人都希望尽快摆脱农民身份,以后不能当农民,想尽一切办法以达到这一目的。

总之,地方经济发展带来的机会的多样性,使得多数农民开始对机会成本、投资、收益、风险等各种计算,相比过去一些农民家庭砸锅卖铁供子女上学,这种状况显然成本太高,收益也有限。县市日新月异的发展,各种社会机会的出现使得他们可以在本县市做生意、学技术、做建筑行业、开挖掘机等,或者外出打工收入也不低,这些都是短期低成本投资,回报高且快。在这种情况下,不少在外打工的父母更加关注的是经济状况,对子女的教育问题则远远不足。另外,地方经济的迅猛且不规范的发展,带来社会秩序的重组和混乱,新兴企业和先富群体需要混混这种横暴式权力提供支持。种种迹象表明,到外面的世界混社会有较大的需求空间和发展前景。

调查还发现,从 2000 年打工潮兴起开始,很多农村父母就开始鼓励读中学的子女早日谈恋爱、早日结婚,这样可以早日外出打工,以实现家庭劳动力的最优配置。这样,父代对子代的支持可以最大化,子代也可以及时反馈父代。父代外出打工积累资本,给子代建房子、置办彩礼等,同时给他们作一定的读书投资,每部分都不会太多。子代学手艺、学徒、融入圈子等都需要一定的时间成本和金钱,这也由父辈支付。子代结婚后父代人生任务还没算完成,他们还要给子代带孙子,同时给他们一定的经济支持,子代外出务工及时继替父代完成人生任务及人生积累。这种家庭发展模式对农民而言是一种稳态模式。因而,一般中学而言,家长对于子女考大学也没有很高的期待,不少男学生父母都希望他们能在学校多谈恋爱,早日结婚早点儿外出打工。原本农村学生读书有着强烈的以考大学为目的,一旦这个预期被打破,读书就变得没意思。学生时代就以打工为预期,对混社会有一个朦胧的预期,造成很多学生在读书期间没有心思学习,拉帮结派为走上社会做铺垫。而一些原本就以混社会为目的的调皮捣蛋的学生更加飞扬跋扈、为所欲为。调查期间不少中年人、老年人也都表示,小年轻的打游戏大人管不了也没必要管了,"一代人有一代人的活法"。外出打工成为农村青年精神上的一种虚拟寄托,似乎他们的生活有了一种兜底,"大不了出去打工嘛!"这种情况下,网络游戏、手机游戏与混社会成为农村青年闲暇生活的关键词。

三、"进城的冲动"

在城镇化的浪潮下,泉村的年轻人都有一股进城的冲动,条件稍好的年轻姑娘在相亲时就提出必须在县城买房。年轻人对衣食住行的要求越来越高,其参照标准是电视、网络里以及打工听闻的现代都市生活。在"吃"的方面,越来越多的年轻人在周末会到县城聚餐,县城街道两边的小吃店、火锅店、品牌加盟店、来自五湖四海的各种餐饮店组成美食一条街,吸引了很多年轻人前来光顾。村里的年轻人生活标准并非村里,而是县城。县城的超市也越来越多,大型超市有两三家,小超市有10多家。村里的年轻人也经常结伴逛超市买东西,日常生活似乎已经离不开超市里琳琅满目的商品。在"穿"的方面,县城里各种品牌衣服店也越来越多,安踏、海澜之家、美特斯邦威等,不仅面向城市群体,同样也吸引着很多农村青年前来选购。农村青年对服饰的追求和讲究越来越高,访谈中不少父母提及自己的孩子不是名牌的不穿。在"住"的方面,年轻人更不能将就,一是要有装修的楼房,老式地面和墙面让人无法忍受,干净的卫生间、空调、网络都成为标配。二是要有独立的空间,多数年轻人都不再愿意与老人同住一个屋檐下。在"行"的方面,越来越多的年轻人有条件就买车,村里买车的年轻人有近 30 人,买车不仅关乎日常外出方便,还关乎面子,那些没在县城买房的农村青年更是认为必须有一辆私家车。

泉村不少年轻人通过自己的努力以及代际合力进城生活,年轻人进城工作、父亲打零工、母亲给其带孩子。一部分年轻人在城市并无生存技能,但还是长期在城里晃荡,一年换几份工作,一些年轻人在城市的街角成为混混,不管怎么样,他们都愿意待在县城,而不愿回到农村,生活在农村对年轻人而言"多少觉得有点儿丢人"。村里的土地一部分通过土地流转承包给大户种植;还有一部分土地通过自发流转给村里的"中农"①种植,上百亩、几十亩的多是 50 岁以上的中老年人种植,大部分年轻人都不知道怎么种地、怎么劳作,已经进城的年轻人过年过节回家就像客人一样,过几天也就回城里去了。

中青年都不再与土地打交道。农村的种植和养殖都越来越专业化、机械化,种植的种类、品种越来越单一。1990 年代以前,农民种植主要是自给自足,时间都花在田地里,各种粗粮,玉米、麦子、油菜、花生、红豆、绿豆、芝麻等以及稻谷,小规模的果林也十分常见,桃林、苹果树林、梨树林等。2000年以后泉村农民只种稻谷,一年两季改为一年一季。多数农民认为养猪不仅脏累让人无法忍受,也开始考虑经济学投入产出的问题,普遍认为"自己养猪自己吃不起,这头猪太贵"。简言之,城市化进程中农民的生活自然而然地跟城市产生关联,方方面面都离不开城镇供给。

生活方式的变迁带来生活观念的进一步变革。然而,城市生活方式是需要成本的,高质量要求在现实中难以快速实现。长期在苏南城市打工的

---

① "中农"的概念见华中科技大学中国乡村治理研究中心《2013 年土地专题调研文集》。泉村的"中农"原本能够发挥村庄结构的中坚力量作用,但在近几年激进的城镇化进程中,"中农"被卷入城镇化浪潮,泉村不少"中农"通过努力进城买房,多数买到的是烂尾楼。

中年妇女小杨访谈中说:"在城市打工习惯了(做住家保姆),人家待她像自家人一样,回到村里实在不习惯,泥泞的道路走起来浑身不舒服,真想马上回去。"以婚姻为例,青年小谢就提及,现在的长辈也越来越不像长辈,50多岁外出打工离婚的有好几起。调研中发现,泉村中年群体离婚的多数是妇女外出打工多年做保姆后不再愿意回到村庄。访谈对象小凌说,"外出打工几年回来再也无法忍受丈夫的一成不变和不良嗜好,终于闹了几十年没离的婚在五十多岁离掉了"。小凌两个女儿都已20多岁,大女儿已出嫁,小女儿跟随父亲生活在村里。小女儿在父母离异后变得郁郁寡欢,并一直不愿谈恋爱,还有过一次自残行为被送到县医院。而据村民说,小凌现在嫁在城里,偶尔回亲戚家提及她现在的丈夫虽然年龄大但很体贴,经常在睡觉前给她倒一杯牛奶,村民议论这的确是跟前夫在一起永远都享受不到的待遇。中年妇女离婚后几乎都在城市找了个年龄较大的再婚。

近几年,在泉村,无论是长者还是年轻人,婚外情、离婚的事件频频发生,某某女在深圳打工做小姐发财了,某某是如何发家致富的,诸如此类的消息在村庄像炸开锅一样疯狂传播。总之,从事不正当职业钱就来得更快,急功近利、一夜暴富的心理开始蔓延。一个18岁正在读中专的男性小青年小李这几年经常跟村民说当男的没意思,农村男的出去累死累活赚不到钱,如果他是女的,他就出去干不正当职业,大不了做几年就洗手不干。巧合的是,父母在老家给小李在本镇找了一个相亲对象,谈了一段时间后拿了3万元定金,吃饭加买衣服首饰总共花了5万元左右。父母正紧张筹钱准备拿彩礼结婚时,小李听闻这个女生在东莞KTV上班做过小姐。小李要求退定金和首饰,遭到女方拒绝,因为按照传统惯例,男方提出退婚就不该退还彩礼,两家因为此事闹得不可开交,互不相让,与媒人多方都结下冤仇,此事在村里也闹得沸沸扬扬。诸如此类的事情层出不穷,气人有笑人无的心理弥漫,蛮横、霸道、结横势成为村民的共同追求,这种村落氛围无疑给村庄带来不可估量的负面影响,生活在村庄中的人们更加萌生出逃离村庄进入城市生活的冲动。

四、"外面的世界很精彩"

电视的普及以及丰富多彩的节目内容极大地丰富了村民的精神生活，手机、电脑等现代网络信息设备充斥在农民的闲暇生活中，村民的观念也在此过程中悄然发生着深刻的变化，他们更加向往城市的美好生活，而忽视了村庄生活所带来的好处。正如村中一位15岁的小女孩说：

"我爸爸在城市里打工，妈妈以前在广东，去年回来了。我平时最喜欢看电视，看湖南卫视的娱乐节目，其他的看不懂。我最喜欢的男明星是韩国组合super junior，我很喜欢这个组合，对组合成员非常熟悉，我知道这个韩国组合13个成员的名字，也知道他们代言的品牌，我最喜欢的女明星是何洁。平时经常和同学聊明星和电视剧。我姐姐在上高中，我也想去。我以后想到城市生活，在农村干活太辛苦，在城里蛮好。"

随着电视、手机、网络传媒的影响和外出打工受到城市生活的辐射，新的生活理念也在村民内心生根发芽，电视、网络成了村民获取外部信息的重要途径。如访谈中遇到的42岁的中年男人玉龙就说："上次你大婶（指他老婆）回来我给她买了套婷美内衣，她说胖嘛，我看电视上广告好，就给了她一个惊喜……"。在1980年代之前，绝大多数村民可能很少会进城，认为城里没什么好转的，除非是要办什么重要的事情才进城。而现在则与以前不同。随着城市建设的扩张，泉村离县城更近，村民骑着摩托车20分钟便可抵达。现在，闲暇时间里，妇女会骑车到城里逛街、购物。"一般隔三五天去一次，买买东西，半天时间就回来。"村民们对县城非常熟悉，哪里有超市、服装店、哪里有文具店、哪里的东西档次较高、哪里的小吃便宜实惠，都知道得非常清楚。

大约从2009年前后，农村妇女最愉快最重视的节日不再是中秋等传统节日，而是"三八"妇女节，三五个玩得好的妇女一起去城里吃饭、唱KTV。平时也偶尔一起去县城逛街买东西。不知从哪一年开始，县城各种小吃店、路边摊开始生意红火,烧烤、麻辣烫、臭豆腐以及网红食品店形成一条街,挨着的就是KTV、美甲美睫、文眉、文身、美容足浴店、小酒吧、大舞厅等。来到县城,就被各种网络俗歌包围,《白狐》《香水有毒》《那一夜》《有一种爱叫放手》《披着狼皮的羊》《不要再来伤害我》《你是我的玫瑰花》《一万个理由》《秋天不回来》等轮流播放,一些大屏幕播放着当下流行的MV,主要是钢管舞、彩带杂技等一些快歌热舞。这些歌曲旋律简单而躁动,又朗朗上口,把听众引入童话般的美好世界,不少小青年为之情感迸发。视觉刺激下,真实与虚幻的现实世界与网络世界,吸引了大批年轻人闲暇时光在此流连忘返。

多数村民休闲娱乐很少,对于精神文化生活匮乏的农民来说,网络及电视是他们主要的闲暇消遣方式。网络、电视对于农民就不仅只是娱乐,还带给了他们无限的想象力和想象空间。他们对电视剧中勾画的现代生活图景有自己的判断和认识。网络及电视一些潜移默化的影响会改变农民的思维和生活方式。总的来说,成年人是在乡土社会中完成他们的社会化过程,他们对那些现代生活除了羡慕之外,已经不会有太多的幻想。年轻人则不一样,他们有的进城打过工,对现代城市生活有过近距离的观察甚至亲身的体验;他们还没有完成自己的社会化,对土地没有多少眷恋,现代城市就是他们向往的地方;同时,父母也一门心思地想让他们摆脱"面向黄土背朝天"的生活。网络及电视中的城市图景和生活方式对年轻人有着无比的吸引力。泉村青年"90后""00后"群体接受高中、职中教育的比例远远低于"80后",原因是他们刚读初中就纷纷想进城打工,这种想法使得他们无心学业,尤其是身边有几个好友辍学进城打工,其他人更加按捺不住,调研中发现,多数青年对进城打工生活有一个美好的想象,这种美好想象在进城连续一年甚至几个月就会被打破。

网络及电视上演绎的城市中产阶层生活,只讲花钱不讲赚钱,只讲生活不讲生产,只讲成功不讲失败,给农村人无限美好的期待:啊,城市生活多么好啊！电视网络等的普及，加速了村民对外界的了解，他们现在想的是如何尽自己的努力走出农村，进入城市，因此，他们会想象着有朝一日，他们不会再生活在这个村庄，这个村庄对他们而言，只不过是他们人生中一个短暂的停靠站，他们对村庄本身没有了期待，他们对村庄而言，只不过是一个匆匆过客。然而，当农民进城后才发现，"其实城市也有很多穷人，没钱人进城生活原来那么难！""进城打工的生活原来那么苦！"电视是吸引农村人进城最强有力的工具，城市的繁华生活与村庄的无趣生活形成鲜明对比。但进城后却发现繁华生活大多与自己无关，有关的只是一天10多个小时的劳苦工作，不乏有一些人企图寻求便捷的致富道路。城市社会是流动的、陌生的，一些进城的年轻人进城谁也不认识，就敢胡乱作为甚至为非作歹。网络的便捷、微信、QQ、陌陌等网上交流软件已经十分普及，网上约一下，马上就能到一起。调查发现一些已婚的年轻人通过交友软件发展虚拟情人并不鲜见。搞婚外情、骗彩礼、谈恋爱欺骗钱财也时常听闻，眼中金钱多了，感情自然就少了。总之，在现代性全面拓殖的背景下，村庄经历急剧变迁后已经面目全非，城市又一时难以为进城农民提供体面的生活，农民的情感在流动性社会中难以找到一个寄托存放点，似乎只有金钱才能给人一点儿安全感。

有一定主体性的传统村庄，关于什么是先进与科学、什么是落后与封建，有自己的定义和解释体系。如果村庄丧失了自生的文化信仰，又缺乏主体性，那么村庄就会被社会发展的形势所牵引，支配性文化所定义的文化内容就更容易成为村庄评价事物的标准。在电视网络的渲染下，城市和农村的差距被进一步放大，城市生活代表着"先进""高级""有趣""时尚"，农村生活代表着"落后""低级""无趣""土气"。那些来自电视和城市里的"现代文化"被村民认为是代表"文明""先进"和"科学"的发展方向。而村庄中所残留的文化传统碎片则都被认为代表着"封建与落后"，应该被外来的文化所替代。[①] 在村

---

① 欧阳静：《无根仪式：农村婚丧仪式的锐变》，《党政干部学刊》2011年第7期。

庄主体性总体式微的背景下,村民、村庄、政府及市场对外来输入的"现代文化"都毫无招架之力,甚至都表现出配合、迎合的态度。市场性、商业性、娱乐性为表征的电视节目长驱直入,轻易打破了村民对乡土文化的自信心。然而,乡土文化在此过程中的变化不是一蹴而就的,而必然经过撕裂、断裂甚至变异的过程。

第三节　棋牌与赌博

一、棋牌:金钱与刺激

"牌"是一个泛称,在农村比较常见的"牌"的形式有麻将、扑克牌、长牌、骨牌等。麻将等棋牌游戏,1949 年前一些地主等大户人家曾有涉猎。新中国成立后,麻将等棋牌活动因为游走在赌博的边缘而被政府所禁止。集体时代,泉村有几个年轻人打了几次牌被大队发现,被狠狠地批评,成了不务正业的典型代表,况且当时家家都在忙着挣工分,一年也没有多少闲暇时间去打牌。改革开放后,麻将和扑克牌等悄然出现在村庄中,2000 年之后,各种"牌"在村中流行开来。农民打牌从计算输赢的细小物品发展到钱财,这是随着农民市场化而来的一个渐变过程,最后发展到实打实的赌博,农民的闲暇越来越充满功利性。

在泉村,村民最热衷于打麻将,不少女性村民一星期至少打 3 次,很多男性村民由于要做工,一星期至少打 1 次,到了当地农闲季节(6 月—7 月以及春节较闲),女性村民一个月至少打 20 天,男性村民一个月至少打 10 天。新中国在成立后的很长一段时间,麻将在泉村处于销声匿迹的状态,直到分田到户后,麻将传入村内。并且,麻将设备不断更新换代,从最早的手动麻将变成了今天的机器麻将。麻将之所以受到村民青睐,因为其打法简单、容易上手。为了增加麻将的刺激性,人们往往将输赢和金钱上的奖惩挂钩,麻将这种休闲娱乐方式也正是由于附加了金钱,从而产生了许多异变,越来越趋近于赌博。村民尤其是年轻人和中年人非常热衷于这种以货币数量来衡量胜负的活动,只有货币数量的变动最能刺激消费主义潮流影响下村民的感官。

"以前村里有闲的时候,我们总是围在一起敲锣打鼓,奏乐,整个村里热热闹闹的,很快就有一帮人参与进来,这些技艺也一代一代传下来。但现在不行了,年轻人对这些都不感兴趣了,他们比以前更闲,但是他们都花在搓麻将上了。只是遗憾这些技艺要在村里失传了。"(源于对泉村一位老人的访谈记录)

"我们所受的教育与环境都与以前大大不同了,对这些(敲锣打鼓性的集体性活动)真的不感兴趣了,我们喜欢体育运动(如篮球等),喜欢流行音乐,喜欢上网……可是这些在村庄里几乎都没法实现(除了听音乐)。要干什么是什么也干不了,打打麻将,玩玩牌九,包括'六合彩',还有点刺激,比较好打发时间。"(源于对泉村年轻人小李的访谈记录)

麻将、打牌原本是闲暇游戏形式之一,而且是充满智慧的游戏,也是很好的休闲方式,因为它简单易行,可以调剂生活,正因如此,麻将也可以迅速传播。人需要游戏,也需要休闲。任何一项积极、健康、友好的游戏都充满智慧、充满魅力,当麻将、打牌成为赌博时,其原本具有的正向功能都不复存在。打牌赌博化反映了两种不健康的心理:一是寄希望于打牌的刺激性来填补精神空虚,二是想通过打牌来赢利。如此,打牌赌博化就会带来颇多消极后果。

在泉村,一局麻将一般情况下为20~30元封顶,玩得大的为50~100元封顶,前者一天输赢可达到千元上下,后者一天输赢数以万计。村民打麻将时,都有赢钱的想法,甚至有人将打麻将作为一门"副业"创收。一个人手气好,也许能在短时期内赢一些钱,但从长时段看,其实每个玩的人都是输家,只有开麻将馆的人是赢家。因为轻松又可获取暴利,麻将馆便绞尽脑汁四处"拉客",如事先打电话邀请参加,碰到"三缺一"的情况,麻将馆老板就开着摩托车直接到各家家里找人。由于都是抬头不见低头见的亲戚或朋友,村民一般很难拒绝老板的要求,这样村民打麻将的频率更高。泉村、毛村、汪村这三个紧挨的村庄长期在村的有3 000人,三村共有近50台麻将机。常常有因为打麻将而导致吵架、打架或者两家不说话等类似的事情发生,麻将只要与金钱联系在一起归根到底会损害正常的人际网络。另外,麻将还依据打的成本在村庄中划分为一个个相互区隔的"圈子",有钱的打大牌,没钱的打小牌,有钱的只和有钱的在一起玩牌,即使是亲戚之间也以打牌来决定过年聚会时的互动对象,玩不起牌的亲戚只能早早回家或者在一旁看牌,而在牌场上钱来钱往的亲戚才是"有面子的人"。

打麻将付出的金钱和时间,并不是一种投资性的支出,其难以生成生产回报,对家庭生计的安排产生负面影响。当打麻将影响了家庭的"过日子"安排时,轻者引发争吵,重者引发肢体冲突甚至打伤。我们在当地听闻了多起由于打麻将引起的家庭冲突:有因为丈夫输得太多恼羞成怒回家打老婆的,有因为丈夫输得太多夫妻大吵几天几夜的,有因为丈夫屡赌不改妻子喝药自杀的,有因为婆婆打牌无暇照看孙子延误了孙子病情导致死亡的,有因为丈夫悔恨将自己小指切下却又继续去打牌的,等等。

在传统文化观念中,麻将应当是一种充满趣味的、润滑人际关系的休闲方式,打麻将原本应当是一种政策的消遣方式,但当麻将成为一种赌博,并且赌资越来越高时,打麻将就失去了作为传统文化意义上的闲暇方式。事实上,几乎所有村民都不认同麻将赌博化这种休闲形式。笔者调研时时谈打麻将的问题时,村民普遍表现出不好意思,"我打的这个东西不好"。虽然对麻将的评价不高,但村民们又陷于其中不能自拔,"不打麻将干什么呢?""打牌是歪门邪道,不是正业,大家都说不是好事,但戒不掉"。村民对于什么是健康的休闲方式是有清晰判断的,但村民同时又难以割舍打牌带来的兴奋感和刺激感,其在不满和悔恨过后,又兴致勃勃地投身牌场,"心甘情愿"地承受着钱财外流、朋友疏离、家庭纷争的后果。甚至到了这种地步,只要聚到一起,找不到别的娱乐方式,只有打牌。无论是人情喜事亲戚朋友聚到一起,还是过年过节亲戚村邻聚到一起,都是围成一圈儿打牌。打工经济与村庄分化背景下,不少人为了在牌桌上分出高低不断抬高赌资,有的村民一年在外打工挣的钱在过年那几天都挥霍在了牌桌上。

打牌原本是一种闲暇消遣,有着一种象征自由、愉悦的美学特征。在健康的社会文化下,打牌应当是润滑人际关系、促进沟通交往的一种休闲方式。于光远先生认为麻将是一种高级的智力游戏,一种体现以人为本的文化精神,一种融洽大方的休闲活动。于光远说,麻将游戏中的推演、概率、随机计算等特性激发了他对数学和哲学的爱好,并影响了他一生的思维和智慧。麻将是益智性最强的游戏活动之一,这其中也孕育着深厚的哲学思想和科学思维。他曾经倡导和弘扬麻将文化,认为麻将是中华传统文化的组成部分。[1]

但现在的打牌成为一种聚众赌博行为,成为一种快餐式、宣泄式、娱乐至死的娱乐方式。即使是红白喜事或者过年过节亲朋好友聚到一起,似乎也没什么好聊天的内容,成年人间的游戏只有拿钱做赌注才可能找到游戏的可能方式。一些边缘户在打牌中变得越来越边缘,他们与整体的打工经济社会越来越格格不入,从而更加陷入打牌赌博这种堕落的生活方式。[2] 把麻将用于赌博乃人的问题,而非麻将之过。于光远先生认为麻将变异成为赌博,其中一个很重要的原因就在于人们对闲暇时间的价值缺乏正确的认识,农村闲暇文化缺少正确的引导,也缺少丰富人民大众文化精神生活的游戏精品。[3] 事实上,泉村人从打麻将到赌博的泛化可以看到游戏中公德与私德都已不在,游戏失去了应有的原则,应有的道德理念。赌博泛化也是人与

---

[1] 参见于光远、马惠娣:《休闲、游戏、麻将》,文化艺术出版社2006年版。
[2] 近几年国家在农村实行精准扶贫政策,这种文化贫困绝不是精准扶贫可以解决的问题。
[3] 参见于光远、马惠娣:《休闲、游戏、麻将》,文化艺术出版社2006年版。

人关系断裂的表现。总之,当麻将成为赌博,就无人能把玩到麻将中的智慧和游戏的真谛。赌博式的打牌脱离了闲暇的内涵,带来的只有文化的进一步流失、弥漫的无意义感和精神世界的空洞。

二、赌博:暴利与暴力

赌博在当地有多种形式,主要有"牌九"和"押宝"。这两项是当地村民十分热衷的一项活动,尤其是对男性村民来说,几乎所有男性村民都参赌过,有的村民甚至放弃了打工和农业生产,长期以赌博谋生。赌场在平时三五处一场,逢年过节则遍地都是。"牌九"和"押宝"等赌博活动与打牌有本质区别,赌博活动不讲究技巧性和娱乐性,体现的是赤裸裸的以不劳而获方式赚钱的投机心理,赌徒希望通过随机性和偶然性,以较少的投入获取较多的财富。

2000年前,村里赌博也较为常见,不过那时候经常有警察抓赌。赌得大或彻夜赌博都是在比较隐蔽的小屋里,赌徒很怕有人举报。赌博多数是本地人在本村或邻近村庄赌。加上那时候村庄整体的经济水平较低,没多少有钱人,再赌也不至于输几十万元,多数上千元就算赌得很大。

2000年以后,随着大批农民外出务工,多数家庭经济来源更为广泛,赌博逐渐往职业化、产业化方向发展。这体现在3个方面:一是赌博的场所越来越专业化、隐秘化。二是赌博的设施越来越机械化、高效率,如牌九机、麻将机,以及配套的服务,赌博的地方配备午餐、晚餐,一条龙服务。三是参与赌博的人本身的专业化,村里开始出现一些从外地来的赌博专业户,赌博时村里有专门安排的眼线以防止有人举报等。

2000年以后,村里不少人(赌徒)都到本地某山上或外省市山区参与过赌博,有专门的旅游车接送。到达赌博点统一住宾馆,带的钱赌光有专门放高利贷的放高利贷。村民王某每次外出赌博都没告诉妻子,但每次回来他都将住宾馆的一次性牙刷、鞋套等带回来,妻子好奇家里怎么老有宾馆的东

西,再三盘问下原来是跟着村里人去了山里赌博,只有吵啊打啊……(泉村访谈实录)

甚至有一个村民还跟本镇几个赌友一起到澳门、缅甸赌博过。调研对象伟兵回忆起这段经历时津津有味,"当时去缅甸赌博时因拿高利贷没钱偿还被关在黑屋子里,整整关了一周,整日整夜有拿枪人看守,每天仅给一个馒头,不让我们饿死。后来一个送馒头的人跟我说只有逃跑,我在夜里逃跑并被打了一枪但没打中。命大啊……"

赌博无疑是一种消耗,即使经常赢钱的人,赢的不过是村民的钱,必然带来其他家庭的悲剧。赌博产业化更为严重的后果是滋养了一批灰黑势力,而灰黑势力又会进一步恶化社会风气。赌博产生暴利,有暴利的地方必定有灰黑势力插足。开赌场的人需要3~5个混混帮忙照看场子,防止有人在赌博时闹事或耍赖,"放码"的人也要养一群混混专门去收债,碰到逾期不还的,就让混混强行把人带走,家人若不拿钱来赎,便施以暴力。赌博黑恶化,严重扰乱了当地的社会秩序。一些乡村教师反映混混使用种种恶劣手段也传入了学校和村庄,社会上的大混混会到学校招兵买马,从中培养小混混和接班人。当地这几年放高利贷、赌博的事件比较多,陷入纠纷的人往往就被大混混带到宾馆百般凌辱,小混混将习得的这些不良行为带到学校和生活的村庄。

近几年,泉村及附近便发生了多起因赌博而引起的暴力事件:

2009年,庄家夏某在邻村开赌场,和一群以前因赌发生纠纷的混混不期而遇,那群混混一见面就将夏某腿部砍断。2009年,泉村一处赌场,两伙混混因赌博而发生口角,双方都把枪掏了出来,对峙了一会儿被人劝开。2010年,赌博大户陈某借了邻县放码者码钱,至少有100多万元,光利息就有10余万元,陈某迟迟未还码钱,放码者派了两个20岁左右的小混混,在除夕下午将陈某从家中强行带走,陈某知道此去凶多吉少,半路上抢了小混混的刀子,向小混混捅去,造成一死一伤,陈某至今在逃。

泉村的医生胡某也因赌博输得倾家荡产，不仅将家里所有积蓄、楼房输掉，还从亲友那里借了 15 万元也全部输掉，夫妻离婚，儿子在爷爷奶奶家生活。某日，泉村一村民在山上看到胡某躺在草地上，手里拿着一瓶农药，已经喝了半瓶，幸好被及时送到医院，才免于一死。

泉村的年轻人当然也不例外，修某 27 岁，长得又黑又小，父子两人都喜欢赌博，几年前家里好不容易盖上了楼房。修某谈了一个女朋友已经到谈婚论嫁的时候，可因赌博父子关系不和，总是吵架，修某的父亲不愿将楼房给儿子结婚，修某一时想不开，在县城逛街回家的路上找到一个草坪，在草坪上想不开喝农药自杀。

泉村的小学前任校长陈小明的故事，陈小明一直喜欢玩牌，但只是小打小闹，2010 年，陈家房屋拆迁得到补偿费 120 余万元，其远亲张某（远房老表）带他赌了几次，120 万元就输得干干净净，为捞回本钱，陈小明将家里房屋也抵押出去，后来输得倾家荡产。陈的妻子寻死觅活，其儿子媳妇离婚。张某后来出去打工，不见踪影。陈的校长职务也被开除。（案例均来源于村民访谈）

近几年诸如此类因赌博家破人亡的例子不胜枚举。灰黑势力的介入，让村庄生活充满了暴力逻辑，原有的村庄规则失去作用。目前灰黑势力已经渗透到泉村日常生活中，村民一方面畏惧灰黑势力，另一方面却也接受了灰黑势力的行事逻辑，有什么难题需要解决时倾向于用暴力这种便捷、快速的方式去解决。

村民们说起赌博黑恶化，都忧心忡忡，说"我们这个地方这几年风气太坏了，黑社会、混混很多，来村里都开轿车"。但是村民的一些行为却在支持灰黑势力的壮大。在调查中，有些村民上午刚向我们控诉完黑社会，下午就去赌博了，还有一些运输司机也向我们抱怨过黑社会的问题，但其仍然会帮庄家拉客以便赚取"中介"费。村民们是有基本善恶价值观念的，基于此，他们会对一些社会问题进行抽象性和普遍性的抱怨，但面对生活中的一些涉及个人诱惑的时候,如赌欲和财欲,其就容易丧失原则性。

赌博和打牌一样,引起了村庄资金的流失、人际关系的断裂、家庭关系的紊乱,但赌博自身的市场化还与灰黑暴力的市场化耦合,灰黑暴力市场化攫取的不仅是金钱,伤害的不仅是村民的身体,更破坏着村庄基本秩序。当前村民身上的乡土性越来越弱,生活面向城市化、社会关联去共同体化、公共权威衰落,"熟人社会"的秩序机制变异,"熟人社会"并没有走向城市社区,而是充斥着赤裸裸的暴力和短期利益,村庄社会呈现"灰色化"。①

三、娱乐的盛宴:六合彩风波

2009年前后,泉村掀起了一场"六合彩"风波。"六合彩"在农村的盛行,几乎使参赌"六合彩"成为村民的主业。开奖日,村头巷尾到处都是聚众谈论"六合彩"。村中不少男性研究码报。有的更是把生产计划的投资资金或孩子上学的储蓄都输得精光,家庭关系日趋恶劣,严重扰乱、破坏了整个家庭的正常生活。

村民们近乎疯狂地参与"六合彩",在于"六合彩"在拜金主义盛行的大背景下为村民描绘了一幅"一夜暴富"的美好图景。村民"黑棉袄"说:"大家玩六合彩原因很简单,平时闲下来就没事可干,只能闲待着。大家都想玩点儿刺激的游戏。知道输的多、赚的少,但还是想赌一把。因为如果赚了,就发大了,不过赚了肯定还是要投进去的,因为赚到小钱还想赚大钱。"②村民WYD说:"我们的生活水平当然比以前好多了,但总嫌钱不够用,总觉得有很多人过得比我们更好啊。有的人家装修得跟皇宫一样,什么空调、电冰箱啊,所有家电一应俱全,还有电脑。现在指望打工挣钱,挣不到大钱,做生意门路少,六合彩能挣钱也好啊,那么多人喜欢玩,挣到钱了就证

---

① 参见陈柏峰:《乡村江湖》,中国政法大学出版社2011年版。
② "黑棉袄"是村民对他的称呼,52岁,80年代是当地比较出名的混混,后来不再混社会。

明你有本事,做什么不行?国家没有规定不能玩六合彩啊……"①

六合彩盛行的那几年刚好是当地县城大规模突进扩张的几年,这之间是否有必然的联系无法论证,但从中看到的激烈竞争环境对村民心态的影响是真切的。根据对县城一个退休返聘的调解律师的调研访谈也发现,近几年各种吵架、纠纷、混混事件、经济案件集中爆发。

泉村所在县城的大规模扩张给人们制造了繁荣的假象,以泉村为例,很多村民进城买房,但买房后并不去县城住。不少家庭买房后的居住模式是这样的:中年人还是住村里,年轻人长期在外打工,村民在县城买房子又去县城住的多数是家里一个中年人带一个上学的孩子,因此县城的房子很多是空置的。② 一般情况下,是一个家庭里的中年男人在村里,因为可以种地、照看田地,且住村里可以不用买菜,减少生活成本。中年人住村里熟人社会也已经习惯,能住村里当然住村里。中年妇女或更大一点儿的老人在城里带孩子读书,主要是接送和烧饭。一些村民说县城的房子就是儿子媳妇过年回家住一下。然而,为了县城这套房子付出的代价却是两代人的心血。父母不仅拿首付,且房贷的压力也多数在中年人的身上。而泉村所在的县城大规模开发建设的商品房有近一半是烂尾楼,也就是说不少村民买了房要么拿不到正常的房子,要么就是没有房产证,但必须每个月还房贷。③ 然而,为了子代的教育以及年轻一代进城的梦想,进城买房似乎是必需的。据调研,泉村的小学老师有一半都卷入贷款风波,因为他们有固定收入可以做贷款担保人,泉村所在县城的公务员也不例外,调研中就有多位访谈对象提及身边公务员帮人担保而陷入纠纷。大家都在想方设法赚钱,社会性竞争异常激烈,

---

① WYD,女,38 岁,经常跟男人在一起赌大牌,据村民说前几年还常跟一些赌徒一起到安徽山区秘密赌博,有专车接送,住宾馆。输了好几万,夫妻经常为此吵架。
② 见贺雪峰《警惕县城过度开发成"鬼城"》http://xueshu.baidu.com/usercenter/paper/show?paperid=eab9471322ca7d5626796131542f256e。
③ 相关事件媒体有很多报道,当地村民多次上访,但问题已经超越了基层政府的能力范围,因此,泉村所在县城在 2010 年前后有多位干部被免职处罚,也有几位因经济问题入狱。

然而晋级的渠道却不仅不畅通而且可以说重重险阻。一些好说话、讲究情面的人几乎都陷入经济风波，这对泉村原有人情网络的破坏是不可想象的。

王来顺（后文简称王）是一名小学教师，45岁左右，平时很喜欢赌博，后来六合彩进村开始痴迷六合彩。但王并不是精明的人，据村民说他总是十打九输，已经妻离子散。王的赌友张某，49岁，是当地养殖专业户，早年养殖过螃蟹、野兔等，近几年国家补贴养家禽，他又大规模养殖鸡鸭，因此家底殷实，在县城刚买了房子。2009年，张某玩六合彩输了40多万元，债主是本县有名的混混，要求张某必须在一个月内将赌债还清，而张某家里所有积蓄已经花在儿子结婚上，债主扬言如果逾期不还，将把他的腿砍断。于是张某找到王借钱，但王并无闲钱，张某就多次央求王给他担保贷款，王拨不开情面，担保了3万元。

银行贷款金额毕竟有限，张某又再次找到王，请他吃了几次饭，酒桌上张某痛哭涕流，说一直当王是亲兄弟，希望他帮忙帮到底，如果王不帮忙，他将死路一条，只有跳河自尽。两人商议只有办私人贷款，贷高利贷。于是张某又提出让王给他担保高利贷，利息是三分利。王出面担保，第一次贷了11万元。11万元刚还上不久，又有几个混混找到张某，将张某带到宾馆，给他灌辣椒并痛打一顿，称抹去零头，张某还必须还清余债30万元，否则将他家房子炸掉。张某吓得半死，回家又找到王某，要王某再帮其担保30万元，并许诺将赌债还清后再不赌博，家里养殖场及养殖收入一定可以还上贷款，称王某只是个担保人而已，退一万步张家在县城还有房子。王某为人仗义，抹不开面子，又没有老婆管，心想干脆帮忙帮到底，于是又为张某担保了30万元。谁知张某拿到这30万元后人间蒸发，并未还款。后来王某的学校里动辄停三五辆轿车，大家一看到轿车就知道是放高利贷的来找王某麻烦的，王某被混混多次带到宾馆拳打脚踢，称张某已经逃走，王某是担保人，要求王某必须还清所有高利贷本金及利息。王某回到家多次想上吊自尽，家里农药已经备好，在亲友劝说下没有自杀。后来王某被学校开除教师职务，逃

到外面打工,至今不知下落。而张某的儿子、女儿住在县城整天被黑社会骚扰,逼得其女儿只有搬家。(案例来源于村民访谈)

在访谈中,笔者可以明显感觉到村民对目前生活的不满,而这种不满主要源于如上所述的进行比较,进行消费上的比较,进行不同群体间的比较。消费主义文化在进入村庄时披着一席金色袈裟,吸引着无数人趋之若鹜,其实这袈裟上挂满了虱子。在充斥着物欲的世界里,他们失落了对于生活的意义,他们不再安分,在思想和现实中都处于挣扎的境地,于是也就急于寻找那个能够实现他们目标的手段,"六合彩"被他们看成是一种能够解决消费主义文化影响和消费能力不足矛盾的方法。

贺雪峰认为,"目前农民的根本问题不是农民的收入没有增长,而是支出增长的速度比收入增长的速度快得多;不是温饱问题没有解决,而是消费主义文化告诉我们无钱消费是可耻的事情"。[①] 长期以来,中国的农村社会与现在相比都处于更为贫困的处境,但还是较为稳定和有序的。而正是消费主义文化的渗透,使得农民趋利主义心态加速膨胀,使得农民的社会边缘感和相对剥夺感愈加强烈,才使已处温饱线上的农民仍显得如此的不安分。与其认为农村"六合彩"现象是农民致富目标与致富手段的脱轨产生的集体性越轨行为,不如说是时下消费主义文化的渗透与农民消费能力不足矛盾的产物。

第四节　娱乐物化的政治社会学

如果将闲暇中的娱乐生活看作游戏的话,于光远作为玩学理论家,他认为游戏不当,或者说沉迷于那些低级趣味的娱乐项目,必然会损心智、伤筋骨、毁德行。因此,"游戏必须是在健康、积极、向上的基础上,使你心智得到

---

① 贺雪峰:《新农村建设与中国道路》,《读书》2006年第8期。

提高,并促进德智体美劳的全面发展,唯此才是游戏,游戏也,必须是如此!"①而当前的娱乐游戏方式本身正在异化。

市场经济和消费主义正在迅速地改造人们的闲暇生活,瓦解熟人社会的关系网络。"电视文化是一系列电视技术为手段和载体进行传播的精神观念文化形态和接受(消费)这种精神观念文化的生活方式。电视文化是一种最具影响力的大众文化,是一种满足精神需求的快感体验文化,是一种精神消费型文化。通过引领时尚、制造时尚,推动大众文化的流行,通过电视节目和广告引导生活方式,加速消费资本主义在全球的扩张。电视文化具有消费属性和产业属性,为消费社会推波助澜,与消费社会有着内在的必然的联系,是消费社会文化的内在机理。随着电视产业的不断发展,电视文化在满足不同年龄、不同层次观众的需求的同时,其唯利主义倾向和庸俗化倾向可能造成人文精神的侵蚀和挤压。"②

"以电视为代表的现代社会的文化改造主要源于大众消费的兴起。人们不仅消费物质产品,更多的是消费广告、消费品牌、消费欲望、消费符号。消费社会的文化是一种欲望的文化,是一种享乐主义的意识形态和都市的生活方式。消费构成社会再生产顺利运行的关键环节,消费启动和促进生产。为此,必须想方设法刺激人们的消费欲望,启动各种需求。于是人的感觉器官的调动和刺激成为首当其冲的突破口,感官享乐文化是消费社会的必然结果。在迅速变化的社会里,必然会出现行为方式、鉴赏方式和穿着方式的混乱。社会地位变动中的人往往缺乏现成的指导,不易获得如何把日子过得比以前'更好'的知识。于是,电视和广告就来为他们引路。这是一个享乐主义的世界,是一个虚构的世界。"③当消费主义长驱直入农民的日常

---

① 参见于光远、马惠娣:《休闲、游戏、麻将》,文化艺术出版社2006年版。
② 徐瑞青:《电视文化形态论:兼议消费社会的文化逻辑》,中国社会科学出版社2007年版,第15页。
③ 同上,第18页。

生活空间，成为农民闲暇的基本内核时，无消费、无刺激新鲜不闲暇，传统式愉悦身心的闲暇对于农民而言甚至成为一个奢侈的行为。

对娱乐、游戏有深入研究的思想家对游戏及娱乐的价值都有很高的评价，对游戏的本质也有深刻的揭示。在德国思想家席勒看来，游戏的本质在于自由。他把审美视为生命的游戏，"每个人都会由此联想到童年时代的无拘无束的玩闹是多么地悦性怡情，只有在这种审美的游戏中，人才能由'断片'变成完整的人，由分裂走向统一的人，完整而统一的人就是自由的人"。面对当时欧洲"欲求占了统治地位，把堕落了的人性置于专制桎梏之下，利益成了时代偶像，一切力量都要服从它，一切天才都要拜倒在欲求的脚下"的社会现状，席勒意识到，人性中原本和谐的力量开始分裂，人已经成为"断片"，随时面临着崩溃的危险。[①]

正如林伊津哈所说，19世纪以来，人类已失去了很多游戏成分的特征，当今这一趋势在加剧。"如果从做'物欲的奴隶'的角度讲，个体也许未感到灾难的来临，但事实上，一种无形的灾难正向人类袭来。""如今，人们的生活的确是越来越好。琳琅满目的物质世界、丰富多彩的文艺演出、无所不到的旅游项目等，我们不得不承认游戏在现代人智的创造中正以惊人的速度在花样翻新，比如电视机、手机、游戏机、游戏软件等。但人的内心世界却异常地失落与空虚——游戏很多，却那么机械、呆板、单一，缺乏人情味、人道化、人性化。游戏的商业化、功利化内化、色情化、暴力化似乎一时满足了人的快感，但是不能让人感到轻松。人们与电视为伴，与网络为伴，与赌博为伴，甚至沉迷其中。人们却丧失了游戏，也就丧失了游戏的能力，丧失了丰富生活的能力，丧失了欣赏的能力，丧失了学习的能力，丧失了创造的能力、丧失了强壮身体的机会，违背了自然进化的规律，而任何违背规律的行为早都将受到惩罚。"[②]

[①] 参见［德］席勒：《美育书简》，徐恒醇译，中国文联出版公司1984年版。
[②] 转引自于光远、马惠娣：《休闲、游戏、麻将》，文化艺术出版社2006年版。

"在娱乐物化走向极致时,人处于虚假的和被限制的自由中。当琳琅满目的物品把大众日常生活从传统的'悠然自得'的自由状态引向无穷无尽的'消费自由'的享乐之时,它开辟了一条使现代生活方式中的富人和穷人在尽其可能地占有生活物质基础的同时,也就把人的自由纳入了'消费'制度体系之中。'自由'变成了由'消费'来加以组织的享受形式。'自由'在现实中成为必须依赖"消费"才能得以存在的过程;'自由'成为消费享乐的过程,人在这个过程中似乎不必为各种娱乐性满足的消费而内疚,而理直气壮地相信,自己有权将一切能使生活丰富的商品、消费品都纳入自己的占有范围。在这里,纯粹的享乐主义的道德取代了传统伦理的约束,人们不再为物欲膨胀而羞愧,也不再为自己面对精美的商品、消费品时的那种贪心而脸红,而道德已经由精神层面滑向了物质层面,由创造层面滑向了享受层面。人的一切自由都被虚幻所掩饰,人的生活方式只是承载着一时享受的当下满足。"[1]

除了消费主义的盛行,近年来的基层行政改革对农民的娱乐生活也产生了重要影响。乡镇许多站所、机构都被裁并、撤销。比如乡镇文化站就被合并到"农村综合服务中心",仅由一个人负责,基本上是虚设,没有实质性政策和活动。文化站虚化还表现在文化场所和设施的闲置与拍卖,之前农民所熟悉的文化、娱乐节目被舍弃。税费改革前泉村所在的镇有一个影剧院,二十世纪七八十年代始建时花了几十万元,可以容纳近2 000人。既可放电影,又当戏台。二十世纪八九十年代运作得还可以,有放映队,还经常请外地和本地的大小剧团来演戏。剧院里没唱戏的时候就放电影,基本上天天放,唱戏的来了就不放电影。那时去的人很多,老年人、青年人、小孩都有,楼上楼下都坐得满满的,只要开着就有很多人参与。随着电视的普及,影剧院放电影频次越来越少,到1990年代末期基本上一个星期只放映一

---

[1] 转引自于光远、马惠娣:《休闲、游戏、麻将》,文化艺术出版社2006年版。

场,作为电视的补充,这场电影一般会爆满。

调研中不少村民都提起影剧院,他们普遍认为乡村影剧院有几大功能:一是为农村提供文化生活的场地和机会;二是传扬地方文化,农村影剧院是地方文化传播的重要渠道和方式;三是使全镇的老百姓都能到这里来聚聚会,热闹一番。大家都混个脸熟,交流信息,街上见面还能打个招呼,这对于同一个基层市场体系的农民来说至关重要。2003年之后,镇政府将影剧院拍卖给了私人,同时拍卖的还有以前的文化站、党校、老干部活动室等单位所在的场所。这样相伴而来的是原来乡镇集市作为一个熟人、半熟人的社会圈瓦解,乡镇内部的交往频次减少,交往越来越陌生化。

总之,农民闲暇不仅仅是一个私人性的问题,更是一个重要的政治社会学问题。自晚清以降,"国家政权建设"不断渗透和改造着乡土社会。中华人民共和国成立后,强有力的国家权力深刻地改造了村庄固有的形态,"组织网络"替代了原有的"文化网络",农村和农民被纳入工业化的一环。改革开放后,国家权力的下沉连带市场、现代传媒等其他各种现代性要素与村庄内部各种经济、政治、社会以及文化因素形成的"大传统与小传统"之间复杂的相互博弈机制,农村和农民的主体性在市场消费主义的侵袭下进一步退却。受"市场化"影响和改造的村庄,村庄生活本身和村庄中的人已经"理性化",村庄中原有的社会性建构完全被破除。村庄社区中流动性的增加、异质性的凸显、理性化的加剧、社会关联的降低、村庄认同的下降、公共权威的衰退等,导致了村庄共同体逐步瓦解,乡村社会面临着解组的危险。乡村社会出现了旧有的社会结构逐步解体,而新的社会结构却未能形成的混乱局面。无主体的村庄在面对外面的事物时总认为自己是落后的,外面的是先进的,在追逐外在客体所谓的先进中,丧失了自己的主体性。也因此,村庄难以生产任何属于自己的文化,甚至丧失了基本的价值生产能力。生活在这样的村庄中的个体找不到根的感觉,因为缺乏一定的主体性体验,他们的视界是外向的。

当下，泉村的闲暇不再是能够为村民提供归属感和精神休憩的场所，而是需要个体不断消费、自我展演、自我标识，以显示自己与他人的不同。这样的闲暇生活方式无法培育出乡土社会逻辑中的亲密感，娱乐休闲没有了"社会性"，只剩"个体性"。"市场化"逻辑无障碍进入无主体的村庄，用消费主义改造着村民的娱乐休闲，同时村民的娱乐休闲行为又进一步强化和确认了消费主义。"熟人社会"本身不再是村民快乐和愉悦的根源，"熟人社会"在当前失去了亲密交往并在交往中生发公共道德的功能，"熟人社会"只剩聚居的地域内涵。只是由于居住邻近，被动地发生联系。村民在娱乐互动中考虑的不是公共舆论和公共规则，而是短期的利益。一个个分散的村民依靠个体式的感官刺激将繁杂、琐碎的日子串联和贯通起来，村民在娱乐中通过货币数量的增减，引发内心的情绪变化。电视媒体中充斥着铺天盖地的"消费-享受"符号使村民认识到了"现代生活"的繁华景象与富足生活呈现出的无比的优越性，村民否定了自己的乡土生活，却又没有手段通往想象中的货币享受世界，最后只能沉沦于现实村庄中的各种"灰色化娱乐市场"，如打牌、赌博、"六合彩"。这种市场不是"理性化"意义上的市场秩序，而是从村庄汲取暴利的一套地下秩序（很多时候与暴力配合），通过货币数目变更引发刺激的心理，让村民陷入泥潭而不能自拔。

第三章
农民闲暇中的社交生活

在农民的闲暇时间配置中,社会交往占据着很大的比重。社会交往指的是在社会公共生活领域中发生的人与人之间的交往。在这一公共领域中,人作为存在的个体更多地脱离了人的自然属性而具有社会公共性。社会交往不仅是作为人的一个基本情感需求,通过社会交往可以让人获得一种归属与爱,[①]而且是社会秩序和公共规则形成的基础。前者主要是心理学意义上的理解,而后者则是社会学意义上的理解。因此,对于闲暇中的社会交往及其变迁的关注,不但有助于我们理解社会交往在农民闲暇时间配置中的意义,而且是理解乡村社会秩序变迁的切口。

近年来,许多学者都关注到了农民社会交往的变化,这种变化既包含社会交往形式和内容的变化,也包含社会交往性质的变化。在对农民社会交往形式变化的讨论中,阎云翔曾从农民住宅结构的变迁中发现了当下农民的住宅越来越与外界隔绝,私人空间出现,而串门等日趋减少,邻里关系日渐疏远,导致"七家不知八家事"。[②] 对于这种变化,阎云翔认为这是中国农民隐私权的兴起、私人生活正在发生与世界潮流日趋一致的变革。这种从西方意义上的"权利"角度对农民交往形式变迁的解读,遭到了贺雪峰的批

---

① 在马斯洛的需求层次理论中,将社会交往作为人的一项基本需求,社交的需要也叫归属与爱的需要,是指个人渴望得到家庭、团体、朋友、同事的关怀爱护理解,是对友情、信任、温暖、爱情的需要。
② 阎云翔:《私人生活的变革》,上海书店出版社 2009 年版,第 129—147 页。

评。贺雪峰从本土的视角出发,发现农村生产方式变化和社会流动性的增加所导致的村庄异质性增强型塑了村庄生活的私密化,这是解释"下岬村住宅结构的变化"及其相关现象的关键。村庄社会分化与村民交往方式的变化使得村庄中形成了一种"有了兴趣和爱好,有了需求,就到公共场所一走,而没有兴趣就可以退回自己的生活空间里去"的生活方式。[①] 也就是说,抛开对农民交往形式变化的原因不论,社会交往在形式和内容上发生了一个看似矛盾的变迁:一方面,以串门等为代表的原本在私密空间中的交往方式大大锐减;另一方面,农民对于公共生活的需求并没有锐减,而是出现了以小卖部、小广场等社会交往的繁荣。

事实上,两者的同时兴起并不矛盾,前者是因为农民物质基础大大改善以及农村经济社会分化不断加大,从而产生了社会交往的区隔化和农民生活的私密化。后者是因为,伴随农民闲暇时间的增多而出现的对于公共社会交往需求的不断增长。两位学者从不同角度的解读,大大丰富了我们对农民闲暇生活的理解。不过,两位学者的重心显然也不在于关注农民社会交往形式和内容的变化,而是都有自己的理论关怀。阎云翔主要指向的是个体权利的兴起;贺雪峰指向的是农村熟人社会性质的变化。从这一现象到最终的理论关怀,均缺少对农民社会交往性质的关注。事实上,类似串门的减少不仅仅是人际关系区隔的加大,更重要的是在于由串门所引发的农民之间交往中所产生的"闲话"的大大减少。因为一个相对封闭和私密的空间是闲话得以产生和传播的重要场所。公共生活虽然看似越加繁荣,但这繁荣背后却隐藏着农民闲谈的内容越来越脱离村域、脱离具体的所指,而是变成了"谈时势、谈科学"等无关自己、无关村民、无关村庄的事情,也就是说"闲话"已经"不闲"了。如此一来,闲话减少和闲话不闲所共同导致的是社会公共舆论的日趋消失,农民闲暇中社会交往的公共性逐渐丧失。

[①] 参见贺雪峰:《农村的半熟人社会化与公共生活的重建》,《中国乡村研究》第六辑,福建教育出版社 2008 年版。

农民社会交往公共性的丧失正在渗透到农民生活的各个方面。近年来,许多学者尤其关注到了当下乡村社会中农民人情往来的变化。在传统的社会中,人情往往被视作一种"礼物"。莫斯认为,人情往来是一种礼物的"给予—接受—回报"的流动,在这个流动过程中,每个环节都有一种"义务"存在的"礼物之灵"。这个礼物之灵制约的是个体的人,却在无形中组织了一个关于"慷慨、荣誉与货币"的整体社会。[1] 阎云翔在《礼物的流动》中延续了这一功能主义的传统,也对中国礼物交换做了最为集中的阐述。他对中国的礼物作了详细的区分,比如对仪式性场合和非仪式性场合礼物的区分以及对礼物的表达性和工具性的区分,从而既表达了礼物的物质、精神和工具性方面意义,又表达了它所具有的情感性意义。[2] 也就是说,人情往来具有互惠的功能,同时也暗含着一份象征性的表达,而且还是一套社会组织的规则。人情往来虽然是个体与个体之间的社会交往,但在性质上已经超脱于个人而具有社会性,而且具有公共性交往规则的内涵。然而,近年来,中国农民人情的性质正在发生巨大的变化,人情原本具有的互惠互助的功能正在逐步丧失,取而代之的则是一种牟利的手段和工具,而人情的公共性也逐步被私人性所取代。[3]

因此,理解农民闲暇中社会交往的变迁,是理解村落"公共性"的重要方向,而这恰恰是构成村庄熟人社会秩序变迁的关键。在调查中笔者发现,闲聊和仪式性的人情往来在社会交往的配置中占据着农民闲暇时间的最大比例,也是两种最具普遍性的方式。故而笔者将以"闲话"和"仪式性人情"两种农民闲暇中的社会交往逻辑的变迁为例,来理解农民闲暇性质的变迁及其所型塑的村落公共生活性质的变迁,最后探讨其对村落社会秩序的影响。

---

[1] 参见[法]马塞尔·莫斯:《礼物:古代社会中交换的形式与理由》,汲喆译,上海人民出版社2005年版。
[2] 参见[美]阎云翔:《礼物的流动》,李放春、刘瑜译,上海人民出版社2000年版。
[3] 宋丽娜:《人情往来的社会机制——以公共性和私人性为分析框架》,《华中科技大学学报》(社会科学版)2012年第3期;陈柏峰:《农村仪式性人情的功能异化》,《华中科技大学学报》(社会科学版)2011年第1期;王德福:《人情的公共性及功能》,《中国社会科学报》2009年11月5日。

第一节 闲话不闲

一、闲话的内涵与性质

闲话,广义上指的是人们在日常生活中所进行的闲聊与谈话,狭义上指的是对他人或公共事物进行评价的言说。农民的闲话则是在一定时空基础上产生的,同时又对这一时空内的人际关系和社会秩序产生一定的影响,因此,闲话的内核中往往具有评价性的意义。薛亚利曾对此进行了专门研究,她通过对既有关于闲话研究的回顾做出了对"村庄中的闲话"的界定,她认为闲话是在一定的人际交往范围内,具有一定信任度的两人或两人以上在非正式的场合对不在场的他人及其相关事宜的评说。[1] 这一定义虽然相对较为完整地概括了闲话的内涵包括的几个条件:一定的人际交往范围、一定信任度的人与人之间发生的、不在场、非正式场合以及对他人及相关事宜的评说。但是对于闲话的性质却未能充分涵盖,我们需要对其性质做进一步的解析。具体来说,闲话具有以下两方面重要特性:

一方面,闲话具有一定的边界性和扩散性。农村的闲话一般是发生在本村村民之间的,是在一个熟人社会范围之内。正是因为在这样一个相对封闭的空间里,在一些类似小卖部、大树下、小河边等这一公开、半公开的非正式场合,或者是在串门时农民家的客厅和院子里相对隐秘的场合,人们乐于分享这种半公开且又半秘密的村庄中的人与事的是与非。也就是说,闲话的对象和主题不能太遥远,言说的一般是村庄内的他者,"你讲其他村其他镇其他县的事情,顶多就是一种玩笑,大家不关心,但是你要是说村里的张家长、李家短,个个都会听得津津有味"[2]。与之对应的另一个极端就是,

---

[1] 薛亚利:《村庄里的闲话》,上海书店出版社 2009 年版,第 20 页。
[2] 来自 2011 年 3 月 20 日对泉村村民 LDZ 的访谈。

闲话不是家庭内部之间的谈话,这类谈话一般私密性太强而不具有对外扩散性,因此也不构成闲话。闲话是容易被传播和扩散的,它往往通过熟人社会内部的血缘和地缘两种主要纽带进行层层传播和扩散,从而很快形成一种村民所说的"大家都知道却不完全点破的秘密"。村庄这一自己人的边界范围,也才构成了闲话的效力得以发挥作用的基础。因为超越了这一熟人社会的领域,闲话的制裁力也就大大减弱了。

另一方面,闲话具有一定的道德评判性和公共性。格拉克曼在其著名的《闲话与流言》中提出了一个著名的观点:村庄闲话对维护村庄社区的价值观起到了积极的维护作用。[①] 闲话之所以产生这一作用,在于闲话通常是舆论生产的机制,在这种半公开与半秘密的议论中,形成了村庄的一种主导型舆论,这种舆论往往具有道德是非的评判性。"谁人背后无人说,哪个人前不说人!"每个村民既是闲话的主体,也是闲话的对象。然而,闲话虽然是一种闲聊,农民却不能随意编造,而必须分场合、分对象进行闲话生产。一个农民在村庄里胡乱说闲话,会被村民斥之以"长舌妇"而遭遇信任的破产。而每个农民当然要尽最大努力避免被人说闲话,毕竟,"唾沫星子淹死人",被闲话多了,自己的名声、面子和人格无形中就遭受毁损。因此,闲话之所以能起到维护社区价值的作用,其本质在于闲话本身隐藏着一套社会价值规范,闲话只是这一价值规范的一种另类表达。它具有道德是非的评判性,是一种公共性的社会舆论,在参与闲话生产的村民互动中,也建构出了村民的名誉、面子、人格,等等。换言之,村庄里的闲话可以建构出农民在村庄中的社会地位。"谁家的作风不好,谁家的孩子不孝顺,谁家的媳妇好吃懒做……"所有这些不经意的闲话,对于闲话对象来说,闲话的流传意味着这是一种集体的审判。当事人如若要在村庄中体面地生活,就要尽可能地免除这些闲话,而符合村庄中主流的道德规范。

[①] 转引自薛亚利:《村庄里的闲话》,上海书店出版社2009年版,第140页。

总之,在村庄熟人社会的边界内,闲话的本质不是一种私人的行为,而是社会公共交往的一种形式,是构建社会秩序的一种机制。而闲话能够发挥合法效力的本质在于其背后隐藏的道德评判性具有公共性的内涵,是一种大家共同遵照的地方性共识。

二、闲话的衰弱与"不得罪"的交往逻辑

近年来,笔者在河南、湖北、浙江、江苏等地的农村中调查时发现,农民交往形式正在发生巨大的变迁。[①] 以泉村为例,当地的闲话变迁主要可以归纳为以下两个方面:

一是农民"不讲闲话"。在泉村调查时发现,农民普遍的感觉是现在大家都不愿意讲别人的闲话了,讲闲话得罪人,容易惹祸上身。传统上,讲闲话某种程度上是一种主持公道、伸张正义的方式。即便讲闲话总是会让闲话对象不愉快,但是闲话对象往往自觉理亏。但是,现在农民讲闲话会被视为道德不正确,讲闲话被认为是一种引起矛盾纠纷的方式,因为现今被闲话的对象可以理直气壮地质问闲话主体,"关你屁事,谁叫你大嘴巴?"农民普遍奉行"事不关己高高挂起"的不得罪逻辑。闲话的内容无论是不是对事实的正确评判,都不再有人一起站在闲话主体的立场上,而多是奉劝说闲话的人"管住自己的嘴"。在农民不讲闲话的过程中,笔者发现了一个特别有趣的现象。传统上,一般是村落中的男性快言快语,敢于评判和主持村庄中的公道,而妇女的闲言碎语往往较多,但经常被男性喝止,她们被要求不要挑拨是非。而现在却出现了一个相反的现象,一些男性虽然仍有在公共场合评论是非的热情,但是这一行为却遭到了家庭妇女的严令制止,"哪来那么多闲话,少管闲事,赶紧回家!"男性在公共生活中的消失是"不讲闲话"的重

[①] 笔者曾经以河南汝南县岗村为例探讨了闲暇功能的异化,在江苏泉村调查,基本发现了类似变迁逻辑。具体参见王会:《闲话的变迁及其功能异化:一个理解村庄社会性质的维度》,《中共宁波市委党校学报》2011年第1期。

要体现。有研究者认为,这与妇女当家有着密切的关系,传统的村落公共生活是由男性自发积极参与而建立的具有公共性的生活,而随着妇女家庭地位的上升与社会角色的变化,妇女将男人从公共生活中拉回到家庭生活,维持传统公共生活的机制瓦解,从而导致了村庄生活的私密化与公共性衰落。

典型的例子可从笔者对 53 岁的老知客修大爷的访谈中得到很好的体现。修大爷是笔者多次访谈对象,[①]他成长于新中国成立后,属于村里的文化人,过去一直爱管闲事,有公心,并且写得一手好字,平时有事没事还记日记,然而他现在的闲暇时光情愿在家种花养鸟,也不愿参与公共生活。在访谈中他说道:

"现在这些事情不能管,人都坏,你不知道村里个个都是人精,不像过去了,管事管事,自己惹得一身事。现在这些小年轻的你也不敢管他们,也管不了,管得多了,说不准哪天他暗地使坏给你找个苦头吃……现在什么样的人没有?……你大婶(其妻)会说我,儿子、媳妇们都说我多管闲事,我自己也不愿意掺和这些混事了……我现在就在家里种花养鸟,听听广播,看看电视,生活也不赖(很不错的意思)……"

二是农村"闲话不闲"。闲话的衰弱并不意味着闲话的消失,只是出现了更多的人退出公共生活,尤其是主导村庄秩序的男性回到私密的家庭空间当中。然而正如贺雪峰所指出的那样,当下出现了诸如小卖店、广场等公共生活繁荣的景象。只是,两者都失去了闲话原本具有的公共性内涵。一方面,农民之间相互串门越来越少,也不愿意三五成群的讲闲话,而一些极少数关系特别要好的朋友关起门来的闲话却已经失去了公共效力,这也已经变成了私人空间和私密生活。另一方面,对于公共场合,大多数农民明确提到,"公共场合谈天说地,十万八千里,就是讲时事、生产、天气、电视等,反

[①] 每次笔者找他访谈,他总是很开心,他说他喜欢跟人交流说话,很多次他主动找笔者访谈,并且说只要有时间笔者都可以给他打电话找他访谈。这在泉村非常难得。这与他不再愿意参与村庄公共生活和公共事务似乎是个矛盾,其实背后是他对村落公共生活无价值性、无政治性、乱象丛生的根本的排斥,但他自己并未明确认识到这一点。

正都是无关痛痒的闲话"。这些闲话之所以无关痛痒,根本在于闲话已经突破了其所在的边界,并突破了熟人社会内部的人与事,已经与村民无关、与村庄无关。尽管小卖部里很是热闹,但这更多的是大家打麻将的集聚场所,欢声笑语不断,而对于每个人来说就是"一笑而过"。这样的公共交往已经彻底成了一种娱乐休闲。在小卖部里,偶然出现个别比较好事的人突然聊到一些村民的私事,马上就会被亲近的人打断:"世上不缺你这种讲闲话的人,"表情和话语均透露着不屑和反对。

调查中笔者总要问及农民的一个问题是矛盾纠纷的状况,虽然不同地区农村有所差别,但得到的普遍答案是,近10年来农村的争吵减少了、矛盾越来越少了,农民自己认为经济水平提高了,很多事情都不计较了,关系也就缓和了。确实有这方面的缘故,以前可能会为芝麻小的事情争吵数天,现在能忍则忍,互不关心。笔者认为经济条件变好只是部分乃至表层的原因,深层次的是分田到户后,特别是2000年之后,农户相互接触的机会减少了,不再像以前那样亲密,关系变淡了,因此摩擦也就较以前要少很多。1990年代初之前,几家邻居共用一口井、一个堰塘、一个竹林都是常有的事,1995年之后这种共有的东西都私分了。如经济允许,每户都买拖拉机(其实是很大的浪费),就较以前几户联合购买要减少很多的摩擦,这里的逻辑链条是关系变淡,才不互助合作,才没有摩擦。除了经济原因外,农民也提供了另外的信息来解释矛盾、摩擦为什么会减少,即现在人们在一起都不谈论人家的私事,打牌就打牌,不打牌就谈天气(或其他),这样就避免了很大一部分因言论引发的矛盾。前一个经济原因的实质是社会关系强弱的问题,后一个谈论内容的前后差异则透露的是熟人社会交往性质的变更。熟人社会交往性质的变化,也是纠纷减少的重要原因。

总的来说,闲话的衰弱和摩擦的减少表面上看是一种交往形式的变化所伴随的一种现象,而本质上则是村庄社会性质和农民交往逻辑的变化。传统村落对外具有相对的封闭性,对内则是不厌其烦地讲闲话来生产村庄的公共舆论。闲话是群体边界的标记，大量闲话和流言的知识库成为强力纽带起着联结和维持群体成员团结的作用。① 传统上农民的交往是按照"公道是非"的逻辑，而现在的农民奉行的是"不得罪"的逻辑。村民不讲闲话和闲话不闲都意味着农村闲话的衰弱，这就导致闲话的功能已经发生了异化。

三、闲话的去村庄化

以前，泉村的农民聚到在一起，不管是男人、女人，还是男女混在一起，一群人聊天一开口就是张家长李家短，聊的都是村里鸡毛蒜皮的事情。某家的婆婆对媳妇太苛刻，某家的媳妇不会做事、懒惰或者对公婆不好，谁家的鸡鸭鹅又被偷了，谁家的猪拱了谁家的菜园子，哪个光棍汉一大早就从哪个寡妇家门口走过，好像有什么动静，哪家兄弟关系不好，老大老二不孝顺，哪家夫妻吵架闹离婚，谁去拉仗劝架了，哪家做事正派愿意管事，哪家人做事不公道，等等。无论村里的大小事、旧趣新闻都会被东一口西一嘴地闲聊。正因为村民在说起闲话时总是毫无掩饰，就经常会带来各种争吵。争吵的内容五花八门，家长里短，又会经过不断的发酵、传播，传到村庄的各个角落。可以说 90 年代中期之前，农村几乎每天都有人在骂街、喊话，农村矛盾、纠纷接连不断。邻居的掺和拉架，家里人、家外人的说三道四，公道人的公道话、纠纷调解也都十分常见。这些都表明，在传统的村落闲暇生活中，无论是人们的闲话聊天，还是由此引发的争吵、骂街，或是各种村头巷尾的议论，又或者是各种事情经过发酵、传播、沉淀后带来的持续性的影响等，都表明当年的村落闲话都围绕着村庄公共交往和公共生活而展开，带有强烈的公共性色彩。

在闲扯、骂街和辩论的过程中，不仅形成了正义是非的评判，妇女的情感也得到了疏泄，村庄生活一片生机勃然。而世纪之交以来，尤其是近几

---

① 参见薛亚利：《村庄里的闲话》，上海书店出版社 2009 年版。

年,妇女遇到不快多是闷在心里,她们不知道说好还是不说好,说了是多管闲事,不说又憋着难受,甚至有的变得郁郁寡欢而患上了精神病。笔者调研期间有位中年妇女在访谈中就提及,她经常请人到家里施法,总感觉有鬼气缠身,有一次又犯病家里特地请了一个和尚来做道场,买了很多纸钱到家里烧。不巧被她上高中的儿子看到,她儿子非常反对她的这种行为,气得一个暑假不愿回家。这位妇女性格比较内向,平时不爱出门,虽然精神有问题但大多数时候都是正常的,偶尔出问题就会请人到家里施法。她每日待在自己家里,从来不串门,情感寄托极度单一化。当村庄和大家庭不再构成情感寄托的主要来源,国家也从村庄公共生活中退出,乡村社会缺乏有效的组织,农民的情感寄托和情感保障进一步缺失,面临生活中的各种问题,只能寻求各种神灵。这或许也是近几年农村地下教会蔓延的原因之一。

当下的泉村,年轻人闲暇话题显然已经去村庄化。访谈泉村近几年的外地媳妇,她们主要来自四川、湖北、福建、贵州等地,目前她们主要的任务就是在家带孩子或保胎。每次入村看到她们不是几个人抱着孩子凑在一堆,几乎没有见过她们与其他人说过话。她们都用普通话交流,说的话题大概可分为三类,首先是以前打工的经历;其次是做女儿时的趣闻;最后是老公和孩子,这是最现实、最当下的事,很少涉及其他的。村落的事情不仅进入不了她们的话题,而且她们根本就不知道,或者不屑于去谈论。究竟是什么原因让这些青年妇女相对绝缘于村落之外?针对这个问题笔者对泉村作了进一步的调查。

赵芳,30多岁,本地人,结婚10年,两个孩子的母亲,初中毕业后在外打工,后来回本乡结婚。问到为何不愿与村里人交往时,她说:"必要的交往哪还能少?我就是不喜欢到外边跟人闲扯罢了,没事的时候,我宁愿待在家里看电视、织毛衣,也不愿意出去乱嚼舌头根子。很少去串门,一来嚼舌根容易惹是生非,二来我也没兴趣打听别人的事。把自家事管好就行了。旁人家的事我也真管得宽啊?"(来源于2011年3月10日对泉村媳妇赵芳的访谈。)

可以看出,她对村落生活的介入一般只是面上的,既不去打听人家的事,也不去说人家的坏话。这些外来媳妇似乎不是生活在村落里,而是村落的匆匆过客。在这些少妇眼里,村落不过是物理空间,其中的人只是碰巧遇上而已,对自己的生活影响都不大。事实上,与他人的深度交往,不仅要牺牲自己的私密生活,而且很可能导致不必要的麻烦,即很容易招惹他人,引起矛盾纠纷。青年人不希望把时间、精力耗在这些事情上,而且羞于泼妇般的与人争执。为了避免与他人交往带来的风险,有效的办法是退守私密空间,与村落保持蜻蜓点水式的关系。

另外,在这一群大部分是小学、初中毕业,在城市打过数年不等的工,有自己想法的年轻人眼里,农村虽然脏乱差,但还是可以容忍的,大不了少出门。他们怨声载道的是农村的交往与生活的俗气,他们以城里人"优越"的品位在品读自己所生活的村落(庄)。这一点如刘家媳妇所言:"村里有些妇女经常来这里,说她们的家务事、婆婆、妯娌的事,我不想听,可烦了,只随便附和她们,有时没办法也劝她们。在农村生活,老是这样子,很俗气。"也如初中毕业后在外打了6年工的周家媳妇所言:"打工的时候觉得农村很单纯,生活久了遇到各种各样的事,才发现根本不是那样,我越是去琢磨庄子里人与人的关系,就越觉得可怕,于是逼着自己不去想,也不去惹人家。"①可见,年轻人对村落生活本身的排斥和躲避。至于骂街,一哭二闹三上吊本是农村妇女的生活常态,在她们那里则更是俗不可耐,刘家媳妇等少妇说她们耻于跟人争吵,更不会以这种"无理取闹"的方式跟人家斗气。正因为觉得俗气,她们才很少去深究村落(庄)生活中的隐秘,包括为人处世、人情上下的共识与规则。即便是知晓,也更多的是规避,而不是迎合。不少媳妇在农村生活日久,知道的东西渐多,就越发恐惧不安,对村落的反感情绪因而与日俱增。

年轻人对村落生活的隔膜必然造成村庄中老一辈人对年轻人的各种意

---

① 来源于2011年3月17日笔者对泉村几位年轻媳妇的访谈。

见,形成恶性循环。因此,他们在村落生活中每每受挫,也因此总被扣上不懂人情世故(或自以为是)的帽子。但越如此,他们就越加封闭自己,也就离村落越来越远,对村落越来越陌生。

49岁的云婶说起自己的儿媳妇小珍时总是情绪激动,有一次访谈中她倾诉道:"我这个儿媳妇太不懂事,家里来了客人,上次军子(其儿子)的姑姑姑父来,我们大人不在家,就儿媳妇一个人在家,后来我听说把他姑姑姑父气得不行,来家里没让人坐也没倒水,大中午了也没让人留家里吃饭。有时候家里来客人还摆脸色给人看,好像人家欠她几百块,不懂规矩就算了,我们说不得啊,说了就生气闹离婚……"(来源于2011年3月15日笔者对泉村妇女云婶的访谈。)

我后来还特地访谈了其儿媳妇小珍,她多次提到实在不喜欢村里的生活,"什么七大姑八大姨,这些都很烦,关系很多,没有城里人自己过自己的好"。比起人情各方面的应酬,她显然宁愿外出打工。"年轻的媳妇们多数都在苏南或者本地打工,我在村里的多数时间都待在家里刺绣。后来学会了打麻将,刚开始的时候觉得好玩,一段时间也觉得赌博很没意思。"(来源于2011年3月19日笔者对泉村年轻媳妇小珍的访谈。)由此让笔者进一步注意到泉村的外来人即外来媳妇增多导致的闲暇生活去村庄化问题。

中国的传统农业村落是一个基本封闭的自给自足的系统,绝大多数农民一辈子都在那里生产生活,很少主动与外界进行信息的交流和商品的交换。在这样的情况下,日久年深,村落里逐渐形成了地方性的规范和共识,大家遵循着共同的行为准则,共享着农业生产和农村生活的经验,并且在人与人之间的交往中造就了一个熟人社会。在熟人社会里,村落的价值生产能力较强,村民相互之间也较注重自身行为在村落里产生的影响,使得社区性压力体制得以形成并发挥作用。自然而然地,他们也就比较关心身边的事情。然而,年轻一代对于村庄的事情逐渐失去了聊的热情。1990年代之前,亲友间日常的互动、走亲访友十分频繁,兄妹、堂兄妹间互相走动,孩子到姑姑、姨娘家可以住半年甚至一年,亲友间几乎无偿的帮助十分常见。然而,笔者调查期间发现,亲友间相互的走动已经非常少见,亲情冷漠,即使是亲兄弟之间也要算得清清楚楚。在当前社区性压力体制逐步解体、国家权力逐步退出村庄生产、生活的大趋势中,农民的生产、生活私人化程度上升很快,"原子化"成为村落中村民之间关系长远的演变趋势,很少再有人愿意去议论或者干涉别人的私人生活,当然也不愿意其他人来干涉自己的私人生活。

"身边的事,没什么聊头",反映出新一代农民的生活面向已经开始从村庄内转向村庄外,生命的价值和意义也不再局限在村庄之内,而可以在村庄外部得到体现和实现。在一定程度上反映出新一代农民对乡村认知上的消解,对村庄生活的忽视。这样的村落,将慢慢地失去产生村庄舆论的能力,也会丧失价值生产能力,旧的规范已失,新的规范却尚未得到确立,客观上导致"农村的事,说不清"。此外,既然是"身边的事,没什么聊头",那么,农民也就不可能参与身边的事情,村庄的长远建设发展也就没有了参与主体。

近几年,笔者在很多地方调研都听农民提到,1990年代中期,特别是2000年以后,人们在一起都慢慢地不谈论人家的"私事",有的人张嘴要谈,很快就被别人制止,并说"千万不要到外边去谈,别人(当事人)会说"。农民,无论男女老幼,在一起开始谈论天气地理、电视剧情节、国际新闻,打牌、打麻将越来越普遍、越来越专一等,这些都表明农民交往行为较之前有很大的转变。泉村妇女主任说,二十世纪八九十年代也打牌,但打牌三心二意、停停打打、东说西拉,说到某个话题争论起来就放下牌指手画脚,不像现在这么专一,有时候听到外边有什么动静,比如婆媳吵架,都丢下牌跑去看,现在已经没人愿意管这些闲事。笔者在河南调查时看到,那里的男子对国内和国际新闻了如指掌,而对村庄里的私事和公事却知之甚少,他们说在一起只谈外边的事,不谈身边的事。外边的事就是与村庄里的人和事无关的事。笔者还实地观察到不少农村玩纸牌,四个人主打,两三个人在一旁观看,打的人和看的人在两个小时的时间里没有谈论除打牌之外的任何事情,打的人专心致志的程度仿佛在做一件艺术品,只是间或会发生争执。而看的人基本上不开口讲话,所以整个过程都很安详、和气。不谈身边的事和专注于打牌,虽然形式不一样,但内在的逻辑是一致的,即农民的交往已经从公共性转向私人性了,交往的性质发生了根本性的变化。

熟人社会中,大量的闲话闲聊将有关私人生活的各种信息通过传播、发酵、辩论的过程,在私人生活与村庄公共生活之间形成了一个良性循环,即私人生活信息能够进入村庄公共生活的视野,能够被村民讨论,并且在此过程中激活、强化或重新形成熟人社会内部公认的价值规范,从而对相关个体产生舆论压力,促使其对自己的行为进行适当调适。闲话闲聊以熟人社会的公共性为基础,同时在此过程中,熟人社会的公共性得以不断维系和发展。而当闲话被认为不理性、没意思时,熟人社会的公共性也不断走向瓦解。

四、闲话的去道德化

上文已经指出,闲暇在传统社会中一般具有重大的社会功能。对于村庄的整体来说,闲话具有加强村庄的社会价值规范和加强小群体的团结作用。具体来说,这一整体功能还可以具体细化为信息传播、亲密、娱乐、控制影响且各有重要的作用。这种积极正面的作用在熟人社会中确实是显而易见的,它形成了对农民行为的一个舆论压力,从而督促其更正不符合规范的行为,并且不断生产出村庄的公共性。然而,当下闲话的衰弱不仅导致其功能不断的弱化,甚至发生闲话功能的异化,从而对村庄的人际关系和村落的性质产生了反向的作用。接下来笔者将结合具体的村庄案例,以闲话的重要主题之一——家庭关系主题类闲话为例,分析描述村庄闲话的功能异化和村落的公共性消逝。

在泉村调查时经常接触到一些在家闲着几乎什么事都不干的年轻媳妇,她们一般刚刚嫁到村庄两三年,且刚刚生育了小孩。她们聚集在一起,必然谈到婆媳关系的问题。以下是她们的一段对话:

小夏：我家婆婆啊，脏的要死，孩子交给她，天天都被弄得脏兮兮的。她做的饭吃起来总感觉不舒服。

小刘：我那老家伙，我的衣服放在那，有时候明明看见了，也不一起帮着洗了。

小李：我们家老人就是偏心老小，我们家花花与他们家小子一样大，但他们都不怎么给我们带小孩。

小赵：我们家婆婆还好，他们两老头挺节约的，小孩都是他们带，也吃他们的，我不怎么管。

小赵的话一出，立刻引来了其他几个小媳妇的围攻：

"这就叫好，你也太容易满足了，你是没见过好的吧？"

"这还不是他们应该做的事情！自己的孙子，他们不照顾谁照顾。"

"我们来给他们生孙子，他们不是应该做啊！"

……

这些小媳妇，有外省的，也有本地本镇本村的，她们的闲话中无一不是以自我为重心，指责婆婆的各种不是。而在村庄调查中笔者发现，她们的婆婆不仅在家要干一些农活，而且还给她们带孙子，煮饭、洗衣服，家里的吃喝基本上都是老人负责。这些小媳妇要么在一起闲聊，要么聚在一起打麻将。但恰恰是这种情况，她们所说的闲话中却是如此的口径一致，所有公婆的努力付出都被认为是"应该"的，而且有着这样那样的问题。小赵说了句公道话，却遭受到一致的打压。如此一来，村庄的闲话功能已经不再是"表扬好的、批评错的"，而是负面的价值相互强化和发酵，最终型塑了一个新的不讲道德的秩序。与之相反的是，婆婆们现在也会偶尔聚集在一起，但是她们却几乎不敢言语，她们就是聊聊孙子，很少敢言及媳妇的不是。"我们不说媳妇，一些话要是传到媳妇的耳朵里，那媳妇绝对要给我们脸色看。遭罪的还是我们。"村庄里，这种闲话出现了一边倒现象。农民闲话的这种变迁，已经导致了闲话只能传递负面的信息和价值观念，而无法承载正面的、积极的信息。闲话不仅不能产生道德和舆论,而是发挥了类似谣言的负面作用,对于人际关系的改善和村庄秩序的塑造起到了反向的作用。于是,"小媳妇带来家是太太,老婆婆服务里里外外,老公公忙着讨钱还债"倒是成了广为流传的一句顺口溜。

在泉村调查时笔者还发现村里好几起因赡养而引起的代际纠纷。近年来,老人因为儿女不赡养而不得不诉诸法院判决的现象越来越多。对于这种家庭关系问题,已经不能通过闲话舆论产生的压力来内部解决,往往只有诉诸外部力量。

胡庄是泉村的一个村民组,胡庄有一个老人,现年83岁,两个儿子三个闺女,老人单过。儿子媳妇不给粮食吃,还不给水喝,后老人单独立个户,才到供电所弄到了一条线路。村民几乎没有人愿意介入他的这一不赡养的事件当中,甚至也没有多少村民过问。老人找村干部调解,但调解几次都不成功,儿子还是不给粮食,村干部还得受那几个儿子的气,最终由村干部开个证明,老人就直接找司法所和法院去了。老人自己独自找到了法院,法院第一次下来调解,儿子还是不给,老人只好又去法院找了两次。后来,法院宣判以后,儿子才给了粮食,但是媳妇每次见到老人总是噘嘴,开口就是骂,甚至当着左邻右舍的面。(来源于村民访谈)

此案例中,老人无人赡养没有成为村庄的闲话内容,因为村民不愿意得罪老人的儿子媳妇。他们可以宽泛地讨论孝与不孝,但是绝不敢直接指称具体的村民。相反,老人告上了法院自然能够成为村民的谈资,但是对于这一事件,许多人的态度却是:"儿子再不孝,也不能告到法院啊。"这句话的另一层意思表达了老人受到不公正的对待只能自己忍受着。这也是近年来大量的研究发现农村地区老年人自杀现象不断增多的重要原因。[1]

---

[1] 具体参见陈柏峰:《价值观变迁背景下的农民自杀问题——皖北李圩村调查》,《中国乡村研究》(第六辑),福建教育出版社2008年版;杨华、范方旭:《自杀秩序与湖北京山老年人自杀》,《开放时代》2009年第5期;刘燕舞:《自杀秩序及其社会基础》,《现代中国研究》(日本)总第25号,2009年。

这一事件中,老人因为将儿子告上法院而成为村民一时的谈资,但却不能产生一股关于孝顺的公共舆论。笔者在调查中发现,一些子女甚至在与公婆发生矛盾的时候,将邻村老人作为比照,对着自家的老人说:"我们对你们够好了,给你们吃、给你们住!"村民反而形成了一种"不孝的人多着呢,又不是就我一个"的行为逻辑。泉村的老人多数都不会住进新房,要么住老房子,要么在新房旁边搭一个不高的小房子单独住,老人如果到新房将地板弄脏,有的儿媳妇就会生气不高兴。

另外,"笑贫不笑娼"的行为逻辑也发展到了极致。调查中多位村民提及"在泉村,许多人不管到底在外面做什么事情,都要吹自己在外面混得好,这样才会被人瞧得起"。村民赵某说起有一位邻庄少妇在外打工多年,非常"好面子"(要面子的意思),但混得并不是很好,每年过年回家都要花上千元租很好的轿车开回家,否则感觉脸上无光。现在,村里三四十岁在外面做小姐的也不少。有一个外地媳妇,30多岁,长得很漂亮,她在外面做小姐,带了很多钱回来,家里装修得很好。村里人都知道她在外面当小姐,对此,笔者听到村民对其丈夫和家庭的议论:

"他反对什么?老婆给他在外面挣钱还不高兴?那是自己老婆有本事,村里还有不少人羡慕他呢。都说他傻人有傻福,自己不会挣钱,找到个会挣钱的好老婆。谁会反对?这是人家自己的事情。他老婆第一年打工带回来一万多元,给家里装潢了一下,第二年打工回来把房子翻新了一下,今年第三年了,回来又给家里添置了全套的新家电。儿子今年上初中,都是婆婆带,她这次回来还给婆婆买了个洗衣机呢……不过去年看到她胳膊上好像被人用烟头烙的疤痕,她老公对她很好,但是穷啊。她老公就生怕老婆在外面打工不回来,哪敢对老婆有意见?他不知道现在挣钱多辛苦啊?"(来源于参与式调研访谈实录)

在对泉村书记访谈中,他说起了一个近几年发生的事:

村里有个男的,文质彬彬(村里人都说他看起来是文化人),30多岁,家庭条件普通,打工总是挣不到钱,老婆多次与他吵架。有一天,村里有人告诉他,说他老婆跟一个有钱的长辈混在一起,他不信,别人要他去捉,他就去捉了,结果当场逮了个正着。那个男的受不了这个刺激,没几天就得精神病了。他老婆很快就带着女儿改嫁了。之后这个男的天天被关在院子里,没人照顾,吃饭时兄弟送些饭,后来被送到精神病院去了。对此,村里议论了一段时间,也就没人再提了。

显然,闲话的功能已经发生异化,闲话所形成的舆论风暴已经不复存在,闲话已经被强大的市场逻辑瓦解和改变,人人奉行的都是不得罪、不管闲事的逻辑,这样的闲话已经彻底失去规范和控制的效力。传统社会,村民可以通过闲话对道德规范的解释,让人们清晰地感受到村庄在提倡什么和反对什么,闲话给了他们鲜活的正面与反面的典型教材,[1]但是,当下闲话的这一道德规范意义丧失殆尽,已经无法形成对村民的非正式控制,村庄也失去了自主价值生产能力。[2] 当村民都不讲闲话,或者只讲无关痛痒的闲话,甚至闲话起到反向作用的时候,村庄的公共性也因此消逝了。取而代之的是,村庄里的人和事都只是自家的私事,也就是很多村民所说的"各管各的"。这就意味着对于他人的事物的闲话是多管闲事,而自己也可以不在乎他人的评价和看法。在村落社会及村庄闲话的变迁过程中,闲话的道德化机制已经不复存在,呈现出去道德化和私人化的趋向。

社会人类学家认为,"村庄闲话"对维护村庄社区的价值观起到一定的积极作用。确实,传统乡村是农民生于斯、长于斯的地方,村民间天然具有深厚的地缘血缘关系。闲话经常可以对村庄中不合伦常、不合村规民约、违背大多数村民利益的行为形成一种舆论压力,从而达到抑制村民不合情、不合理行为的作用。闲话之所以对村庄生活具有重大意义,就体现在闲话的道德规范中。闲话将村民日常生活的事实和材料道德化,从中分离出道德

---

[1] 参见薛亚利:《村庄里的闲话》,上海书店出版社2009年版。
[2] 参见贺雪峰:《村治模式:若干案例研究》,山东人民出版社2009年版。

规范,在闲话中,人们对各种道德规范加以重申强调,并对不符合道德规范的行为加以谴责。正是通过闲话对道德规范的解释,人们才能够真正清晰地感受到村庄在提倡什么和反对什么。闲话给了他们鲜活的教材,从身边人们就能看到可以模仿的正面典型人物,同时也能找到那些值得批判的反面典型。

"村庄闲话"是村民关于某一事件或现象的议论和意见,包含了对于此事件或现象的是非曲直的评价。其反映的是村庄大多数人对某一事件的看法。现实的状况是,这种控制作用正由积极走向消极(但是这种走向似乎不能用一个具体的时间作为明确的分界点,也不能仅仅归结于现代性的冲击或者农民的理性化或者是孝道衰落等)。导致这种变异的原因十分复杂,其中涉及经济、文化、政治、思想等方方面面。人们讲什么闲话,闲话里包含什么,会透露该社会群体如何建构他们周围世界的意义。

随着传统体制、观念和伦理的逐步解体和分化,村庄原有的集体救济机制逐步瓦解,社会趋于扁平化,人们的平等和自我意识凸显,强调权利而忽视责任义务,很多人在社会中重在讲究经济利益的算计,精心计算风险和成本,可以说,整个农村社会的人文环境作为一种舆论基础正在悄然发生变异。这时,大家"一门心思"搞经济,村民在乎的、津津乐道的不是某某是否孝顺、是否诚信等,而是某某又发了财。

随着现代性因素向农村社会的全方位渗透,现代的个人主义观念进村,以个人权利为基础的法律进村,相对封闭的村庄共同体开始瓦解,传统文化和地方信仰被严重挤压而使生存空间变小,农民、农村在社会和文化上被边缘化。构成农民生命意义和价值关怀的传宗接代观念逐渐被淡化,某些农民变得理性而狭隘,认为人生有意义的事情只是"及时行乐",农民传统的安身立命的基础正在瓦解。农民终极价值世界的缺位致使当前农村出现了各种前所未有、不可理喻的事情。"村庄闲话"的弱化与异化反射出传统道德的巨变、生活预期的巨变,以及关于生命价值定义的巨变。

第二节 没有人情味的交往

一、人情的功能与性质

村民闲暇中,人情往来是他们生活的重要组成部分,这也是中国乡村社会普遍存在的民俗现象。人情往来在乡村熟人社会中尤其发挥着重要的功能,并具有其特有的性质。具体来说,人情往来包括日常性人情和仪式性人情。一般而言,日常性人情指的是人们在村落生活、生产和交往中人情亏欠与偿付,仪式性人情则是指红白喜事之类的大型仪式与活动中的人情往来。相比而言,后者更易观测,且几乎涉及村庄中的所有村民,更具有社会性的特征。这里重点论述仪式性人情的变迁。

对于人情的功能,许多学者都曾对此进行了探讨。海外汉学家杨美惠在对中国城市的考察凸显了礼物经济在建构人际关系时所表现出来的工具性和功利性。[①] 这一看法显然没能看到人情的多维性,阎云翔对此提出了批评,并通过对东北一个村庄的调查指出,礼物交换背后同时暗含着农民的3种交往规则:伦理型交往、情感型交往和功利型交往。[②] 应该说从个人的角度来说,这三种交往形式是一种较为全面的概括。具体到仪式性人情的性质来说,也就相应地具有伦理性、情感性和功利性等特征。而从村落的角度来说,仪式性人情则还具有公共性的特征。因此,笔者将仪式性的人情概括为以下4种功能:表达性功能、互助性功能、交往性功能、整合性功能。

（一）表达性功能

所对应的是人情的伦理性交往的性质。费孝通曾将中国农村的社会关系和社会结构概括为差序格局,就像把一块石头丢在水面上所发生的一圈

---

① 参见杨美惠:《礼物、关系学与国家》,赵旭东、孙珉译,江苏人民出版社2009年版。
② 参见[美]阎云翔:《礼物的流动》,李放春、刘瑜译,上海人民出版社2000年版。

圈推出去的波纹。① 梁漱溟也将中国的社会关系概括为"伦理本位"。② 在仪式性人情上,它首先具有这样伦理性的表达。在送礼中,一般在礼金的数目上即能体现出关系的亲疏远近。这种亲疏远近一般是基于血缘和姻缘的关系距离,关系近的往往要多送,关系远的就少送,关系处于同一节点的往往要送得差不多一样。即便是私人感情较好,但在仪式性人情这一面上的表达通常还是要遵照这一规矩,否则将会遭到非议。因此,人情的表达性功能是对关系的一种确认和再生产,当然某种程度上也是情感的体现。

(二)互助性功能

是传统社会人情的基本功能。人情类似储蓄一样,每一次的支出相当于储蓄,每一次的收取相当于取款。通过人情,使得乡土社会中的村民可以在某一时刻共同应对人生中的一些重大事务,如婚丧嫁娶、建房等。因为,这一大事往往要耗费农民几十年的积蓄,单纯依靠一家一户通常难以完成。通过人情这样广泛的小额借贷,可以有效分担人生周期中"办大事"的负担和压力。而不同村民一般情况下人生周期和人生任务不太相同,从而也就可以通过人情这样的互助机制来达成社会交换,实现利益的最大化。这也是对自己和他人生活预期较长的情况下得以实现的,只有如此,每个人才可以放心地储蓄,且不急于支取,只在必要的时候支取。而从长时期来看,人情往来又是相对平衡的,通过不断的"亏欠—偿还—亏欠",人情的互助功能又以情感化的方式体现,而非一种赤裸裸的利益交换。

(三)交往性功能

指的是人情具有建构关系的重要作用。除了先天的以血缘和姻缘为纽带的结构性关系以外,人与人之间的其他关系则是需要通过其他方式来建构和维持的。基于地缘、业缘和趣缘等各种方式建立起来的关系,人情是建

---

① 参见费孝通:《乡土中国 生育制度》,北京大学出版社1998年版。
② 梁漱溟:《中国文化要义》,学林出版社1987年版,第65页。

立关系、保持关系、强化关系的重要机制。当然,在交往性功能中可能既包含情感性交往,也包含功利性交往。因此,这一纽带没有先赋的结构性关系那样有着诸多的规范性要求,进入和退出人情往来都相对容易,没有太多规范性的要求,保持着基本的"礼尚往来"的关系平衡即可。但通过人情往来,却可以有效地将这一非血缘关系的群体纳入"自己人"的范畴,从而拓展了自己的关系圈。

(四)整合性功能

主要是从村落的角度来说明人情所发挥的作用,指的是人情有助于润滑人际关系、促进社会团结。日常性人情和仪式性人情都有助于这一功能的实现,但在仪式性的人情中表现得尤为突出。因为在公共场合进行人情的仪式性表达,公开展现了村民对办事主家的社会支持。社会支持网的大小既与主家个人的能力、声望有关,但在客观上展现了什么样的人可以获得更多的社会支持,其背后暗含着一套公共的价值规范。此外,每一个仪式成为村庄中的公共性事件,也是一种集体意识的再造。通过社会支持和集体意识的生产,村庄的社会关系也就进行了整合。

人情的以上 4 种功能是一种传统社会理性类型的概括,与阎云翔对于村民交往 3 种类型的归纳一样,是一种没有纳入时空变量的解析。也就是说,因为时空的差异,人情的 4 种功能侧重点会产生一定的差异。在空间变量下,近年来一些学者发现,基于地缘关系为主建构起来的移民村落与基于血缘性关系建构的宗族性村落,在人情的性质和功能上存在一定的差异,地缘性村落的人情往往更加强调交往性的功能。① 但总的来说,在传统社会,村落人情虽然存在一定的差异,但是基本保持了人情的 4 种功能。然而,随

---

① 宋丽娜:《熟人社会的性质》,《中国农业大学学报》(社会科学版)2009 年第 2 期;桂华:《散射格局:地缘村落的构成与性质》,《青年研究》2011 年第 1 期;陈锋:《交换与强制:地缘性村落互助合作的维持及其趋势》,《中共杭州市委党校学报》2011 年第 1 期;王会:《建构性人情与北方村落农民的生活世界》,《周口师范学院学报》2011 年第 6 期。

着时间的变迁,人情的形式和功能却都发生了重大的变化,人情的区域差异也在时间变量下而凸显。

二、仪式性人情的变迁

笔者在泉村调查时发现,农民对于这一涉及家家户户日常生活的人情变化的反应和抱怨十分强烈,村民普遍认为"现在的人情没有人情味了",他们普遍渴望政府能够出台一项规定来限制现在的"赶礼"之风。具体来说,人情主要发生了以下3个方面的变迁:

(一)人情形式名目繁多

传统社会的赶礼主要就是婚丧嫁娶和建房,当下农村的赶礼名目却是让人眼花缭乱。初到泉村,一路见到各种各样的横幅,都是各家办事的宣告,三天两头,就有那家鞭炮声响起。最近10年来礼是越办越多,办礼的名目也是日趋复杂和细化。笔者大致罗列了一下泉村需要赶礼的名目:子女结婚、老人去世、建新房、买房、生病住院、生小孩、房子上梁、房子换瓦、参军、考上大学(无论什么学校)、搬家、孩子满月、开业,等等。2011年7月,因为正值高考结束之际,这是一个赶礼的高峰。对于考大学的办理,无论考什么大学,只要在高考结束即可以办事。也就是说,他们在高考结束后录取通知书还未下来之前就开始办事了。泉村有一家人就是在其孩子考试完之后就办了事,结果孩子才考了200多分,名落孙山,并没有考上大学,这家农户也没有觉得不好意思。到第二年这家孩子考上了大学,这家又办了一次礼。有位村民实在没有名目办酒,就在自己家盖了一个养鸡场之后办酒了。建房、搬家等,农民都遵照了类似的逻辑:想尽办法找事办!人情的名目繁多造成了农民沉重的负担,每年大约1/3的收入都要花费在人情消费之上。当然,人情的演变是一个逐步的过程,但村民反映1990年代中国后期开始有些苗头,但在2000年之后,则是发生了质变(见表3)。

表 3　人情变化一览表

时间 变化 人情	集体时代	1980年代至1990年代初期	1990年代中后期	2000年以来
人情的形式	红白事	红白事、建房	红白事、建房、考上大学、参军	子女结婚、老人去世、建新房、买房、生小孩、房子上梁、换瓦、参军、考上大学、搬家、孩子满月、开业
基本礼金（元）	0.50~2.00	5.00~10.00	20.00~40.00	50.00~300.00
仪式性人情	受到控制、传统礼仪等被压制、替代	恢复、再一次兴起、起正面作用	膨胀、开始增多、负面效应显现	基本异化、名目繁多、负面效应凸显

"以前的人情那叫真人情,现在还有什么人情哟!不就收礼的嘛!大家都心知肚明的,但这个账都要去买,都要去收。家家户户这样,你不这样就不行!非要国家出台个什么规定,能杀杀这个风,要不然啊,我们这里什么时候都不得好,都不要想发达……"(访谈对象XM,女,35岁)

"以前盼着过年过节,现在就怕过年过节,一到过年过节前后,特别是国庆啊、'五一'啊、春节过后的二月份啊,那钱就哗哗流,没钱也要借钱出人情,人家请到你了,你不能不上礼啊,都是这么回事,他办完,你再办,再把钱收回来,其实都浪费了不知道有多少,每次办个事情,剩菜都几桶几桶倒,听说乡里酒店都有人专门回收的,家里办事就只有倒了……"(访谈对象LC,女,43岁)

"我们这里现在很多高血压、高血脂的,都是吃人情吃出来的,中年人还有些老头子,生怕出那么多人情亏了,去了就拼命吃,最后吃出慢性病了,隔三岔五地就是出礼,谁能不心疼?都是大鱼大肉的,那就吃啊,都是这些在家的中年人吃得最多,小年轻的人家去坐桌子上也不怎么动筷子,都倒的多……大吃大喝风特别不好,村里不要说老年人,很多中年人得了高血压、高血脂……你家不办,他家一直办,那你家就吃亏,那就没事找事情办……"(访谈对象LKL,女,46岁)

"你看看我家家堂上的杯子,那些破玻璃杯,简直都放不下了,到处都是,上一次礼送一个玻璃杯,我们这前几年都兴送这个,上一次礼就给一个玻璃杯,一条毛巾,装一袋糖,我都恨死这个破玩意了,你知道啊,我家小孙子就被这破玻璃杯烫到一次,开水刚倒进去,'砰'的炸了,开水溅了我孙子一身啊!(流泪)在县医院待了一个暑假啊!都不值钱的东西总不能扔了,都是几百块钱换回来的啊,来个客人还能喝喝水,要不我真要都扔了算了!……"(访谈对象小娥,女,52岁)

(二)工具性、功利性的人情交往凸显

在传统社会,人情也具有工具性和功利性的交往性质,但这一功能是辅助性的,而非主导性的。也就是说,人情主要具备的还是表达性功能与互助性功能。1990年代初,泉村还有不少互相帮工建房子,兄弟堂兄弟之间的互助帮工很频繁。然而,当下人情的这两个功能都在弱化,工具性和功利性的交往日益凸显。这种工具性交往首先表现在人情圈的变化。通过对农户人情礼单的调查统计发现,村民的人情关系圈中血亲、姻亲和乡亲的总数没有发生太大的变化,而朋友的总数却是翻了2~4倍。也就是说,血亲、姻亲和乡亲所占的比例越来越低,而朋友在人情圈的比例越来越高(见表4)。而功利性交往则表现为人情交往的利益动机较为突出,尤其是在几年来出现了一种一次性的人情往来。一次性人情往来指的是,为了具体的某一目标而通过人情的形式短期内建构关系甚至变相的通过人情交换,而这一关系本身不具有相互对等的性质。这尤其表现在一些掌握较大权力或手中拥有较大资源的人身上。

表4 人情礼单中的关系类型分布表 (单位:户)

主家及事由	宗亲	姻亲	乡亲(本组、本村)	朋友、同事	总计
胡平(1993年,大儿子婚娶)	20	16	30	7	73
胡平(2005年,小儿子婚娶)	20	18	15	25	78
黄建国(2002年,大儿子婚娶)	20	30	30	14	94
黄建国(2009年,小儿子婚娶)	30	30	15	35	110

"我们这儿过去多好啊,栽秧都是你家栽完了帮他家,互相帮,那叫人情,需要用钱了不用说借,亲戚朋友手头有钱就主动来问你要不要,现在收利息都借不到,现在啊,只能跟高利贷借……"(访谈对象WYM,男,40岁)

"那时候村里有专门的厨子,哪家有事了,就来帮个忙,吃个饭,最多拿两包烟、两袋糖给他,哪家有事都是邻居来帮,桌子板凳人家都送过来。现在都是一条龙服务,都是进饭店,孬的去镇上饭店,好的还要去县里大酒店……结婚还要请司仪,请个司仪都是上千块,这些钱从哪里来啊,最后还不是从自己口袋出啊,羊毛出在羊身上……"(访谈对象LXT,男,43岁)

"人情债最难还,请到你了不能不去?!要讲心里面,谁想去出那么多钱?有时候关起门夫妻在家吵一架,出去人情还得出!小孩满月也办酒,6岁剃红头也办酒,10岁过生日也办酒席,反正就把大家请去吃一顿收钱就好了……前几年两三百块钱就打发了,现在同学朋友请都要五六百,少了拿不出手……"(访谈对象WYQ,女,34岁)

"家家户户人情都是大负担,就过年过节那几天,春节、国庆节期间,真是不得了,家家户户办,挨家挨户吃,就那一个月有时候人情能上万,哪年不是两三万最少?能挣几个钱?负担能不重吗?!……"(访谈对象QDZ,男,42岁)

(三)人情彰显了富人的炫耀性消费

在传统社会,富人与穷人在人情仪式和人情交往圈上也存在一定的差异,但是贫富对人情的影响是相对的,他们仍然需要遵照乡村社会的基本规范进行仪式的展演,而人情圈的范围由于主要基于血缘性或地缘性的纽带,故而村民的这一基础性的人情范围是大致相当的。但现在贫富分化所造成的人情分化却十分明显。普通的老百姓对于名目繁多的人情抱怨连连,并且走向了竞相逐利性的人情。然而,少数富人对于这种逐利性的人情不屑一顾,他们对于来道贺的客人往往还回送一些礼包。人情对于他们来说,更多是通过一次炫耀性的消费来达成自己财富和社会地位的公开展演。

三、人情功能的异化

在传统乡土社会里,"朋友之间抢着回账,意思是要对方欠自己一笔人情,像是投一笔资。欠了别人的人情就得找一个机会加重一些去回个礼,加重一些就在使对方反欠了自己一笔人情。来来往往,维持着人和人之间的互助合作。亲密社群中既无法不重交人情、也最怕'算账'。'算'等于绝交。因为如果相互不欠人情,也就无需往来了"。①而当下泉村的人情是表面上都去应和,私底下算的精细,人人想从人情中谋利,人人想退出这种人情。当人情的名目愈来愈多,人情主要为工具性和功利性的交往服务,人情开始逐步成为富人的一种游戏,人情的功能和性质都已经发生了蜕变,人情确实变得越来越没有人情味了。

(一)人情从互助功能转向了牟利和敛财的功能

农民虽然对于没有人情味的人情抱怨连连,谈"人情"色变,但却都加入了这一场在短期内竞相逐利的游戏当中。之所以是短期逐利,意味着农民在一次性的人情收支中是有剩余的。一般情况下,一个农户收取 3 万元的礼金,其实际耗费在酒菜上的花费大约在 1 万元。应该说,初始阶段,一些村民只是因为个别家庭事由较少,故而选取了一些名目以图收回多年支出的成本,这也是具有合理性的,也能得到其他村民的支持,而不会引发村民的议论。但是这些少数村民增加的这些名目,也就成为其他人办席的依据,很快被其他村民所效仿。一些家事较多的人也逐步利用它来敛聚财富,到最后,办酒席可以赚钱成为每个农户争相办酒的主要动力。人情原本作为储蓄的互助功能转化为了牟利敛财的功能。

然而,每个村民作为理性人去寻求短期性的牟利,共同导致的人情交往规则的混乱,于是村民可以不顾脸面而寻求各种名目办酒。从长远的角度

---

① 费孝通:《乡土中国·生育制度》,北京大学出版社 1998 年版。

来说,所有人又基本上都是吃亏的,因为人情往来本身并不产生生产价值,反而每一次办酒都要耗费大量酒菜,这些酒菜在所有人的共同参与和竞相参与中耗损了。但是深处村落社会中的个人又无法完全摆脱人情的网络,只好陷入竞相逐利的恶性循环,传统人情的平衡机制也就被打破了。访谈人情问题时,不少村民说:"我们这里的人情风气真的不好,但家家户户都办啊,你不能不办啊,不办你就吃亏!这风气怎么形成的我们也不清楚……"

传统熟人社会要维持亲密团体中的亲密,也是必须避免太重叠的人情。社会关系中权利和义务必须有相当的平衡,乡土社会的这种平衡可以在时间上拉得很长,而当下处于急剧变迁中的泉村,人们在人情上都没有长远的打算,也无需考虑长远影响。人情曾经是乡土社会礼制的集中体现,是社会规范的集中表达,而在当下,人们在人情上几乎可以为所欲为。

(二) 人情从社会整合的功能转向了社会排斥的功能

传统村落通过仪式性人情展现、确认、强化和再生产着村民之间的人际关系和集体意识,从而起到增进团结的社会整合作用。然而,当下的人情交往规则已经丧失了公共性,村民不再从人情中感受到那份关系的亲密,而是一种关系的疏远。对于各种仪式性人情,产生不了任何的喜悦和神圣感,而只是体现了一种赤裸裸的利益交换。一些村民甚至开始寻找各种理由规避人情,却又总是不断地被这样的人情网络着,无法完全退出。当仪式性人情"名实"分离之后,人情却成了村庄的一种分离力量,人与人之间的预期变得越来越短,越来越理性。与此相反,富人以仪式性人情作为炫耀性消费却在逐步抬高人情的消费标准,富人的交往圈大大拓展,穷人的交往圈却是愈加缩小。这些都从另一个层面形成了对穷人参与人情往来的排斥。长此以往,村庄中的人际关系实现了再造,宋丽娜等人曾将这一新的社会关系结构概括为"圈层结构"。[①] 人们开始更多基于个人自身的业缘、趣缘圈及其所处

[①] 宋丽娜、田先红:《论圈层结构——当代农村社会结构变迁的再认识》,《中国农业大学学报》2011年第1期。

的社会经济阶层等新规则建构人际关系,传统的基于血缘连接纽带和伦理规范等公共性规则构成的差序格局逐步被打破。然而,圈层结构本身就体现了人与人之间交往的一种区隔。

总之,当下农村人情的经济社会功能已经发生了异化,人情已经名实分离,不再具有公共的交往规则,也不再是一种互惠互助的机制,演变为一种个体敛财和牟利或者利益交换的工具。帕特南在论述 20 世纪 70 年代以来美国社会交往中的社会信任变化时指出,普遍互惠准是社会资本的试金石。普遍互惠的意思是:就算我不认识你,就算我得不到丝毫立竿见影的回报,我也会毫不犹豫地帮助你,因为我坚信,你或者其他人在未来我需要帮助的时候,也会给我以回报。[1]

帕特南还引用大卫·休谟(David Hume)关于在《人性论》中的论述:"你的谷子今天熟,我的谷子明天将熟。如果今天我为你劳动;明天你再帮助我,这对我们双方都有利益。我对你并没有什么好意,并且知道你对我也同样没有什么好意。因此,我不肯为你白费辛苦;如果我为了自己利益帮你劳动;期待你的答报,我知道我将会失望,而我所依于你的感恩会落空的。因此,我就让你独自劳动,你也照样对待我。天气变了,我们两人都因为缺乏互相信托和信任,以致损失了收成。"[2]传统乡村社会的互惠性人情是熟人社会重要的社会资本,在人情异化的条件下,村庄社会资本显然也在不断流失。

"正如哲学家迈克尔·泰勒(Michael Taylor)指出的,在一个互惠系统内行动的每一个人通常都兼具两个特征,可以称其为短期的利他与长期的利己,二者结合在一起。我现在帮助你,并期望你会在未来帮我脱困,虽然这个期望可能是隐隐约约的、不确定的、未经精打细算的。互惠性是由一系列行为组成的,这些行为在短期内都是利他的(对他人有利,对助人者不

---

[1] 参见帕特南:《独自打保龄:美国社区的衰落与复兴》,北京大学出版社 2011 年版。
[2] David Hume (A Treatise f Human Nature, book 3, part 2, section 5, 1740). U Robert Sugden, The Economies of Rights, Co — operation and Welfare (Oxford: Basil Blackwell, 1986)、106.(见中译本《人性论》,关文运译、郑之校,商务印书馆 1980 年 4 月第 1 版,第 561 页)。

利),但这些行为结合在一起,通常会让所有参与者都受益。普遍互惠的规范是一个黄金规则,是文明生活的基石,所有崇高的道德准则都包含有这个规范的一定要素。而推崇私利的'唯我独尊年代',则以'人不帮我,我不助人'为特征,这是对互惠准则的颠覆和讽刺"。[1]

在这样的社会中,社会信任度和合作度都大大降低。当然,美国社会走向越来越依赖正式的机制,尤其是法律来代替过去通过普遍互惠强化的非正式网络,即社会资本来实现这些愿望。在落后的中国乡村,近几年也是援引各种正式机制解决乡村纠纷,笔者调研期间还可以看到村里经常有警车进入,村民也提及现在无论什么鸡毛蒜皮的事都要打110,过去是送法下乡遇到乡土社会习惯法的重重阻碍,现在越来越多的村民与法官、法院打过交道,期望与法官、律师交朋友或有熟人认识某个律师、法官都是一件值得炫耀、羡慕的事。当然,这些现代治理方式的成本是极其高昂的。然而这只是一个层面的变化。日常生活的变化或更能说明问题所在,泉村的日常生活图景是走向人人自危,一些村民试图通过更激烈的社会性竞争离开村庄,村庄本身则走向狠人治村、混混当道的局面。

同时,人情剥离了社会性、公共性、伦理性的内涵,越来越朝个体性、私人性的方向发展,越来越缺乏笼罩性的结构力量进行规约。泉村人情变化的图景如同天堂和地狱的寓言一样,大家都围着一口大锅,锅里的勺子很短,天堂里的弱者互相伸长胳膊拿勺子喂给对方喝,地狱里的弱者互相抢着喝,吵架打架相互算计。泉村的人情一步步从天堂走向地狱,人情成为冷冰冰的弱者自我欺骗的盛宴。泉村进入社会资本不断流失的恶性循环中,人人想要逃离。那种濡养闲情人心的互助式人情曾经让泉村人其乐无穷,然而,经历现代性和消费主义的洗涤早已不在,泉村人在变异的人情中戾气横生,惶惶不安。

---

[1] 转引自帕特南:《独自打保龄:美国社区的衰落与复兴》,北京大学出版社2011年版。

第三节 "无公德的个人"和无规则的社会

村落熟人社会不仅是农民的初级社会集团,而且很大部分农民就无法或不需要与次级集团发生关系,生于斯而终老于斯。因此,熟人社会对于农民而言至关重要,不仅是生产、生活和娱乐的场所,而且还是生命的最终栖息之地,是人生的归属。而要获得这一切,交往是必不可少的。可以说,熟人社会是通过交往来建立和维系的,交往是熟人社会的生命所在,没有了交往就等于少了身体的经脉,熟人社会就会变得死寂沉沉、毫无生气。因而,从性质上讲,熟人社会交往既具有公共性,也具有私人性。

从泉村的经验来看,熟人社会交往性质在不断地变化,变化的结点大概是在20世纪90年代中期。当然,为了便于理解,笔者更多的是在理想类型层次上谈论其性质的变化。1990年代中期之前的熟人社会交往虽然包含着两重性质,但更多地体现在公共性上,一种公共性的力量在主导着村落的个人交往,不管是二人的,还是多人的。人们以村落公共的名义进行交往,调用公共的资源对交往本身进行合法性定义,从而使交往在现象层面表现出来更多的公共性。在这个阶段,私人性隐含在公共性里面,不凸显,变成次要的东西,这是公共性对私人性的遮蔽。而到了1990年代中期,特别是2000年以后,公共性开始往后不断地撤退,让出空间,私人性逐渐占据主要的角色,到现在,私人性已经主导了熟人社会的交往,公共性隐退或者被私人性肢解。这便是熟人社会交往性质变迁的理想描述。

交往的性质由公共性(公的逻辑在起作用),变成了私人性(私的逻辑发挥作用)。同样还是那些人、在同样的场所,当交往的性质发生根本性变化之后,交往的结果与状态也很不一样。当下的泉村是按照私人交往的逻辑在运转,它维系的是一种私人性的情感,尽量不使私人闹矛盾、不和气,不破坏私人感情,营造一团和气的氛围。有农民很自豪地称他们的这个状态是响应中央号召,建立和谐社会。

农民闲暇中社会交往的变迁,不仅在于这种交往本身的变迁,而且展现了个人与个人之间的关系、个人与村落社会之间关系的变迁。不论是闲暇不闲,还是人情的没有人情味,笔者从中感受到了乡村社会正在发生的巨大变革。这种变革不是现代人际关系和现代公共规则社会的建立,而是人与人之间关系的疏离、村庄社会道德价值的崩坍以及村落公共性的消逝。

阎云翔曾从家庭私人生活的变革中展现了中国年轻一代随着个体自主性、情感和欲望的兴起,却演变为自我中心主义的"无公德个人"。他指出,年轻一代只重视权利而忽视义务,其个性的发展既不全面,也不平衡,不全面是因为主要局限于私人生活领域;不平衡则是因为对个人权利的强调并没有带动他人权利的尊重以及对公众社会的负责,这是一种极端的自我中心。[①] 最后,他进一步将这种自我中心的无公德个人归结为国家所推行的家庭革命的产物。

然而,当跳出家庭私人生活的领域,笔者发现个体权利观念的觉醒和兴起对于农民的行为逻辑有着一定的影响,但权利是否农村变迁的关键变量则存在疑问。因为权利的增加相应的是义务的增加,只讲权利不讲义务的悖论并非自发产生的,而是由第三个变量引起的。阎云翔最后将其归结为这是国家推动的家庭革命而导致自我中心的"无公德个人"的产生,那么,闲暇生活中农民的社会交往变迁又是谁来推动?显然,闲话和人情的变迁并没有在国家干预下发生,但是这一变迁同样展现了"无公德个人"的产生,而且"无公德个人"的自我中心的行为逻辑并不仅仅存在于年轻一代,而是逐步成为村落中农民的普遍行为逻辑。因此,正如贺雪峰指出的,用权利来解

---

① 阎云翔:《私人生活的变革》,龚小夏译,上海书店出版社2009年版,第250—251页。

释农村社会的变迁,不仅可能误解农村变迁本身,而且可能误会农村发展的方向,农民的种种变化显然不是什么权利的问题,而是缺少长远利益预期和道德文化约束的理性人的行为。[①] 对于农民个体行为的理解,我们又不能不将其放置于其所处的村落社会结构和社会关系当中去理解,毕竟,个体的行动与村落的社会结构是相互型塑的。

阎云翔对于个体行为的自我中心的理解直接推向了国家,事实上,真正对于农民个体行为直接起到制约作用的是村落的社会结构和社会规范。虽然国家在型塑村庄社会结构和社会规范中起着重要的作用,尤其是集体时期国家试图打破传统的价值理念和社会关系结构,但在实践中,国家进入农村的程度仍然有限,新的社会结构与传统的社会结构仍然有相当强的契合性,如各个小队与自然村落仍然保持重合,从而使得行政建制与传统熟人社会的范围仍然耦合。社会主义新观念中虽然抛弃了传统礼教中的等级制因素,对于传统的父权制等家庭观念进行了批判,但是仍然保留了很多公共的价值理念,同样强调道德秩序,比如对孝顺观念的强调。因此,在集体时期,乡村社会保持着较强的公共性,人与人的交往逻辑并没有发生异化。故而,将农民行为逻辑的变迁纯粹归结为国家,尤其国家在集体时期的相关政策是有失偏颇的。

事实上,从农民闲暇生活中社会交往的变迁中可以看到,这主要是改革开放之后的一个渐进过程,尤其是在 21 世纪以后发生的突变。影响农民行为逻辑最大变化的因素应该是改革开放以来市场经济等所对村落熟人社会的冲击。一方面,市场经济中的经济理性人成为人们行为的主导逻辑,越来越精于一次性的理性算计,从而抛却了伦理性和公共性的规范,故而在社会交往中或者演变为赤裸裸的利益交换,或者奉行事不关己高高挂起的行为逻辑。另一方面,大量的农民务工和进入市场,客观上导致了村民的经济分

---

① 参见贺雪峰:《农村的半熟人社会化与公共生活的重建》,《中国乡村研究》(第六辑),福建教育出版社 2008 年版。

化,并逐步演化为社会分化,使得村民的异质性大大增强。当下的村庄社会性质已经发生质变,村庄社会结构日益原子化,村民的社会关系日益理性化,农民相互之间信息的熟悉共享程度降低,地方性共识又失去约束力,故而行为逻辑也就出现了极端的理性化和自我中心化。在村庄的这一急剧变迁的过程中,我们就会发现传统的道德体系几近崩塌,但现代公民社会的价值理念却也没有得到重建。这时的社会性质和农民行为逻辑是"礼俗社会"与"法理社会"所无法解释的,是一个将长期存在的半熟人的社会形态。[①] 因此,可以说,现代性对于村落的无形冲击远远大于国家对于村落的型塑。

总之,"无公德的个人"与无规则的社会是当下乡村社会变迁中个人与社会的一个概括。"无公德的个人"的增多必然践踏村落的公共社会规范,导致出现越来越多的越轨者,直至村落的社会规范被新的社会规范所替代。而乡村社会的结构和社会关系的原子化,使得结构与规范的制约力日益失去承载的主体,无法产生对越轨者的约束力,也就必然滋生更多的"无公德个人"。这一转型在当下的乡村社会中存在着一定的区域差异,变迁的速度也不尽相同,但是他们却或都朝着共同的趋势发展。

交往的私人性的兴起,其结果是村落道德萎靡、公力不张,公的规则越来越不彰显,私的规则越来越浮出水面、招摇过市。当然,与此同时,因为公共性话题所带来的诸多摩擦也因公共性的终结而消失,农村似乎由此进入和谐状态。

村落交往性质的变迁,从公共性向私人性转型,与阎云祥所说的公共生活与私人生活还不是一回事,它是交往本身的问题。交往就是公共生活,没有交往就没有公共生活。公共生活的变化有诸多的方面,一个是阎云祥讲的私人生活的兴起构成了对公共生活的消解作用,前者侵占了本该属于公共生活的一些领地和话语;另一个就是性质变迁的问题。交往的私人性的

[①] 贺雪峰:《新乡土中国》(修订版),北京大学出版社,待版中。

兴起有着很复杂的原因,比如人们越来越理性化,越来越为小家庭打算,还有公的规则本身受到冲击,等等。但无论如何,它的兴起是一个不争的事实,而由其带来的一系列负面后果也并不让研究者感到唐突。当只有私人性,缺少公共性支撑之后,村落交往最终将向何处发展?即村落许多细小、琐碎的摩擦是没有了,同时也没有了公的规则,那么更大的、更暴力、更依靠强力的冲突,会不会在没有公共性的约束下于交往中出现?

第四章
农民闲暇中的民俗生活

对"普通民众而言,现代社会过于繁忙的工作频率,造就的是人的异化和单向度的人,人只有在闲暇中才能实现自我"。① 皮普尔甚至认为,不仅从文化起源的角度来说,闲暇起源于古代宗教节庆的崇拜活动,而且在任何历史时期,生命仪式和民间信仰都是构成闲暇"最内在且是最核心的根源"。② 在农民的闲暇生活中,超越性的精神生活是农民实现自我的一项重要内容。正是通过对各种精神生活的积极介入,农民得以在劳作之余完成意义世界的建构。如果没有闲暇时的精神生活,村庄中的人际关联就无法得到有效的维系,从而形成温情脉脉的熟人社会,人们也无法在日常生活中习得做人做事的基本道理,甚至因为精神世界的孤独与虚空而导致村庄生活的无意义感。农民在闲暇时的精神生活主要包括两个方面:生命仪式和民间信仰。民间信仰和生命仪式实际上是互为表里的关系,前者是"人类社会的集体力量和道德力量的集中表现",而后者则是"组织、强化这种力量并使之得以定期性地生产和再生产出来的手段的集合"。③

无论是生命仪式还是民间信仰,从本质上来讲都是对社会关系的拟制,是农民闲暇的一种象征体系。"'象征'(symbol)一般是指非语言的符号

---

① 安希孟:《关于闲暇的理性思考》,《自然辩证法研究》2005年第12期。
② 参见[德]皮普尔:《闲暇:文化的基础》,刘森尧译,新星出版社2005年版。
③ 薛艺兵:《对仪式现象的人类学解释(下)》,《广西民族研究》2003年第3期。

(signs)表达活动。历史上人们对非语言符号的理解无论在学术上还是在日常生活中均十分不同,但是这种符号总是被冠以'象征'一词普遍地运用和不断地讨论。从词源上看,'象征'是表示人的身份的符征、命相学中的征兆或秘密社会中的暗语符号等。在这样的用法中,'象征'有两个特点:其一,它是具有形象的实物;其二,它有代表作用,即它本身代表或表示另一事物。后一特点使其具有一般符号的功能。正如语词的含意规则是人为规定的一样,象征符号的这种代表作用的规则同样是由使用者人为约定的。"[1]从这个意义上讲,农民闲暇生活中的生命仪式和民间信仰共同构成了农村社会关联的象征体系。这套象征体系反映了农民日常社会交往的基本形态,同时,这套象征体系通过不断的自我演化实现了对现实社会的整合,并且这种整合的力量最终又反过来强化了农民闲暇的象征体系。

改革开放以来,作为农民闲暇的象征体系,生命仪式和民间信仰的外在形态和内在机制都发生了巨大的变化:生命仪式日益物质化和恶俗化,而在民间信仰上主要表现为地下教会的猖獗和农民精神世界的碎片化。

第一节 闲暇生活中的生命仪式

特纳(Turner)将仪式定义为"适合于与神秘物质或力量相关的信仰的特殊场合的,不运用技术程序的规定性正式行为"。[2] 生命仪式说到底就是人与人之间的联结方式,以及在此基础上形成的一系列为其辩护和说话的国家性和地方性的共识、规范和伦理,是集体性的情感和意志之载体。人的关联模式的变更,必然在作为象征体系的生命仪式上有所反映。改革开放

---

[1] 薛艺兵:《对仪式现象的人类学解释(下)》,《广西民族研究》2003年第3期。
[2] Victor Turner. *The Forest of Symbols: Aspects of Ndembu Ritual*. Ithaca: Cornell University Press, 1967: 19.

之后尤其是2000年以来,农民闲暇生活中的生命仪式较之前有很大的变化,主要体现在婚姻仪式和丧葬仪式上。需要指出的是,将上述各种生命仪式的变化置于闲暇生活中来考察,并不意味着它们是"等而闲之"的事物,而是因为它们更多发生在农民劳作的时空场域之外。

一、婚姻仪式衰落与婚恋乱象丛生①

(一)婚礼婚俗之变

支撑农村婚姻文化的是一系列地方性共识、规范和伦理,地方性共识反映了村庄人际关系结构的状况,人们关联的程度和方式的改变必然在一定程度上反映在村庄地方性共识上,进而促发婚姻文化和婚姻仪式的变更。

以泉村为例,在1960年代,男女双方一般通过介绍认识,结婚时要到民政局办结婚证。那时,结婚只需要花费几十元,主要用于给女方购买洋布衣裳、手镯以及置办简单酒席,时兴坐花轿。1970年代结婚的花费和1960年代差不多,需要给女方置备的东西包括一身灯芯绒衣服、一个镯子、一个柜子。

到了1980年代初中期,婚姻的主流形式还是要依靠中间人介绍,但是自由恋爱也时有出现。当时的彩礼大多在300~500元,嫁妆开始流行"三转一响",即自行车、手表、缝纫机和收音机。家具要从女方家一路抬到男方家里,以显示嫁妆的置办水平,一种潜在的竞争已经开始呈现。

1980年代末到1990年代初中期,男女双方的认识方式改变不大,但是彩礼已经开始超越1 000元大关。嫁妆最起码要有黑白电视机、自行车、立柜等家具,所有的嫁妆要装在车上,在街上兜一圈拉到男方家里。男方迎娶女方开始坐手扶拖拉机,租用公交车(在乡镇与县城之间拉客的私人客车)也流行了一段时间。

---

① 这部分内容作为文章发表,发表时略有改动。

1990年代末期到2003年,婚姻圈主要还局限在村庄周边的地区,通过媒人认识的年轻人仍然居多。此时的彩礼一般还不会超过5 000元。嫁妆开始变为组合柜、彩电、自行车、洗衣机等。男方还要盖3间房子。迎娶方式已经开始流行用小轿车接送了,嫁妆还是要由男女双方共同商量购买后装在车上从女方家再拉到男方家里去。

从2004年开始,随着当地打工潮的迅速出现,婚姻圈开始受到冲击,外地婚姻的比重迅速增大。其中,在这几年时间里一组共有13个女孩出嫁,就有10个是嫁到外地的。二组共有4个男性青年结婚,两个是娶的外地媳妇,一个是安徽的,一个是湖北的。此外,随着农民收入水平的提高,女方索取的彩礼急剧攀升,不过,这也因具体家庭情况而异。

(二)日常闲暇生活世界中的婚恋乱象

相伴而来的还有几个现象,如婚前性行为的普遍化、同居现象日渐普遍、婚姻市场日益高价等。昂贵的彩礼也逼着不少年轻人只要有机会就尽快结婚。当前,"婚姻高价市场在全国农村是普遍情况,3年前笔者在农村调查,当时流行的彩礼普遍是'万里挑一'(一万一千元),现在笔者在农村调查发现彩礼普遍都涨至两万以上,三万、五万以及买小车并不少见"。[1] 越来越多的年轻人结婚前后在县城买房,这是一个趋势。

"现在不少父母在儿子还上初中的时候就唆使其谈恋爱,带女朋友回家,村里人见了没有反对的,都认为是孩子有能耐。现在的孩子就要这样,出去打工才能吃得开。现在农村还流行这样的事情,男女青年介绍认识后,只要男方父母觉得不错,就叫儿子早点儿把'准媳妇'肚子搞大,省得夜长梦多。这样说不定还能省一笔彩礼开支。年轻人之间也会相互传授这方面的经验。当然,这也要建立在你情我愿的基础上。村庄对男女两性的评价标准都变了,对男孩子,如果能带女孩回家住,村里人都觉得他有能耐、会混,

---

[1] 王会:《农村"闪婚"现象及其村庄社会基础》,《南方人口》2011年第3期。

而不是说他不好。而对于较为开放的青年女性，村庄多数的评价是，'这是人家的事儿，人家愿意就行'。闪婚现在就越来越普及了。"（访谈对象邵东，男，34岁）

近年来离婚现象在有些农村地区变得很常见。笔者在泉村的调查也证实了这一点，甚至有过之而无不及，主要发生在年轻一代人身上。笔者对35岁以下的近10年内结婚的57对夫妇进行调查显示，其中有1/5的婚姻关系维持不到3年，结婚不到1年就离婚的占9.8%，5.7%的甚至结婚不到1个月就离婚。以至于泉村的不少村民都说："我们这里迎来离婚潮了。"

调研时，泉村有不少村民访谈中提及这样一起"典型"的案例：

泉村有个男的，是搞乐队的，专门为红白喜事唱歌、弹琴、演小品。他现在已经结了3次婚又离了3次婚。第一个女儿叫如梦；第二个叫泡泡；第三个叫想想。他说3个闺女的名字都代表了他的想法，婚姻、爱情和家庭对于他而言就如同泡沫、梦幻一般，想想代表孩子们想妈妈。但因为他搞乐队，嘴皮子活，即使离了婚，也立刻就能找到媳妇，而且不用他花钱，都是女孩子自愿的，可是，过不了多久，就又离婚了。（来源于访谈笔记）

在泉村，笔者经常能听到一些年轻人动不动就把"离婚"这两个字挂在嘴边，好像离婚可以是家常便饭一样。公公婆婆平时都不敢说儿媳妇半句，对她们言听计从，生怕她因为哪句话不高兴又说要离婚。

赵四家花了10万元彩礼给儿子娶了个媳妇，楼房也是按照儿媳妇的要求建了4层。小两口结婚后，赵四和他老伴都在县城打工，早出晚归。其实，4层楼根本用不着，平时都空置很多房间。他儿子和儿媳妇夏天的时候天天在家吹空调。儿媳妇喜欢吃小龙虾，虽然小龙虾很贵，但她也还天天要吃。赵四有一天吃饭的时候也就随口说了句："这东西这么贵，又没营养。"他夹小龙虾的时候，筷子就一下被他儿媳妇打掉，儿媳妇狠狠地说："这个老不死的。不是说小龙虾贵吗？那你还吃干吗！！"赵四是那种特别正直正统的人,对此就很受不了。他儿子知道后打了老婆一巴掌,于是他老婆就拿了一把刀说要砍了自己的脚,还说要离婚。这吓得他全家人现在对她唯命是从、服服帖帖。一提到这个事情,赵四就心有余悸,他告诉笔者,在泉村,现在这种"恶媳妇"还不少,因为一丁点鸡毛蒜皮的事情,搞不好就离婚,她们不怕嫁不出去,而男方对此则很担心,因为都是花了血本才娶了一个媳妇,娶回来就都得"当菩萨供着"。(来源于访谈笔记)

离婚率的高涨对农村传统的婚姻观念和婚姻制度将产生巨大的冲击。从人的社会属性和生理属性上说,"婚姻是男女双方情与性的完美结合,是维持人类生存繁衍的基本手段。对于农村传统婚姻,费孝通在其《生育制度》中有较为详尽的论述:传统婚姻的意义在于确立双系抚育,男女个人之间的婚姻关系是一桩公众事件,因为单靠性的冲动和儿女的私情并不足以建立起长久合作抚育子女的关系"。[①] 相对于传统婚姻,现在的婚姻不再具有宗教性的意义,而成为男女之间的私事,最多涉及双方家庭。跨省婚姻、闪婚、网恋、婚育年龄过早等促成了离婚率的高涨,而问及离婚的主要原因,泉村农民多数的回答就是感情不和。

包"二奶"、婚外情的现象也几乎是随着闪婚闪离现象而同时开始出现。这样的现象在很大程度上也可以看作是无限婚期待和有限责任意识之间矛盾作用下的结果。女人成为男人炫耀的资本,女性身体物化,一些包养"二奶"的人丝毫不觉得丢人,反而觉得脸上有光。笔者调研时,一位村干部就提到,就在笔者驻村调研期间,村里有人家结婚办酒席,其中一个人来赶礼,就是带着情妇来的。

有的婚外情是处于隐蔽的状态而不愿破坏自己本来的家庭生活,有的则比较明显,以至于破坏了原来的家庭。有几个男性访谈对象在多次访谈后,在相互比较熟悉的情况下,自言自语道:"唉……不知道现在的女孩是怎

[①] 王会:《农村"闪婚"现象及其村庄社会基础》,《南方人口》2011年第3期。

么想的。"其中一个年轻的村主任在访谈后期很难为情地说其实他也有相好的,因为中西部地区村主任收入低不用坐班,闲下来经常跑出租车,去县城按摩时认识一个按摩女,去了几次就成相好的,按摩女也是已婚,他们彼此约定只是感情上相好,都不破坏家庭,但当他回到家里看到整日劳作的妻子时,总是后悔不已。经过多次访谈笔者了解到,这位村主任并非人品恶劣或好色之徒,村民对他也都是正面评价。访谈中他表示他常常感到苦恼,不知道该如何抉择。农村的村主任原本应当把闲暇时间花在做日常工作、群众工作上,应当在闲暇时田间地头走邻串舍,与村民打成一片。然而,泉村很多村民不认识村干部,村干部更不认识村民。当村落闲暇脱离长久互动和情感交流时,传统熟人社会的熟悉和亲密也就不复存在,村干部与村民、村民与村民之间的关系走向貌合神离的状态。村庄,甚至家庭都很难为个体提供心灵的归属,个体的情感寄托只能指向私人化的闲暇,个体的情感私欲膨胀。

近两年泉村出现了一件家喻户晓的婚外情事情:

村民周某35岁,在外做生意多年,妻子带孩子生活在老家。前两年,周某包养了一个年轻的女子,这个年轻的女子正是邻村在外打工的,女子怀孕5个月后在多次要求周某离婚,周某始终不离婚的情况下,这个"二奶"给周某妻子打了电话,并把所有通话记录和信息记录发给周某妻子,周某妻子这才发现。周某妻子后来又知道丈夫包"二奶"的事情身边的朋友都知道,只有自己不知道,而且据身边的朋友说周某对那个女子已经动了真情,把她养在另一个城市买的新房里(周某知道妻子几乎不会去这个城市),且周某确实想找机会跟她摊牌离婚,但妻子一直贤惠勤劳而找不到理由,周某开不了口。妻子知道所有真相后痛不欲生,撞墙头撞得流血,后争吵,气急之下拿起刀欲自杀,周某去挡,刀恰好砍在周某的肩胛骨上,留了很长的疤痕。后来女孩父母又到周某家里闹事,周某赔了钱,但周某说他没想到的是那个女子竟然将他所有的信息和通话记录都保存下来了,亏他动了真情还想离婚,为此后悔不已。这个女子后来流了产,并扬言要泼周某儿子硫酸。周某后来还得了抑郁症,现在不敢回老家,回老家,这个女子父母就拿着铁锹跟在他后面撵,周某的车也被女子的家人砸烂。(来源于村民访谈)

(三)活得潇洒:两性道德评价与婚姻文化实践的异化

不少妇女对于管不管男人、如何管很纠结。管得松了怕男人在外面花,管得紧了怕男人反感而影响夫妻感情。年轻的小媳妇都认为要把自己打扮得漂亮才是王道,她们是坚决不愿意到田里干活的,"田里干活晒黑了,几百块钱的化妆品都补不回来哦"。很多小媳妇很讲究时尚、穿着,用的都是名牌化妆品。泉村有两个女孩近两年刚在县城开了美甲店、美容店,主要美甲、文眉等。30岁左右的女孩很多去文了眉毛,开始村里一些年龄较大的妇女对此看不惯,议论说"假的就是假的",立刻被怼回来:"我的美是假的,可你的丑是真的。"后来再没人随便妄议,渐渐地,不少50岁的妇女也都接受了,都纷纷去文眉美容。

越来越多的女孩认为要自己想得开,不能任劳任怨过一辈子,她们不想延续父母一辈,尤其母亲的角色。一位离婚的妇女在访谈中说:"过去女人都为孩子着想不离婚,现在我们的想法是,如果自己都觉得过得不好,哪里能顾得上孩子?现在不会因为有孩子了就委曲求全。"

小芝是泉村嫁出去的姑娘,长相漂亮、打扮得体,初中毕业在苏南打工,后来嫁在苏南某城市,她很愿意敞开心扉聊,访谈中,她说村里人都说她嫁到苏南城市里嫁得好,其实是不知道其中的苦衷。丈夫对她很好但性格比较孤傲,本科毕业后开了个小公司投资失败破产,之后就一直待在家里,从来不出去工作,每个月都跟她要钱花。虽然公公婆婆是城里退休工人,有退休工资,但也微不足道,还不够还房贷。家里孩子上学、各种生活开销都要靠她在外打拼。而她初中文化,只是一个商场服务员,年工资只有4万元。这工资还不够她买衣服和化妆品的。她在县城有个"相好的",年龄50多岁,经常给她钱。对方也有家庭,双方约定不破坏家庭。她说:"正是因为这样,我们夫妻关系、夫妻感情都非常好,只因有经济来源,我才能每天打扮得漂漂亮亮的,才每天心情美美的,如果我每天下班都回家抱怨,说他不上班不工作,那不是一直要吵架吗?他整天对着一个抱怨的怨妇,一个黄脸婆,他心情也不好啊。我这样回家每天对他笑脸相迎,从来不跟他吵。我是在外面花了,但这不叫花啊,我是为了这个家啊"。

传统农村母亲的形象往往是晒得黝黑,她们一辈子与泥土打交道,打工也是做低端工作。她们在家庭中是半边天,吃苦耐劳受累受气,她们与现代性是格格不入的。年轻女孩多数接受了初中以上教育,到大城市打过工见了世面。母亲那一代女人在她们看来太傻,这是女性与男性的不同,女性一直在村庄里,那么她们是传统的村落中的女人,一旦她们走向城市现代世界,体验到现代生活,她们马上就会产生改变的念头并作出改变的努力,她们不想重蹈母亲辈的覆辙,相比男性,她们也有更多的动力和机会去改变。传统的一味为家庭付出甚至牺牲的母性角色在她们看来太傻,不少年轻女性都表示不愿再做"傻女人"。一位38岁的妇女说,她在10年前没有去南京打工的时候,经常在炎炎夏日中午去田里除草、拔草,现在想来是多么傻啊,多收的那几粒玉米稻谷还不够现在买擦脸霜的。她去南京打工几年后回来对丈夫的大男子主义和粗鲁及不良嗜好觉得已经无法忍受,决定无论如何会把婚离掉。可见,不仅仅是年轻一代改变了想法,中年一代也同样如此。

传统静态社会里,女性婚后就到夫家及夫家村落生活,她们生活的全部场域就是夫家村落,她们要在村庄立足,要挣得自己的一席地位,婚姻仪式当然是极为重要的。婚后闲暇时间通过串门聊天走人情建构自己的村落交往圈子,交往中的吵架、骂街也是常有之事,总之,她们的情感、矛盾、怨气都在村庄中产生并生产、再生产。村庄几乎是她们生活世界的全部,她们依附于丈夫、依附于丈夫的村庄,几乎没有选择的余地和改变的机会。她们生活的全部目标就是把日子过好,在村庄被人瞧得起。

正是因为传统村落的种种闲聊互动,各种情感交流寄托都在村庄内部,村庄是一个完整的气场。现代社会与村庄发生交集之后,村庄不再是中青年生活的唯一场域,如果他们把"气"都用在村庄,那样多傻啊。父母辈在年轻人看来是傻的,那些斤斤计较的东西有什么好在乎的呢?别人家的事情有什么好关心好评价的呢?管好自己就行了。殊不知,那些鸡毛蒜皮的事情在以往他们的经验世界里就是全部,他们已经习惯了那种场域、那种生活,很难改变,他们的爱恨情愁都是在村庄里得以实现的。调研中村里一位50多岁的妇女提及自己离婚的经历,觉得自己一辈子没有抬得起头,因为自己年轻时在两个孩子5岁左右就离婚了,而她离婚的确有原因,是因为实在不堪忍受丈夫常年赌博完全不顾家庭以及家庭暴力,她还是觉得离婚了自己的名声不好。"人活一辈子总要讲究个名声",村里人对她也是不好的评价,并非村里人不了解她的苦衷,而是当时的妇女多数都选择忍受,而她"跑掉了"。事实上,她在离婚后通过外出打工一直在给两个孩子寄生活费和学杂费,但这仍然没让她内心得到安宁。1990年代她的案例是村民普遍的话题,"谁谁谁跑掉了,离婚了能有几个过得好的呢?"她后来改嫁,生活确实并不如意。传统村庄是以男性为中心、为链条建立起来的村庄,传统男性是村庄的中心,女性具有依附性。当现代社会进入时,男性难以跳出村庄,女性相比而言,依附性反而转为彻底性。也就是说现代社会,女性比男性可以更彻底。

也正因为村庄不是以女性为链条、为中心建立起来的,女性的理性化进程更快更深。男性或许是因为进城失败还可以回到原来的村庄,他们改变的动力往往不如女性。当然也可能是心理学方面的原因,尤其是低文化程度低学历男性,他们固守成规,大男子主义以及各种嗜好,这是当地中年妇女外出打工不回来的主要原因。女性可以到城市打工,通过不断的学习改变命运,也可以通过嫁到外地、嫁到城镇而不是非要回到原来的村庄。从这个意义上讲,现代女性完全不同于传统女性,传统女性因为母性角色被认为有根深蒂固的固有性,而现代社会女性的流动性显然比男性更容易。尤其是将农村女性和农村男性对比,男性外出打工最终多数还是回到原来的地方,打工进城失败就必须回到原来的村庄,且经验表明,农村低学历男性外出务工、习得新本领的动力和机会都弱于同样学历的女性,他们的固有性显然更深、更难以改变。

外出打工的年轻女性回到村庄对村庄是不满的。村庄本身也很难再为作为外来人的媳妇提供归属感和安全感。她们虽然结婚嫁入夫家村庄,但她们的身心仍然是漂泊的。一些长期在外打工的中青年妇女在访谈中表示,回村一周就待不下去了,农村再干净还是觉得不如城里。她们的婚姻观念、生活观念、生活方式都发生了彻底的变化。女性的自我意识得以发展,性别意识与现代性、消费主义某种程度上是耦合的。

村里女人的管与不管,男人的后悔,这些纠结的情感状态都是现代性进村导致村庄变动不居、价值多元化给人带来的情感的压力和困惑。婚姻的文化内涵弱化,而个体的感性欲求充斥其中,家庭闲暇生活亦不断私人化,退缩到最局促的领域。"亲友、大家庭、村庄都不再是农民的生活保障,也不再构成年轻人的情感寄托,祖荫的佑护早已不复存在,"[1]从而造成青年人更高的婚姻期待。然而,高的婚姻期待面对婚姻文化内涵的不断消解和个人情感欲求的无限高涨时,必然带来的是婚姻的脆弱和不堪一击。

(四)闲暇生活私人化与婚姻伦理危机

在打工经济背景下,"城市和虚拟化的网络世界成为青年人心中的第一故乡,消费、不断地外出打工,再不断地换工作、返乡,农村青年群体漂泊的生命将何去何从?离婚率的高涨是农村婚姻家庭领域的重大变化,必将对农村社会产生一系列后续影响,这提醒我们农民的思想状况和乡村社会婚

---

[1] 王会、欧阳静:《"闪婚闪离":打工经济背景下的农村婚姻变革——基于多省农村调研的讨论》,《社会管理创新与青少年工作研究报告——第七届中国青少年发展论坛暨中国青少年研究会优秀论文集(2011)》,2012年。

姻家庭的和谐稳定亟待重视,也让我们不得不深思,当下农村青年人的情感寄托到底在哪里"?[1]

离婚和婚外情现象越来越多,从而导致性别间的信任危机。性别间的信任危机进一步导致女性择偶的功利化,形成男女互动和信任的恶性循环。这是当下青年人情感生活的重大问题和危机。访谈对象梁某(女)就说:"在外面打工见识广了,发现现在男人都坏,要么不结婚,要结婚就找个有钱的。要不对不起自己。"一些打工的年轻人在外面过着飘零的生活,他们向往城市里的高消费和刺激的情感体验,但是其中大多数人可能很难实现这样的追求。离开了村庄和稳固的家庭,他们的归属将在哪里?传统女性为了家庭可以拼死拼活,可以牺牲自我,这跟她们的依附性身份有关,传统村庄还是能够为多数女性提供归属。现代女性不同,她们因为可以外出打工而有了独立性。然而,文化低下的农村女性更多的是走向另一个极端,乡村社会无法给她们提供依附,改嫁的婚姻亦难以给她们幸福的生活,市场更加无法给她们提供归属,或许,市场给她们带来慰藉的是流变的金钱、变换的感情和无休止的消费。

然而,农村大量的离婚带来的家庭悲剧及社会秩序破坏是无可估量的。笔者在当地法院调研得知,当下离婚引发的抚养纠纷难以解决,因为父亲多数长期在外打工不回,母亲改嫁外省他乡很难联系,且几乎都是由爷爷奶奶照顾,甚至哥哥姐姐照顾弟弟妹妹。笔者访谈一位法官,他正在处理的一个案件是:两姐妹留守在家,奶奶80多岁,爷爷去世,爸爸外出打工常年不回,母亲在妹妹没断奶时就改嫁他乡。姐姐在学校成绩很好但长期靠老师给生活费,法院多次通知其父亲回来照顾两个孩子,但这个父亲回来几天就又出去打工了,因为在家里没什么挣钱门路,多次通知还是无效。据另一位

---

[1] 王会、欧阳静:《"闪婚闪离":打工经济背景下的农村婚姻变革——基于多省农村调研的讨论》,《社会管理创新与青少年工作研究报告——第七届中国青少年发展论坛暨中国青少年研究会优秀论文集(2011)》,2012年。

老法官介绍,办案中发现16~18岁的青少年犯罪案件中,绝大部分都是"留守儿童"家庭成长起来的孩子,这些留守儿童多数生活在单亲家庭里,其中以盗窃和寻衅滋事为主,已经成为青少年犯罪的主要群体。

当传统的女性角色衰落,女性走向现代性、理性化的时候,婚姻也产生了剧烈的变化。就泉村这种几乎没有结构性力量的村庄而言,婚姻中各种乱象丛生,表现为各种闪婚、离婚、婚外情及高价彩礼。高价彩礼在泉村并不普遍,只是个别家庭思想比较传统的父母愿意拿高彩礼才有。这种对子代家庭的支持在他们看来是必须的,他们想让儿子减轻负担,子代家庭能够在县城立足。有些女孩在结婚时会借此机会向男方父母索要高额彩礼,这带来严重的代际剥削问题也促发外地婚的普及。外地婚多数是自由恋爱,越来越多的泉村青年通过自由恋爱结婚,多数是闪婚,未婚生子的情况十分多见,这又带来婚姻不稳定、闪婚闪离的问题频发,多数小夫妻吵架女孩外出打工不再回来。近年来农村婚姻礼仪的变迁与女性家庭权力的上升趋势紧密相关。阎云翔在对东北下岬村进行研究时提出了女性权力命题,认为私人生活的亲密化诱发女性权力在家庭内部的上升和孝道出现衰落的趋势,就此他提出了无公德个人的概念。[①] 申端锋对湖北荆门地区中华人民共和国成立以来婚姻价值观念的变迁进行了深入研究,提出当地农村出现了伦理性危机。[②]

很显然,当前泉村农民家庭权力结构也因为婚姻观念的变迁而发生变化,整体的趋势也是年轻人,尤其是年轻女性在家庭中的权力上升,老年人的家庭地位不断下降,孝道的衡量标准退缩到只要能够满足父母生存需要的粮食供应就不会受到指责。而且,女性权力的彰显还表现在婚姻市场上的优势,不满足结婚条件的就免谈,这就给本地婚姻圈的瓦解提供了现实性促发因素。在当地,男方家庭条件越好的家庭,女方对彩礼和住房的要求普

---

① 参见[美]阎云翔:《私人生活的变革》,龚晓夏译,上海书店出版社2009年版。
② 申端锋:《中国农村出现伦理性危机》,《中国老区建设》2007年第7期。

遍比较低,而男方家庭越是贫困,女方的要求就会越高。这就导致外部婚姻的逐渐兴起,也正是高价婚姻的出现和规格的不断升高,进一步加快了外地婚姻比重的增加。相对而言,外地婚姻中女方对男方家庭的经济条件要求不高,或者基本上没有什么要求,而更多地追求双方的私人感情。

婚姻仪式的货币化和外部婚姻的大量兴起使得地方化的婚姻礼仪发生了巨大的变迁。作为一种象征体系,婚姻仪式原本具有强化社会整合、促进村庄集体意识再生产的功能;然而现在的婚姻仪式则充斥着各种物质竞争的要素,甚至引发了严重的代际剥削问题。令人担忧的是,这种以个体主义为核心的物化竞争和代际剥削已经成为新的地方性共识,极大地消解了婚姻仪式的象征价值。

二、丧葬仪式变迁与老人危机

(一) 丧葬仪式的私人化与恶俗化

泉村丧葬仪式在短短的 20 年时间里发生了翻天覆地的变化。这种变化始于 2000 年前后。20 世纪 90 年代,也就是大约 20 年前,老人丧葬仪式与过去的几百年变化并不大。老人去世一般要在家里停放 3 天。第一天要去亲戚家报丧、下帖,告诉对方下葬的日子选择,亲戚们随即就赶到死者的家里,如果第一天实在是赶不到就要在第二天赶到。次日就要开始为老人准备棺材,火葬的进行也安排在这一天。第三天的上午,亲朋友邻都来吊唁,然后是发葬。冬天天短,一般是先埋人后吃中午饭,夏天则是先吃中午饭再埋人。在殡葬问题上,同一个村民小组不管是否属于本家的人都会出席,这是人生的一件大事,也是单家独户的农民所不能在家庭内部解决的问题。

丧葬活动中,要披麻戴孝,礼节很多。母亲的娘家人是上宾,对之要予以格外重视。这些人快到主家时,要放鞭炮,主家人要出去哭着迎接。娘家人来时要抬一个装盒子的贡品过来,主家年轻的男女都要出去接,把盒子接过来。参加者要向死者行礼,九拜礼、二十四拜等,很繁琐。当下,主家人一般九拜礼就结束了,其他人三鞠躬就可以了。谁都可以用九拜礼,但子女最低要用九拜礼(二十四拜礼,也不分远近,有时是娘家人、子女、外甥等才会用。现在这个礼节都失传了)。以前抬花架有专业的人抬,现在这一套早就很少有人问了。抬花架主要是为了热闹,作为子女,想风风光光地将老人送走。棺材也是放在花架上的,外面有罩、泥人。在抬花架的一路上子女都要哭,有专业的人去拦子女哭,当然,亲友也会去拦。子女每天晚上还要给死去的老人"送饭",必须由几个儿子或侄子"送饭",其他人都不可以。"送饭"主要表示孝道。吃饭时还要行叩拜礼。这些是在老人咽气之后到开三天门之间要做的。来吊唁的人,除了死者的闺女封钱较多,还要上贡外,其他的人只是拿钱。死者家属的亲戚朋友最少是50元,邻居大多10多元钱。主持仪式的人一般都是村中的老人,主家自己聘请,不给钱,走的时候给酒给烟,管事的一般都是本家的。

  农民对丧葬仪式过程中的细节、话语、禁忌以及某些措施都很在意,生怕在某处出现差错,犯了大忌。丧葬中仪式繁琐、禁忌颇多,所以主持仪式这个角色非一般人能够承当得起。一般而言,仪式主持人都是经过了3~5年的正规训练才能够担此重任。在当下,丧葬仪式正在迅速失传。在泉村一组,殡葬仪式是由现任队长主持的。他1976年初中毕业就开始跟着村中的两个老年人主持白喜事,20多岁就开始主持白喜事,对丧事的举办很精通。

  泉村丧葬仪式的变化有一个逐步发展的过程,二十世纪八九十年代是村民互助基础上的土葬,要请10来个专门的抬棺人,土葬时期主要请唢呐队,唢呐队成员主要是一些老人,送葬退伍很长,村里老小都跟着跑很久,唢呐队吹奏悲伤的曲子,绕着村庄前后一大圈。1990年代末至21世纪之初火葬政策开始执行并迅速推广,一些家庭老人去世选择偷埋,即使火葬的也渐渐不请唢呐队。赵晓峰曾指出:"国家推行火葬的主要目的是节约耕地,但是真正到了实践操作层面却难以融入地方社会,不可避免地发生了严重的变质变味。"①殡葬改革是一种典型的制度性嵌入农村社会的形式,变土葬为火葬的政策与传统中国农民的生死观念相冲突,与地方性共识难以产生共鸣。据村民回忆,刚推行火葬政策的前一年,村里有几个老人听说即将实行火葬,于是相约一起自杀。

到2000年左右打工经济兴起后,本家哭丧逐渐退出丧葬仪式,开始请哭,所谓请哭就是请别人哭,自家人很少哭。乐队也在这时候开始出现,并逐渐发展到一个村三四个乐队。这种乐队不同于传统的喇叭队,丧事时都是表演劲爆欢快搞笑节目。起初,村里有人去世,不管是50多岁的中年人还是老人,都是请一个乐队,后来多数人家开始请两个甚至三个乐队。哪个乐队围观的人多哪个乐队就出名,下次更容易被请。

请来的乐队一般都是在死者家门口进行表演,乐队通常的节目是轻佻的歌舞表演。乐队卖力表现的目标在于吸引周围人的眼球,能够让围观的人群哈哈大笑。在丧事请乐队上,村民之间还存在盲目攀比的情况。这一次他请1班,下次另外一个人就会请2班、3班。请一班的花费在300~400元,请得越多花费就越大。有一些有钱的农户还会请乐队表演,花费就更大了,一场戏要花500元左右,主家还得管吃管住。当家家户户老人去世都请乐队,请乐队已经成为一种风气的时候,不请乐队就成为"掉底子""掉面子"的事情。生活在农村,讲究的是一个面子问题,"人有我有就是有面子""人有我无就是没有面子"。请乐队其实是村庄面子竞争下被迫的文化消费与文化商品化时代异化的文化形式。

最出人意料的变化在于丧礼上出现的各种恶俗表演。在中国传统文化中,人们将老年人去世看得很开,认为这也是一种喜事(白喜事)。不过老人去世,虽然是生命规律的必然,但是对于其亲人来说还是一件很伤心的事。此时,子女基本上都会非常伤感。因而过去即使在丧礼上请乐队,也是演出

---

① 赵晓峰:《变味的丧葬改革》,《中国乡村发现》2008年第3期。

一些悲伤的曲调。

然而当下的丧礼表演更多地充斥着欢快,甚至恶俗的气氛。办丧事人家所追求的声势主要体现在观看的人多。简而言之,对于主家来说,丧礼上乐队演出的竞争只是一种"场面竞争",而不是"内容竞争"。泉村村主任说:"现在丧礼演出中,想尽一切办法让你笑。如果演老一套,大家会觉得不中看,如果请戏班子来,没人看,这也不行。"由于每次内容雷同会导致看的人逐渐减少,乐队为吸引眼球必须无所不用其极,如脱衣舞、摇头舞,甚至年轻的姑娘骑在老人身上跳舞。[1]

作为农民闲暇生活中最重要的象征体系,丧葬仪式原本是充满神圣意味的,它沟通着生与死,连接着神圣与世俗,通过人神之间的对话完成世俗社会的整合。贺雪峰认为:"一直以来,丧葬都是农村社会(也许应是任何社会)中最为重大的仪式,是阴阳两界,是生离死别,是人生结算,是联系亲友的大事,甚至是人生的竞赛。"[2]从这个意义上讲,丧葬仪式不仅仅是个体家庭的一种生命历程展演,更是一种村庄集体意识和集体规范的再生产。而在今天,充满物质竞争和恶俗表演的丧葬仪式已经丧失了社会整合的功能,纯粹成为个体家庭的一件私事。

(二)废弃的生命:丧葬文化异化中的老人危机

这种丧葬仪式的变化与老人在村庄及家庭中的地位是息息相关的。2010年前后,村落社会竞争到了白热化的程度,失去劳动能力的老人成为被村庄、家庭所抛弃的对象,与村庄竞争格格不入,老人闲下来就被嫌弃。一位长期在苏州打工的中年妇女说这里的老人不勤快,还是苏南的老人勤快,一个人可以打几份工,还有退休工资,且有社保。她回到村庄更加看不

---

[1] 2007年4月底,宋丽娜和张世勇在河南原阳县农村调查期间也曾亲历了一场脱衣舞的表演。村庄中一个50多岁的妇女因与丈夫闹矛盾,自杀身亡。在丧礼上,戏班子的表演却以低俗、淫秽和刺激的内容为主,表演的最高潮就是脱衣舞表演。参见宋丽娜:《人情的社会基础研究》,华中科技大学2011届博士论文,第165页。
[2] 贺雪峰:《河南周口农村调查》,《21世纪经济报道》2012年1月17日。

惯自己的公婆,认为"公婆除了带带孩子、烧烧饭就是打打闲牌,不会做老人"。一位70多岁的女性老人平时身体颇为硬朗,3个儿子及媳妇均外出务工,老伴去世得早,她一个人种了10多亩稻田,还带了3个孙子孙女(分别是老二、老三家的孩子,老大家的孩子已经毕业),她不仅不要3个儿子给她任何东西,还经常给3个儿子米面粮食。结果,就在这年暑假,老人咳嗽引起肺部发炎,整日在家咳嗽,3个儿子回家,大儿子一句话把老人气死,大儿子不耐烦地说"你该怎么样就怎么样吧,我们还要出去打工,只请了几天假!"没两天老人就被气死,丧礼也匆匆办了了事。失去劳动能力闲着的老人被认为是吃闲饭的无用之人,老人的闲暇被认为是一种浪费,老人只有不断地劳作才不被嫌弃,村里一些老人谈及丧事上的乐队表演时,感叹老人死了真不如一条狗。

时间能赋予生命,也能消解生命。传统的闲暇时间是无处不在的、低效的,然而传统时间观念里,村落的一口井、一棵树、一个篱笆也是有生命的,与村庄生活息息相关,人们的时间观念里,愿意为其停留。现代性进村将现代时间观念植入村庄,时间价值化以后,即使是人,即使是身体还不错的老人,一旦失去赚钱能力,也会被认为是无用之人。老人是村落历史的见证者,是村庄历史最主要的代表,他们代表着过去的时间及其价值。当作为人的老人被否定时,时间的价值化是彻底的、无情的、变异的。这是时间带来的变化,也是现代线性时间的可怕之处。丧葬仪式的极度简化以及村民对老人的态度反映了人们时间观念的彻底变化,过去的时间彻底成为过去,与现在不再有关联,现在的时间与以后的时间也是割裂的,每个人都活在当下。绵延的、不断的、子子孙孙而来的循环继嗣性的时间彻底告一段落,人们开始普遍信科学而不信鬼神、不信阎王,也没有死后的想象,人们失去敬畏,也失去精神上的依托和归属。

贺雪峰认为,葬礼对农民价值世界和农村文化实践有着重大而深远的影响。慎终追远是中华民族的传统,葬礼是缅怀,是纪念,是回顾历史,是展望未来。葬礼是纪念死者,教育活人。贺雪峰指出:"葬礼取消以及丧事上的恶俗表演,对农村文化实践,对农民价值的影响非常大。在中华人民共和国成立前,葬礼是与传统文化,是与迷信联系在一起的,是最能调动人们的神圣感和神秘性,最能打动人、触动人,最能建立超越性价值的仪式,是极终关怀,是人生意义得以延续的基本条件。中华人民共和国成立后,移风易俗,葬礼也简化了,但革命的仪式也是隆重的,是审慎的,是高度庄重,因此也是超越性的。改革开放以后,革命退潮,国家放弃了对红白仪式的管理,丧事再度交给民间(主要是道士)来办。无论传统办法还是移风易俗的革命葬礼,都是有着严格秩序,有高度象征的极其严肃的大事,而不是儿戏,因为这涉及人生意义。人活得有意义。现在,葬礼既无国家来管,也无民间来管,而是随意来办,这样就丧失了基本的礼仪,礼仪丧失,就使当前农村文化实践全都只是功能性、工具性的,而缺少了价值性的内容,其后果是,人既不畏惧未来,又不去考虑过去。人的意义就只有当下。这样一个失去了历史感,失去了未来感的文化实践,就恰恰将文化消灭了。"①

三、婚丧生命仪式作为一种反文化的文化实践

显然,泉村的婚丧仪式变成了个体家庭之间相互竞争的手段,村民之所以花费巨大经济代价和巨大心理代价来举办隆重的婚丧仪式,是为了证明,至少自己不比其他人差,而刚开始引进更新仪式的人则是为了出风头。其实,不只是泉村,也非当前中国的农村,甚至可能在任何时代,婚丧仪式都有面子竞争的功能。仪式本来就是办给别人看的。不过,在传统的中国社会,在一个正常的社会中,仪式应该是长期稳定的、可持续的,举办仪式是有诸多讲究,有诸多禁忌,有诸多底线和原则的。如果仪式缺少了伦理底线和原则,则仪式一定不可持久,也就一定会很快走向反面:所有仪式解体,不再有任何仪式。

---

① 贺雪峰:《河南周口农村调查》,《21世纪经济报道》2012年1月17日。

目前泉村乃至全国农村在婚丧事上出现的这些不可思议、耸人听闻的仪式，是诉诸赤裸裸的感官刺激的娱乐，是无任何艺术含量和文化含义的恶搞，是远离高雅、远离内涵的低俗文化。因为诉诸原始感官刺激，新鲜味一过，就了无意思，"再过几年不改变形式，就不香了，谁也不再去看"。因此，婚丧仪式为了追求观众和热闹，就不得不更加低俗，更加恶搞，更加诉诸感官刺激，更加打破底线。

换句话说，目前泉村婚丧礼仪上所表现出来的极度热闹繁荣，是一种非正常的现象，是脱离了象征仪式基本逻辑的一种表现，这种表现是一个极端，而另外一个极端就是所有仪式的归零与丧失，是不举办任何仪式就结婚或埋葬。泉村目前热闹的婚丧礼仪，是一种反仪式，而非真正的仪式，是一种反文化，而非真正的文化。在这种反仪式和反文化中，传统礼仪和传统文化中的艺术含义，其生产意义和价值的作用，其维持村庄社会团结的作用，统统消失了。

真正的礼仪和文化，是具有伦理底线和意义生产能力的活动，是一种艺术，是维护社会团结和纯化精神世界的一种方式。虽然真正的仪式和文化也不反对诉诸感官的快乐，但这种感官快乐是在一系列禁忌，在强固的伦理底线之上的活动，是充满着神秘、深刻人生体验的艺术，是相对稳定从而可以持续的事业。

在农村的生命仪式中，"主持仪式的'管事'是主导角色，他们在整个过程中不仅要与鬼神同泣、对话，还要善于同人打交道。因此他们可以看作是农村传统文化、伦理、精神的象征和载体，是农村传统的'活化石'"。[①] 然而从笔者掌握的基本情况来看，2000年后，一方面，农村出现大规模的人、财、物外流现象；另一方面，村庄的社会预期缩短，人们越来越不在乎村庄的评价，追求经济利益甚于社会利益。在此背景下，"红白事的主持出现严重青黄不接现象，许多'管事'后继无人，传统及其背后的意义在农村以前所未有

---

① 杨华：《农村传统及其意义的流失》，http://www.sociologyol.org/yanjiubankuai/fenleisuoyin/fenzhishehuixue/nongcunshehuixue/2007-12-04/3991.html。

的速度凋零、萎缩"。①

农民的生命仪式表现了"神、祖先和活着的人在同一时空的融合、过去的历史与现时代社会生活的融合、社会组织与仪式象征体系的融合。从社会的层面看,这种仪式事件具有若干重要的意义。首先,这一类的仪式是一种集体行为,它们把平时分立的家户和家族内部不同的社群和人物联合起来,强调社会的内部团结和认同,造成一种社区的现实和意识。其次,通过仪式、戏剧表演、宴会,地方庆典吸引了平时与社区有社会经济来往的'关系户',有相当重要的社会联系作用,同时通过提供地方教派、剧团表演的机会,支撑区域文化的传承。其三,仪式过程一方面强调个人和各个家庭服从于家族社会的集体操作,另一方面在象征上给予个人和家庭一定的社会位置和宗教式的保障,通过辩证的处理界定个人与社会的关系,它也赋予庆典一定的社会生活的阐释"。②

婚丧仪式都是极其重要的闲暇文化实践,闲暇文化的实践是潜移默化的、润物细无声的。各种攀比竞争看似为个体争得了面子,但生活于其中的人们渐渐开始厌烦这种村庄生活,厌烦这种无休止的竞争,村庄走向了人人自危,人人想从中逃离,想尽一切办法一切手段,泉村的人似乎从未感到过如此之穷,挣钱变得如此急不可待、慌不择处,人人无法从中找到归属。离婚现象或许可以作为一种佐证。1980 年代泉村的离婚现象还很少,到了 2010 年前后,村庄"85 后""90 后"普遍踏上离婚之路。村民说"我们这里已经迎来离婚潮,要么已经离婚,要么就在离婚的路上"。村庄无法给个体提供归属感,更难为作为外来人的媳妇提供归属感。访谈中一个来自江西的外地媳妇对笔者说这里民风完全不如她的老家,"当时非要嫁过来,跟自己父母都闹翻了,现在生完孩子整天在家里带孩子,出门不敢与人闲聊太多,

---

① 杨华:《农村传统及其意义的流失》,http://www.sociologyol.org/yanjiubankuai/fenleisuoyin/fenzhishehuixue/nongcunshehuixue/2007-12-04/3991.html。
② 王铭铭:《象征的秩序》,《读书》1998 年第 2 期。

感觉村里人整天钩心斗角的",外地媳妇嫁到本村,开始是年轻男女经过自由恋爱,刚结婚不过两三年,生了孩子,外地媳妇就借外出打工为名再也不回来。当地县城因为有工业园区,云、贵、川、赣等外嫁过来的媳妇颇多,村里人都说外地嫁过来的媳妇离婚率十分高。

婚丧仪式是农民闲暇生活中最重要的活动之一,是构建社会关联的重要途径。红白喜事把周围的人都聚集在一起,帮助主家完成各种仪式,他们是村庄的一个合作单位。通过办红白喜事,能够产生更强烈的"我们感",增强凝聚力。尤其是在办丧事的过程中有一整套伦理。首先,死者得有儿子,在村里死者如果没有儿子,办丧事的时候叫不到人帮忙。其次,有了儿子在这个过程中才能表现出孝道来,孝服、戴孝、小帽子、盆、圆坟、烧纸。烧纸对于老人的意义是很重大的,他相信人死后又到了另一个世界,在那个世界还是需要钱,有后人才能给自己烧钱。这也是为什么有的基督信徒后来不信了,就是怕自己百年之后没有人给自己烧纸。丧葬仪式显示了一套价值体系,正是它在维系着传宗接代,它使老人坦然地面对死亡,不会像有些基督信徒那样担心自己死后会没钱用。

涂尔干对宗教仪式的研究就说明,宗教来源于社会的集体表象,来源于对社会灵力的一种反应,宗教的仪式能够不断地强化人们对宗教信仰的虔诚与敬畏。① 与西方的宗教信仰相对应的是中国的家族祭祀制度,它也孕育着类似的功能,而其中丧事是重要的组成部分。在今天家庭祭祀已经衰微的情况下,丧事的重要性更加明显,它在传统上是祖先崇拜得以延续和存在的重要原因。当丧葬仪式发生变异之后,就丧失了应有的功能,农民的唯一超越性信仰也就失去了意义,这也许也与当前农村各种地下教会异常活跃有一定的关联。而农民超越性信仰的瓦解对于现世中的孝道则产生了非常消极的影响。

---

① 参见[法]涂尔干:《宗教生活的基本形式》,渠东等译,上海人民出版社2006年版。

第二节　闲暇生活中的民间信仰

一、农民的信仰

参加民间信仰活动是农民在闲暇生活中非常重要的一项内容。[①] 在泉村,村民的信仰主要有3种：佛教、基督教、香头。信佛和信上帝的大多数是中老年妇女,很多都是因为生病而去信。具体而言,信佛和信上帝有两类：一类是虔诚信仰者；另一类是一般信仰者,一般信仰者一般希望将自己的病治好,保佑家里平安,虔诚信仰者将信仰作为自己全部的生活,以至于在他人眼里有点走火入魔。信香头是当地很早以前流传下来的一种民间信仰,信香头的农民只是在遇到问题难题时自己求神拜祖,没有佛教仪式那么正式。一般通过农户家里堂屋的摆设可以看出来该农户的信仰——堂屋前摆着神龛则代表信佛；堂屋前有着代表基督教的十字架,则表示信上帝。泉村农民的这些民间信仰有一个共同的特点,就是多数都是为了让现世的生活过得更顺更好,不少是功利性的目的,缺乏超越性。也有不少村民认为哪个神厉害、哪个神能治病解困就信哪个。

近年来,泉村村民明显感觉到"物质文明上去了,精神文明下来了"。虽然他们都认为"人得有信仰,有精神寄托,人要有想法,否则活得没意思"。可在"以钱为纲"、一切向"钱"看的社会氛围里无法生产出人生价值和生活意义,这导致了农民感觉到心灵的空虚,天天打牌寻找刺激。信仰具有价值生产能力和赋予人以生命意义的功能,然而在村庄中信仰主体多为中老年妇女。男性较少有信仰,他们一般称自己不信鬼神、不信迷信,并觉得女人才会信这些。而且大部分为一般信仰者,很多都是处于较弱势的位置,如有

[①] 对于民间宗教是否存在一直以来都有争议。王铭铭：《中国民间宗教：国外人类学研究综述》,《世界宗教研究》1996年第2期。

病、家庭贫困、命运坎坷等。对于一般的村民来说,信仰不能给自己带来金钱,也不能抵挡金钱压力的冲击,信仰呈衰落和工具化趋势。随着社会的发展和殡葬改革的推行,祖先信仰也迅速衰落,并逐渐丧失赋予村民以人生意义的功能。祖宗崇拜强调多子多福,并希望子孙后代能够光宗耀祖,如果子孙后代有出息被认为是祖宗显灵,冥冥之中在保佑后代,它将祖宗与子孙后代通过血缘这种关系紧密联系在一起。因此扫墓、烧纸这些活动其实非常重要,重视家族兴旺的人也非常重视这种活动。当下泉村的祖先崇拜几乎不复存在,近几年兴起的信仰基督教也多是闲下来跑跑,希望能够祛病消灾的功利性信仰,都不具有超越性。

二、信佛与信上帝

在佛教等传统信仰中,比较重大的节日是每年四月初八的庙会。2000年前,庙会如同一个区域的盛典一样,参加庙会的人很多,不少人是专程过来看的。关于庙会,有很多流传民间的传说,很多人也会对此深信不疑。庙会中的节目也很丰富,有扭秧歌、跳花篮、吹唢呐、唱戏等。表演这些节目的多是佛教信徒。有时也会请外面的艺术团来表演。时间安排的比较紧凑,会举办3~5天。举办庙会的时候,信徒有时会做饭。做饭所用的粮食由佛教信徒负责人安排人在庙会举办前找人兑,既找信徒兑,也找非信徒兑。这些人过来收钱,大家一般都会给。有出1元的,有出2元的,也有出30元、50元的,具体出多少全凭自愿。2000年后庙会开始衰落,来参加庙会的人也寥寥无几,尤其是村民,多数都外出打工,很少想去凑热闹。

直到近两年,有人倡导佛教等传统信仰复兴,但当地来看,效果远远比不上基督教与地下教会的繁荣态势。近些年基督教在泉村所在的县发展很迅速,到目前几乎每个乡镇都有教堂。

笔者详细调查了泉村所在乡镇基督教的情况,经常参加聚会的有320人,信教群众的基本结构是,从年龄上分,60岁以上老人占60%,中年人占

30%，青年人占10%；从性别上分，女性占90%，男性占10%。很多人参加教会都是因为疾病或家庭困难。这些人陷入生活的困境中，而又找不到出路。这时一经人介绍就很容易信教。信教后，因为心情开朗起来，疾病消除了，也更有勇气面对生活的磨难，因此他们越来越信教。人们加入基督教最初是为了满足生活中的某项功能。参加了基督教之后，人们的某些功能性需求有可能得到满足，同时，基督教也开始了对人的改造。最直接的是对信徒的心态和精神的改变，几乎所有教徒都宣称他们加入教会之后精神变得更开朗了。

从总体上讲，虽然基督教给农民提供了某些功能性的好处，但是它对中国传统文化却会造成极大冲击。也可以说，传统文化在现代性摧枯拉朽的冲击中变得面目全非的情况下，乡村社会已然乱象丛生，这给基督教的迅速进入提供了有力的土壤和条件。基督教的进入又进一步瓦解了村庄传统文化。很典型的是，教徒最重大的节日是圣诞节，他们一般不过中国传统的清明节。过清明节祭拜去世的亲人本是强化祖先认同的一种方式，而基督教则是面向未来的，它把人的希望放在来生，强调个人的得救，这与中国人强调祖先认同的传统集体精神是有冲突的。然而，当传统集体精神急剧衰败的时候，村民对基督教就产生了内在的需求，这是近几年基督教在当地农村迅速传播的主要原因。

三、地下教会

与其他宗教组织不同，地下教会往往因为不受控制而泛滥成灾，对农民的精神世界造成非常消极的影响。笔者对泉村周边数村的地下教会展开了初步的调查，并以旁观者身份参加了泉村地下教会每周一次的例行活动，得以深入其组织内部全面了解情况。基本情况是，2000年后由于基层政权的弱化以及农村精神文化生活落后、群体纽带松懈，地下教会呈现急剧蔓延的趋势。地下教会在泉村所在地区的萌生、存留和蔓延已经历了3个不同的时期，每个时期地下教会的传播都有其各自不同的特征。第一个时期为 1980 年代中期至 1990 年代中期,是地下教会出现并稳步扩张其势力和成员的阶段;第二个时期是 1990 年代中后期到 2000 年前后,地下教会真正转入"地下"发展,其成员也大幅度紧缩,并且不再公开传教;第三个时期是世纪之交以来,地下教会重新浮出水面,疯狂传教,在各地迅速蔓延。

改革开放以前,国家通过人民公社对农村和农民进行强有力的控制。这种社会控制体系使国家能够有效地掌控农村社会,并有力地摧毁了传统的宗族、民间信仰以及地下帮会组织。正因为如此,这一时期的乡村社会没有地下教会生存的余地。"改革开放后,人民公社解体,国家权力上收至乡镇一级,大队改为村委会实行村民自治。但是村委会并不是一级国家政权,它缺乏一级政权所拥有的社会控制权力、手段和意图。"①在这种情况下,不少村庄出现了权力真空,为国家政权之外的集团、势力控制和组织村庄社会开拓了空间。

据泉村十组地下教会"会长"王某介绍,她至今有差不多 20 年的教龄了,是村里资格最老的地下教会成员之一。由于这一时期农村基层政权的控制能力十分脆弱,根本无暇顾及类似地下教会这样的非法组织,因此有近 10 年时间是地下教会发展的"春天",它们在几乎毫无干扰的情况下迅速拓展势力。但到了 1990 年代中后期,"三农"问题,特别是农民负担加大,为了收取税费,完成上级部门布置的任务,基层政权加强了村一级组织建设,增设了相关机构和人员以及配套设施。地下教会此时不得不真正隐入地下,教会成员不再定期聚会做祷告,信教成为少数农民个人的私事,各种仪式在自己家里完成。许多农民干脆退出教会。显然在乡村组织强大攻势和紧张运作的情况下,地下教会必然有所收敛,但并未像人民公社时期那样完全消失,传教的身影和声音时有所现。

---

① 杨华:《浅析农村异向社会情绪蔓延的特征、趋势及村庄后果》,《古今农业》2007 年第 9 期。

世纪之交以来,国家政权日益退出乡村社会,基层政权日益"悬浮化"。[1] 村一级不断精兵简政,村级组织不断弱化,乡村两级工作的难度增大,许多工作都做不到位,留下了诸多漏洞。地下教会在偃旗息鼓一段时间以后,在此时又卷土重来,而且来势特别凶猛,几乎遍布所有的村庄和村民小组。在笔者调查的泉村,几乎每个小组都有自己的教会组织,每个地下教会有成员15~30名,其中十组的地下教会有成员30余人,差不多要占小组人数的20%左右。从某种程度上讲,"目前农村中宗教盛行是转型时期社会政治经济体制、社会组织结构的消解与重建,传统人际关系、价值观念的失落与重构的过程中,处于社会机制与管理'真空'中失序离散的人们寻找自身定位和坐标的结果,是作为人们社会活动精神支柱的社会主导精神迷失后,精神处于迷茫状态的人们寻求思想行为取向和笃信目标的结果"。[2]

笔者在调查中了解到,地下教会现在的成员绝大多数为农村中的妇女,且以老年妇女居多。泉村十组的地下教会的妇女会员,年龄最小的有40岁左右,其余皆超过了50岁,年龄最大的有75岁。这些人在皈依地下教会之前都有过长期的病痛史,在病痛期间或痊愈之后加入教会。村庄中的"老弱病残"是乡村社会的弱势群体,这一群体是教会明确的发展对象之一。主要原因是"老弱病残"是村庄中被隔离、孤立和排斥的群体。地下教会为"老弱病残"这一特殊群体提供了交流渠道和对话的场所。

泉村十组的地下教会每星期定期开展一次敬上帝活动,时间固定在周日的上午,并有恒常的活动场所,一般设在教会会长的家中。每次活动有如下议程:祷告、做见证、唱圣歌、再次祷告。"做见证"就是由一个宣读其他教友的事迹,包括信教之前教友的情况,信教之后教友的情况发生的变化,或是教友退教后的情况,以鲜明的对比展示信教、敬上帝的魅力,宣扬成为

---

[1] 周飞舟:《从汲取型政权到"悬浮型"政权——税费改革对国家与农民关系之影响》,《社会学研究》2006年第3期。
[2] 刘忠卫:《目前我国农村宗教盛行原因之剖析》,《青海社会科学》1997年第1期。

教会成员的好处。做见证的资料有打印文字复印稿,也有手写复印稿。地下教会每次活动的第三道程序是"唱圣歌"。所谓的"圣歌",其实是有名无实,并非真正的西方基督教意义上的圣歌。在泉村十组教会会长手中的抄写本上,20多首"圣歌"只有2首内容直接歌颂耶稣基督,其余的都不涉及宗教意义,与该村老年人协会文艺队中自编自唱、自娱自乐的歌曲没有什么区别。

地下教会要在村庄中寻求生存、扩大影响和汲取能力,就必须使其活动尽可能地贴近、契合村民需求和村庄生活的内部逻辑。它考虑到了农村教友的年龄特征、人生经历及生活背景,并极力投其所好,以稳定现有成员、吸纳更多村民入会。地下教会直接嵌入村庄秩序,渗透到村民个人的日常生活,占领社区道德的制高点,从而在村庄中获得村民的同情和理解,并最终认可其合法性地位。与中国传统文化的融合也"为基督教扎根农村、'本土化''民情化'奠定了基础"。

中国的政策宣传中有"宗教信仰自由"一语,这是所有政府官员和农民都知道的中国宗教政策。又有"反对封建迷信"一语,对于迷信,不只是反对,而且要打击。农民对迷信没有任何正面评价,认为迷信是愚昧落后的表现。问题是,什么是宗教,什么是迷信,农民乃至干部都很难分清。农村调研中,村干部说,烧香拜佛是迷信,做礼拜是宗教;供菩萨是迷信,巫婆是迷信,游神是迷信,祖先崇拜中的烧纸钱是迷信,信上帝则是宗教。宗教是正确的,迷信则是错误的。佛教、道教接近迷信,基督教则是一种信仰。我们又问清明上坟是否迷信,村支书说,这不应该是迷信,而是一种风俗,一种传统文化,因为国家都已经将清明节定为公共假日。烧香拜佛本来是中国农民最基本的信仰,现在则一下子被打成迷信,变成次品,与不良形象联系起来;而近年来外来的基督教却成了正规的信仰,占据了正当合法的位置。[①]

在泉村乃至在该县地方干部的认识中,宗教信仰自由,就是基督教的传

[①] 笔者曾参与农村地下宗教传播相关的课题,并赴苏北、河南、湖北等多地调研。参见杨华、王会调研报告《农村地下宗教传播的现状、特点与趋势》,工作论文。

播自由。而基督教传播在当地不少是非正规基督教,当地并未给予区分。在关于宗教与迷信的认识中,将所有非基督教的信仰统统当作迷信,而一旦民间的信仰被清除之后,中国农村的信仰真空正好由地下基督教来填补。结果,宣传个人救赎的基督教义逐渐取代了中国传统的民间信仰,而正是这些民间信仰曾经有效地实现了地方社会的整合,并且为所有人构建一套完整的具有集体意识的可以安身立命的价值体系。从这个意义上讲,农民闲暇生活中的信仰并非完全个人的私事,它在本质上是一个有关人的精神世界的建构权和话语权的政治问题。一旦那些具有本土性和主体性的传统民间信仰资源被来自西方以个体主义为核心的宗教力量取而代之,这不仅会造成村庄社会关联的瓦解,也会导致农民精神世界的去主体化。

第三节　象征体系的瓦解

作为农民闲暇生活的象征体系,其生命仪式和民间信仰正在发生巨大的变化,这种变化在本质上是农村社会个体化的产物。一旦象征体系不再具有社会整合的能力,甚至反过来促成了农村社会关联的碎片化,那么所谓的象征体系也就趋于瓦解。

首先,生命仪式和民间信仰是农村社会关联模式在农民精神世界中的反映和外化,农村社会关联模式的转变必然导致闲暇象征体系的变化。特纳(Turner)认为:"如果我们分析一个仪式的组成物,我们就发现了符号;如果我们探询它的背景,我们就发现了社会矛盾的舞台,或社会的戏剧。"[1]随着打工经济的兴起和社会流动的增强,村庄生活越来越不稳定,农民对于未来生活的预期越来越短,这反映在人际关联上就表现为日常交往

---

[1] Turner: *Drama, Fields and Metaphors*1*Symbolic Action in Human Society*1*Ithaca*, New York: Cornell University Press 1974: 102.

的货币化和功利化。由于打工经济在家庭收入禀赋中的比重越来越大,再加上农业机械化的程度越来越高,农民彼此之间的合作需求越来越小。因此,农民的自我意识日益增强,越来越强调个体生活的满足感和自由感。结果,在闲暇生活中对于强调社会合作与社会整合的生命仪式和民间信仰活动则不再重视,甚至这些象征体系也成为个体生活的附庸和炫耀的资本。正是在这种背景下,婚姻仪式日益货币化,而丧葬仪式则日益恶俗化,同时,传统的"集体性民间"逐渐被"个体性民间"所取代。

其次,象征体系的弱化进一步导致农村社会关联的碎片化。作为一种象征体系,生命仪式和民间信仰最大的功能就在于不断地为农村社会输入"集体意识",从而实现有效的社会整合。"集体意识"是法国社会学家涂尔干的著作《社会分工论》里的一个重要概念。涂尔干在该书中特别强调了社会共识对于社会整合的重要性,从而引出了"集体意识"这个术语。[①] 雷蒙·阿隆认为,集体意识是"一般社会成员共有的宗教和情感的总和"。[②] 柯林斯等人认为,集体意识"是一种与外在于你自身的某种东西进行交流的感觉,它不依赖于任何一个特定的人,但每个人都一起参与其中"。[③] 由此可见,集体意识不同于个人意识,它是社会的精神象征,有着自己的特性、生存环境和发展方式。[④] 象征体系的弱化使其无法继续生产"集体意识",村庄社会关联因为没能得到有效的整合而日益碎片化。原本通过生命仪式和民间信仰所能够形成的"自己人"的认同感,现在只剩下空洞的形式和孤独的个体。

最后,村庄社会关联的碎片化最终反过来造成了象征体系的瓦解。从这个意义上讲,农民闲暇的象征体系之所以走向瓦解,是村庄社会关联与象征体系之间不断互动的结果,在两者之间形成了不断强化的恶性循环。虽

---

① 参见[法]涂尔干:《社会分工论》,渠东译,生活·读书·新知三联书店2000年版。
② [法]雷蒙·阿隆:《社会学主要思潮》,葛智强译,华夏出版社2000年版,第216页。
③ [美]兰德尔·柯林斯、迈克尔·马科夫斯基:《发现社会之旅——西方社会学思想述评》,李霞译,中华书局2006年版,第168页。
④ [法]雷蒙·阿隆:《社会学主要思潮》,葛智强译,华夏出版社2000年版,第216页。

然象征体系只是日常生活在农民精神世界中的反映和外化,但是一旦象征体系瓦解,村庄中的"集体意识"和社会整合就无法得到有效实现。另外,由于象征体系和集体意识迫使人们服从于与人的本能格格不入的行为和思想规则,因此没有象征和集体意识,社会情感便不可能存在。[1] 这就意味着,象征体系瓦解之后,农民无法在闲暇生活中构建出一套足以安身立命的价值体系,他们在分崩离析的社会网络中成为一个个孤零零的无根之魂。

---

[1] 王铭铭:《西方人类学思潮十讲》,广西师范大学出版社 2005 年版,第 95 页。

第五章
农民闲暇的时空秩序

村庄的社会时空是村庄闲暇生活世界得以展开的框架,因而这两方面也成为理解村庄社会特征和闲暇变迁的重要维度。[①] 本章将从时间与空间两个维度进一步探讨农民闲暇方式的变迁,以及其背后蕴含的社会与政治意涵。在村庄场域中,本身就包含着社会时空的维度。所谓村庄社会时空,是指生活于村庄世界中的人们对时间、空间的理解与设置,前者是精神性的,后者则是具象、直观和可感知的,它是村落文化关于时间和空间的划分、标志和安排。[②] 笔者发现,随着消费主义进村,农民闲暇的时空秩序发生了根本的转变。具体而言,闲暇时空秩序的转变体现在闲暇时间的货币化和闲暇空间的区隔化等两个方面。

第一节 农民闲暇中的时间与空间

在中国传统的农业社会中,小农经济和家庭手工业结合的村落经济是其基本的经济模式。在这种经济模式下,村落社会围绕着农耕开展季节性

[①] 吴毅:《村治变迁中的权威与秩序——20 世纪川东双村的表达》,中国社会科学出版社 2002 年版,第 334 页。
[②] 参见高丙中:《时空设置的构造与重构:以土族为例》,载王铭铭、潘忠党主编:《象征与社会——中国民间文化的探讨》,天津人民出版社 1997 年版。

的劳作,进而影响到家族共同体的生活方式,其中经典的耕种和生活方式是"男耕女织"。农耕劳作与村落家族共同体浑然一体,而这种结合注定村庄的生产和生活与土地或说居住地结下不解之缘。

王沪宁对此曾有详细的论述,他说:"传统的村庄经济是一种自给自足的自然经济,生产产品基本上用以维持本家的基本消费,没有多大余额。即使是地主富家,他们基本上也坚持自给自足的思想。所谓'生民之本,要当稼穑而食,桑麻以衣;蔬果之蓄,园场之所产;鸡豚之善,埘圈之所生;爰及栋宇、器械、樵苏、脂烛,莫非种植之物也。至能守其业者,闭门而为生之具以足。但家无盐井尔'。"(《颜氏家训·治家篇》)。又所谓"树之谷,芝之麻,养有牲,出有车,无求于人"。(《柳宗元集》)经济实力稍强的况且如此,一般农民就更无能力超出自给自足的界线了,能够自给自足,已经相当不错。外部也没有什么经济力量和信息力量能够有力地渗透到村落共同体中来,村落共同体与外部之间缺少经济的、文化的、人际的广泛交往和常规性的联系。自给自足的小农经济使家族共同体形成了内部的自我供应和消费系统,维持着"鸡犬之声相闻、老死不相往来"的格局。中国的家族制度也使得村落家族共同体具有稳定性。[①]

可见,在这种农业为主的时代,农民没有现代性的线性物理时间观,而是一种无始无终的循环时间观,这表现为个体的消亡通过子嗣的繁衍得以延续,即中国传统农民践行着"天人合一"的时间观,这既是一种"时间的结构化",也是一种"空间的时间化"。在乡土社会,人们的时间经验跟自然时间的循环模式相配备,农民的时间在过去—现在—未来的往复中形成了一个圆形结构,"祖祖辈辈而来,子子孙孙而去"。这种时间观具有神圣性,而这种神圣性在农民的生活中表现为现世的农民同时要对过去(祖先)、现在(自己)和未来(子孙)负责。因而,传统乡土社会中农民的时间观是一件事

[①] 王沪宁:《当代中国村落家族文化——对中国社会现代化的一项探索》,上海人民出版社1999年版,第26—28页。

关重大的事情,这种时间具有中国传统文化特定的价值内涵和文化内涵。也就是说,时间的性质也不取决于时间自身,而是取决于事物、自然乃至整个宇宙的结构。[1]

在这种时间观下,农民十分依恋土地,土地就是家乡,是他们生长的基础和死后的归宿。在传统中国农民的价值体系中,时间是周期性的、轮回的、循环的。农民闲暇的时空是确定的,也是随意的:什么时候有闲暇,大家都是一致的,可以预期的;而在哪里闲暇也是可以预期的。在这两个预期当中,闲暇是确定性的,那么社会交往也是确定性的,人们相互之间的预期也是确定性的。熟人社会的公共交往产生的是共同的时间,在日常的闲话聊天中增进了解,产生亲密感,在仪式、人情生活中互助帮忙形成了共同体的情感。熟人社会中,人们因熟悉而亲密,从而自然地获得信任和可靠性认可,乡土社会因此具有公共性,村庄生活进而生发出内生型价值,在这种价值支配下,连规则、规矩的遵守也是无意识的。从"熟悉"到"信任""规矩",其背后是"亲密"! 亲密、熟悉和信任是熟人社会的基本性质和基本特征。正如费孝通所说,熟人社会是靠亲密和长期的共同生活来配合各个人的相互行为,社会的联系是长成的,是熟习的,到某种程度使人感觉到是自动的。只有生于斯、死于斯的人群里才能培养出这种亲密的群体,其中各个人有着高度的了解。[2] 因此,可以说共有的时空、共同的闲暇交往生活培育了这种亲密关系和自己人关系。

直到 1980 年代初,泉村家家户户都还挂有一本厚厚的旧日历,翻开旧日历可以看到农历历法中详细到对每一日都有说法,有吉日,即适合做哪些事情,也有很多禁忌,如忌出门、忌针灸等细微日常生活的方方面面。为了避凶趋吉,需要对每一个时刻的变化及其做事情的时机进行细致的测算。"子丑寅卯、春夏秋冬等各种实践观念,在实践中与事物的其他感官属性,如

---

[1] 张柠:《土地的黄昏》,东方出版社 2005 年版,第 37 页。
[2] 参见费孝通:《乡土中国》,上海人民出版社 2006 年版。

方位(五方)、颜色(五色)、声音(五音)、动物(12 种)、物种元素(金木水火土)联系在一起,这是一种全方位的时空结构系统。"①过年农民贴窗花、写对联,三十晚上跳大神,点香烛供奉灶神爷,大年初一给长辈磕头拜年,大年初二不能打扫卫生,大年初三拜舅舅等,每天都有规定性的活动,传统的时间通过长期的轮回形成了一种规定性,与某种具体的事件、活动相关的规定性。

　　农民对生命和生活的想象方式是循环轮回的,因而他们也没有"绝对死亡"的概念,子孙的生命就是自己生命的延续,传宗接代的本体性价值构成了中国农民的民间信仰和生命意义体验。而死亡是沟通阴阳两界的方式,传统农民对死亡仪式是非常看重的。这种本体性价值以及对死后的想象(比如传统农民信奉的恶人死后要过阎门关、进十八层地狱等)使得他们在现世生活中即便过"过日子"很艰辛,却形成了坚忍勤劳、积善行德、忠义敦厚的性情。因而传统时间是一种结构化、空间化、事件化的时间,时间具有某种民间价值和文化价值。如留美学者流心就论述过传统时代颇具代表性的"祖荫下时间",她认为祖荫下的时间给我们充分展示了传统年代的"继嗣的时间",它的主要特点是,将"过去—现在—未来"的时间关系与"祖先—自我—后代"的祭祀关系等价对应起来。在这里,人们的自我或个人生活在祖先的荫蔽之下,他被视为祖先世界的一部分,因而个人(person)就不可能是独立的"个体"(individual),个体的自我时间并不被强调。农民身份在本质上是时间性的,并在继嗣的时间中改换身份。在继嗣的时间中,人们所生活的"今天"实际上是"昨天的今天",即为"昨天"而存在的"今天",现在和未来作为过去的一部分而存在。

　　因此祖荫下的时间既型塑着自我的道德,也型塑着家族历史感的厚度。② 杨华在研究中也表明,传统村落构成了农民,尤其是农村妇女的人生归宿和意义体验的来源,妇女从未嫁从父、既嫁从夫、夫亡从子这种可预期

---

① 张柠:《土地的黄昏》,东方出版社 2005 年版,第 37 页。
② 参见流心:《自我的他性——当代中国的自我系谱》,常姝译,上海人民出版社 2005 年版。

性的生命时间中获得稳定的和有保障的生活,从而不致被抛入一个巨型的、不可预期的市场体系中。杨华认为,在从夫居的模式下,妇女的生命时间具有非独立性和依附性,而传统村落的共同时间具有独立性和建构性。[①] 妇女的生命时间整体上来看是一个服从的体系,妇女建构自我的主体性和意义世界必须服从传统村落的共同时间。

在一个"生于斯,死于斯"的村庄熟人社会里,村落既是他们的生活基地,也是他们的生产基地。血缘关系为群体提供了无形的纽带,地缘关系则为群体提供了有形的纽带。用费孝通的话来说:地缘不过是血缘的投影,不相分离。人们有很多共同的时间记忆,正如前文分析的,如人情仪式、村落闲话、神话故事、生死仪式等,这些都构成了日常闲暇生活中的重要时间体验。就在二十世纪八九十年代,打工经济普遍大规模兴起之前,在农村总能看到农民三五成群地蹲在一起闲聊。由于农业生产具有季节性,一年到头并不需要所有时间都在忙碌,农民在一年里能有不少空闲时间。人们在这种共同的闲暇时间中找到情感寄托和生命意义体验,与此同时,这种共同的闲暇时空还能够进行村落价值和公共舆论的生产。

但随着打工经济的兴起,尤其是 2000 年以来,农村劳动力从"过密化"的农业劳动生产方式中释放出来,农民由原来清一色从事农业劳动、收入水平相对平均的群体,分化成为经营多种职业、收入差距不断加大的不同阶层。从而,固守在土地上的农民大量转移到国民经济的其他领域,他们改变了自己的收入来源,农民的身份主体开始多元化,农民的闲暇空间也随之扩大化。

另外,农民开始拥有不同的市场机会,不同能力的人对应的时间价值开始分化。简单来说就是劳动力价值化,现代性的时间观念开始潜入村庄,改造着农民传统的时间观。这种现代性的时间观是理性的、线性的时间观,它强调时间的不可再生性,将时间看作财富积累的媒介,时间的性质走向单一

---

① 参见杨华:《隐藏的世界——中国农村妇女的归属意义世界》,中国政法大学出版社 2012 年版。

化,时间价值具有马克思所说的"商品拜物教"性质。在这种观念支配和控制下,农民的闲暇时间"闲不下来",看似闲暇增多了,实际上他们只要想工作,就不存在所谓的闲暇时间。也就是说,相对于过去的闲暇时间利用,现在会有更高的机会成本。他们的闲暇都是有代价的,所以他们也就更加谨慎地利用闲暇时光。农民的闲暇时空秩序由一体化不断走向分离。

第二节　闲暇时间货币化和时间产权意识[①]的兴起

一、劳动力价值化与闲暇时间货币化

在传统的农业社会中,农民的职业分化较小,村庄绝大部分群体以耕种土地为生,只有少数人从事工商行业和其他生计。即便是到了二十世纪八九十年代,农村职业分化已经较为明显,但是大部分人依然被束缚在土地上,尤其是当时还要缴纳沉重的农业税费,农民为了完成"国家任务"和不违反"不得撂荒"的政策而不得不"留在村里""哪里都去不了"。这种"土地的束缚"为农民保持传统的闲暇提供了条件,主要表现为时间上的一致性。

由于大部分农民都从事农业生产,那么他们的"一年之计"与"一天之计"都是依照农时和农业劳动的特征来安排自己的"作息时间"。一个地方所种的作物一般具有同质性,如小麦作物、稻作物以及水旱作物等,相同的作物具有相通的生产周期和生产条件,那么在不同的时间段所需要的劳动也差不多。以水稻作物为例,在同一地区,何时整田、育秧、插秧、施肥、打药、拔稗、晒花、收割等,除去天数的差别,总体上则是一致的。因此,一个地方整体的劳作时间安排就会有统一性,并且,某个特定面积的土地,在某个

[①] 时间货币化和时间产权意识的提法得益于 2011 年国庆期间笔者在苏北调研时与刘燕舞、陈锋的讨论。

地区(无论是纯人力耕作,还是机械替代),所需要的劳动时间都差不多。更何况农业劳动时间具有机动性,今天没干完的,明天就多干一点;今天多干一点,明天就可以少干一点。

即便是在一天中,也有相对一致的时间安排,如何时起床、何时下地干活、何时吃早餐、何时休息、何时中餐、下午何时下地、何时晚餐,以及晚上何时作息等,都相对趋同。一个地区共享的天气也会影响农民一天的安排,比如太阳正中午或下雨的时候,大家都不会下地干活,而是乘凉和躲雨。所以说,时间安排的一致性就会带来闲暇时间的一致性。这便是说,当干活的时候,大部分农民都在地里干活或者在家里干活,而当休息的时候,大部分农民就放下了手中的活。譬如,农民常常跟调查者讲的,二十世纪八九十年代的时候,经常在太阳正晒的时候大伙儿蹲在树下闲聊,或者到了中午大家都端着饭碗出来一起吃饭,或者某个时候陆续到某家去聊天,等等。

每个人的闲暇时间都在相对固定在某个确定的时候,这就使得每个人都可以在那段时间闲下来,而"闲下来"并不意味着"手中的活没干完",而是在这段时间大家本来就不需要干活。那么这就会有以下结果:一是当某个人去找另一个人闲聊的时候,后者并不认为是被打搅了,事实上他也在寻找闲聊的对象;二是在这个时候闲下来不去干活并不意味着就是损失,因为农活是一定的,即便你这个时候"勉强"把活干完了,但下个时候就没事干了,你就得再次闲下来,所以农民"闲下来"无法生成"机会成本",即除了闲下来,不会产生其他有价值的东西,闲下来就是闲下来。

我们从经济收入的角度来看一下闲暇时间的机会成本。较之于务农收入,外出打工能获得远高于务农的收入。当前我国农村形成了以代际分工和性别分工为基础的半工半耕的农耕模式,这种耕作模式是小农经济的体现和延续,在今后相当长的一段时间内可能仍然有其存在的必要性。[①] 在这

---

① 参见贺雪峰:《地权的逻辑》,中国政法大学出版社2010年版。

种耕作模式下,老年人或者妇女在家种田,青壮年劳动力外出务工或做生意。大多数农民家庭的经济收入主要有两种来源:一是外出务工收入是其中最主要的部分,且其比重可能会越来越高;二是在家务农收入,这一部分收入可能不占主要位置。很多地方,种1亩地纯收入也就只在七八百元左右,几亩地加起来也就几千元。但外出打工一年就能赚两三万元。一个外出打工的家庭与无人外出打工的家庭,在经济收入上会有很大差别。

如果一个家庭由于种种原因而没有劳动力外出打工,家里基本上只是靠务农维生,这样的家庭在村庄里很容易处于边缘状态。他们不仅经济上是边缘的,而且社会地位上也是边缘的,会成为村庄里说不起话、办不起事的人。村里面经济条件比较宽裕的一般是打工收入比较多的人家。虽然在村庄里务农可能会因为农业生产本身的特点而有不少闲暇,但是这些在之前没有太多机会成本的闲暇时光,现在的机会成本很大。有的人虽然也并不一定以打工为主业,但是只要有农忙空闲的时间,都会愿意出去就近打点短工。打短工的工资收入可能也不一定很高,但是也至少每天能带来十几元或几十元的收入,而且又不会耽误家里的农业生产。"闲下来要打工",这已经成为许多农民经常挂在嘴边的话。对于中年人来说,闲暇时光在经济收入方面的机会成本很大,他们主要算的是经济账。而对于年轻人来说,他们闲暇时的机会成本就更高了,不仅会有经济方面的机会成本,而且还会有其他方面的机会成本。如果闲暇时就都在家里面,就可能错过许多到外面"见世面"等各种机会。

总结起来就是,在农业职业分化较低的时期,农村大部分人的闲暇时间具有一致性,而这种一致性又带来了闲暇时间的无机会成本性:每个人这个时候都闲下来了,找哪个人闲聊都不会被认为"打搅了人家"或者"耽搁了人家的事",而被找的人也不会觉得人家的到来是个负担,自己因此会损失什么。这个时候,闲暇就可以变成村庄人际交往的一个重要窗口,人们面对面的接触多了,交往就会更加充分,情感体验就会更真切,对村庄事务的看法就会更透彻,对村庄事务的评价就会更具有一致性。那么村庄社会交往的公共性就更强。

但是随着农村职业分化进一步加大,这种时间的一致性和闲暇的无机会成本性就发生了改变。农村职业的分化有两个层面:一是人口的流动,二是家计模式的多元化。

(1)人口流动。苏北农村地处长江中下游平原,紧靠苏、锡、常、上海等沿海发达城市,打工带来的人口流动非常频繁且出现较早。我们调查的泉村,在1980年代就有村民到苏南发达城市谋生,当然当时只是个别村民。到1990年代中后期以后,泉村开始出现大规模的外出务工、经商潮。近几年,随着当地招商引资和房地产事业的发展,很多村民纷纷在县城买房,县域越来越成为农民经济生产活动的中心,农民生活中心突破了村庄和乡镇,流动性不断加大。这在乡村治理上导致的一个结果是,农村义务工(如修渠、平整土地、圩区冬季挑圩)组织成本越来越高。人口流动的另外一个结果就是土地开始出现流转。有些全家外出务工的家庭将所有土地无偿流转给村社其他人耕种,或者田地较多而又有外出务工人员的家庭,因为耕种不过来,而转出一部分土地。将土地流转给他人的家庭,其主要的家计来源就不再是务农了,外出务工或经商成了家庭收入的主要来源。

(2)家计模式多元化。在泉村,劳动力市场进村带来的村庄经济格局和家计模式的变化可以分为3个阶段。第一阶段是1985年前后,全国劳动力市场初步形成,这段时间少部分农民外出务工多是因为农业税费负担及子女教育负担过重,打工赚钱是用于贴补家庭农业经济之不足,尤其是用于需要现金支出的建房、子女学费和上缴农业税费等。农业生产和家庭经济的传统格局并未发生变化。第二阶段从1990年代中期开始,这一时期开始出现大量劳动力外出,农业生产中的劳动力明显不足,青壮年劳动力纷纷进入大城市寻找就业机会,在家务农的主要是老人和妇女。很多家庭不得不在农忙时期雇工经营。泉村的现实情况是,最初多是只请亲友来帮忙,问题是自家青壮年在外打工赚钱，却请亲友来义务帮忙种田，双方心理上都难以接受，于是，村子里渐渐出现了花钱雇工的现象。当时雇工仅是农忙时期，雇工价格也不高，一天30～50元，包吃喝。第三阶段是2000年以后，村庄中的青壮年劳动力基本都在本县打工，种地越来越挣不到钱，农忙时越来越难以雇到劳动力，雇工价格也直线上涨。农业生产和耕作不断简化、粗放化，从事农业生产的农户只在最关键的生产环节雇工。近几年不少农户在县城买房，主要是老人下地，青年人完全是城市人的生活方式，形成了儿子媳妇住县城打工，父母辈住农村。于是出现了子辈"吃家里，喝家里，父母房子也买好了，自己只要每天打工挣钱就行"的局面。

　　家计模式多元化是业缘关系的发展和农民职业分殊带来的农民可以依靠种种不同于农业生产的方式而能维持家庭的主要生活。打工经济本身就是农民职业分殊的最主要表现。20世纪90年代以来，泉村越来越多的家庭不再依靠农业维持家庭生活。随着市场的不断发展和成熟，加上苏北独特的地理条件，能够承接长江三角洲一带的产业转移，种种"离土不离乡"的职业也不断涌现，不少农民不离开农村就能够就地就业。另外，诸如建筑业、个体工商业、手工业、养殖业、种植业等也在当地兴起，吸纳了大量本地劳动力。这样，家计模式多元化又释放了原本被束缚在农业上的劳动力，使他们宁愿转出一部分或所有土地而从事其他行业。家计模式多元化解放了大量农业劳动力，他们纷纷从土地的束缚中挣脱出来。[①]

　　对于闲暇而言，职业分化使得传统农村闲暇所赖以存在的两个条件被突破：一是农民的闲暇时间出现了错位；二是农民的时间开始具有价值。就前者而言，最显现的农民外出务工，使得其待在村里的时间较少，一般在逢年过节时方能回来，有的人甚至长年累月也不回趟家，那么这部分农民与在村农民之间的接触就明显减少，而能够闲暇在一块的时间就更少，甚至几

[①] 杨华：《农村土地流转与社会阶层的重构》，《重庆社会科学》2011年第5期。

乎没有。对于从事不同的职业、行业、活计的农民而言,他们的工作时间安排、劳动强度都有很大的差异,而最大的差异就是时间安排的差异。前面已叙,务农时间具有时令和阶段性,且与气候、天气息息相关,并且在某段时间内农业劳动时间较为机动灵活。但其他职业的工作时间安排,有的较为固定,如准时上下班,还有的不固定,如加班,还有的则可能说不定哪个时候就忙起来,或者有的任何时间只要去工作就能获得报酬等,这些时间安排很难与农业时间安排完全吻合,甚至连休息时间也完全可能是错开的,碰不到一块。因此,职业的分化就使得不同农民的劳动时间安排具有很大的差异性,闲暇时间也可能很难凑到一起。

同时,因为家计模式的多元化,农民就可能在任何时候都可能找到活干,都可以挣钱糊口,那么闲下来的"时间"就会产生机会成本,即这个时候闲下来跟人闲聊,就可能失去干某个活的酬劳,或者说会失去某份工作。这个时候,农民就会开始计算,此时跟人聊天是否划得来:跟这个人聊天加深感情以后会得到什么样的回报,这个回报相比机会成本是否划得来。如果划不来,他就会选择去干活,而不是跟人聊天。即便是之前干农活的人,当他农闲的时候,也可以在周边干点其他活计挣钱,此时他可能就不再是"闲着也是闲着"了,而是尽量利用闲暇时间多挣点钱。于是,之前的闲暇时间就可能被其他活计的劳动时间所填满:一方面,人们真正的闲暇时间越来越少;另一方面,任何人都不知道其他人闲不闲。

闲暇时间的减少直接降低了人们面对面交流的机会,而不知道他人闲不闲,则使得即便在自己闲的时候,也无法去找人家闲聊。在传统的农业闲暇时间中,大家都知道其他人肯定也在闲着,只要上门就能找到人聊天,而且对方一定能够热情接待。这是一种有预期的闲暇生活。但是职业分化之后,就难以判断或预期对方有没有空闲时间:如果判断错了,走到人家家里,人家刚好在家,但是一会儿就准备出门工作,此时人家不留你下来聊天,人家会觉得失礼,而留你下来聊天,人家心中还挂念着工作、算计着要损失一大笔收入,他们就会如坐针毡、心不在焉。许多农民都跟笔者谈到之前遇到过这种"尴尬"的场景,之后慢慢地就不再随便去人家家里串门聊天了。而与此同时,之前能够随便"进出"的公共场所,也随着人们闲暇时间的错位,而变得越来越冷清。

总而言之,农村职业分化最终带来的是农民时间的价值化,而该结果又使得农民"闲而不暇"。农民时间价值化指的是农民职业分化之后,农民个体或家庭的任何一段"时间",都可以用来做某个事情而获取报酬,由此产生时间的机会成本。那么这段时间的所有权就属于农民个体或家庭,由其来掌握、调控和支配,并自负盈亏,而任何其他人来分享和占有都应该支付一定的费用。正是由于农民对自己的时间有了价值意识和产权意识,他就不会轻易地把自己的时间让渡出来或者轻易被人家所占用,他们个体或家庭开始对其所有的时间进行总体的规划、安排和设计,把自己的时间充分利用好、发挥好,而这些行为与其他家庭或个人的同类行为并不一定相同,也不应为其他人的行为所干扰。

进一步地,由于时间价值性的产生,农民家庭或个人的闲暇即意味着他们自己在消费自己的时间,而该消费的支出就是"机会成本"。如果闲暇的机会成本越大,就意味着该时间所有者在闲暇时"支出"就大,如果其他人来分享他的闲暇时间或占用他的闲暇时间,那么意味着他要损失不少的"机会成本",亦即为他人闲暇付费。机会成本越高,他就越不可能把自己的时间贡献给他人消费,就越会珍惜自己的时间。最终结果是,每个人的闲暇都由自己去掌控,而不与他人分享——除非他自己觉得分享闲暇可以带来更大的收益。

二、时间产权意识的兴起

产权是法学与经济学中一个经常使用的概念,最初是对财产权(property)的简称。法学家毕克休斯曾这样界定产权这一概念:"从最广泛的意义上来使用,当然是指任何有价值的东西,即能够产生部分个人财产的任何权利。"①在此用"时间产权"这一概念来表明闲暇时间对于人们日益增强的价值性,人们越来越以一种权利者的姿态来使用自己的闲暇时间,以获取更多的价值。在诸多现代性因素的介入下,新的闲暇方式促使人们日渐形成了一套与之相应的时间规则。

时间产权意识的兴起与上文所说的时间货币化有着密切的关系。可以说,时间产权意识是时间货币化的进一步表达,它更进一步地使得货币化的时间观念内化到人的心中,使之成为一项毋庸置疑和理所应当的权利。

萨林斯曾有说服力地表明,采集狩猎时代的人尽管不如现代人生存率高,但是他们的欲望不多,实际上过着丰裕而悠闲的生活。②在消遣经济的态度支配下,货币收入并不被看作是具有很高价值的东西。这一观念与西方经济学"利益最大化"假设虽然不是截然相反,也是大异其趣的。"消遣经济中,工资提得越高,劳作的冲动愈低,生产的效果以个人说,也是跟着愈少,这是和我们通常所熟悉的经济学原理刚刚相反。"③在这种不同于西方新教伦理的传统经济态度支配下,那批拥有田地的人对生活的态度是好逸恶劳,他们减少劳动,减少消费,产生闲暇,终日消磨时光。④费孝通认为,在西洋都市中,一个人整日地忙,忙于工作、忙于享受,所谓休息日也不得闲,把娱乐当做正经事儿做,一样累人。他们好像不花钱得不到快感似的。可是在我们的农村却适得其反。他们知道如何不以痛苦为代价来获取快感,这就是所谓消遣。消遣和消费的不同在这里:消费是以消耗物资来获取快感的过程,消遣则不必消耗物资,消耗的不过是一些空闲的时间。⑤

---

① 转引自王利明:《物权法研究》(上卷),中国人民大学出版社 2007 年 8 月第二版,第 32 页。
② [美]萨林斯:《石器时代经济学》,张经纬、郑少雄、张帆译,生活·读书·新知三联书店 2009 年版,第 42—45 页。
③ 费孝通、张之毅:《云南三村》,社会科学文献出版社 2006 年版,第 108 页。
④ 张敦福:《乡土中国的消费文化——费孝通早期著作考察》,《广西民族大学学报》(哲学社会科学版)2010 年第 7 期。
⑤ 参见费孝通:《乡土中国》,上海人民出版社 2006 年版。

传统乡土社会的空闲时间是没有产权的,只要愿意加入,它就属于村庄所有人,它是形成村落共同记忆的基础。而当人们对时间形成了一种产权观念的时候,他们就会很明确地认识到并会很明确地划分出这些时间是"我的",那些时间是"他的",也就是说形成了基于权利主体的时间权利意识。既然这个时间是我自己的,我就应当有充分的自主权,别人就不能随便在这时间中打扰我。人们彼此都越来越意识到了这一点,所以也就会自然而然地选择不轻易去打扰人家、麻烦人家。就村庄闲暇活动方面来看,如前面章节分析的,不串门,也就成为许多人的一个行为选择。"串门太浪费时间了""怕打扰别人",这也就成了大家对串门这样一个在以前看来再正常不过的行为的典型评价了。在以前,农民的闲暇与劳动和交往有密切联系,具有公共性、社会性特点。而现在的闲暇则从劳动中分离出,缺乏公共性和社会性,成为纯粹个人性的闲暇。过去,农民闲暇之际会互相串门以打发时间,丰富精神文化生活。在那个时候,村民自家的住宅都有一定的公共性。但是随着市场经济的影响、现代传媒的进入、社会流动加快以及村庄经济分层的加大等,村民之间的心理距离日渐扩大,习惯、爱好等逐渐多元化,串门越来越少了。

此外,上文中也提到了电视等现代传媒的影响,从1990年代起,电视等现代传媒逐渐进入农村,到最近10年,大部分农村基本上已经普及电视。在闲暇的时候,大家更多的是在家看电视,而不是到别人家串门。"谁家没有电视机呢,干吗老到别人家串门?"农村里爱串门的老年人现在也"很自觉",不会到人家里串门。有些老年人家里没有电视机也不愿意到别人家里看电视,哪怕是自己的儿子家里,因为"可能影响人家选台,也遭人厌烦",总之有诸多不便。如果串门可以到公共场合,如小店、麻将馆等,这种公共场合具有可退出性,进出的时间可以由自己掌控,也不会影响他人。这是一种个体时间的让渡,只有让渡在这种公共空间里才证明此时此刻自己是闲着的。然而在这种公共场合里聊天,多是聊一些天气、收成、新闻等村外的事情,显然缺乏情感性的交流。

甚至于过年过节都觉得"没有味儿了",串门也没意思,因为不熟悉、亲密感的丧失,一切活动都流于形式和表面。穷人不好到富人家串门,富人更没时间去穷人家串门,富人和年轻人的时间更值钱,他们更有明确的时间产权意识。当群体性的活动都流于表面时,面子竞争就凸显出来,面子攀比显得尤为重要,因为大家都是浮于表面的关系,感情、人格、人品等都不重要,判定的标准也具有短视性,那就是是否有钱,有钱就有面子。于是乎,过年、过节的娱乐只有聚众赌博,且输赢很大。赌注的多少意味着能力的大小,中国传统乡土社会就有"富贵不还乡,如同锦衣夜行"之说,而当下农民不富贵却更要装出自己很有钱,或者至少不比别人差,否则表明自己能力不行、不会混。"筷子一放,大家闲坐着也没意思,不知道干什么,只有玩麻将,吃完就上麻将桌,锅碗都是父母洗……"不少村民打工一年回家过年,为了面子,不惜花掉整年血汗钱。在这些攀比中,农民似乎在暗暗较劲"谁更有能耐?谁的时间更值钱?"闲暇时间失去文化内涵,走向等级化、货币化,集体时间意识彻底丧失。总之,现在的泉村,农民时间越来越价值化、个人化、单调化,闲暇生活的隐私性越来越强。

随着人们时间产权观念的形成,时间日益价值化、隐私化,这也就意味着公共的时间在逐渐退出村庄生活的舞台,时间与金钱、利益直接挂钩,公共时间丧失,公共时间让渡给了私人时间,进而,公共性的闲暇也就让渡给了私人性的闲暇。不仅像上文所说的那样,村民与村民私人之间越来越不愿意占用别人时间,即使是村庄集体为了村庄的公共利益也很难占用村民的时间,虽然这可能明明是对大家有益的事情,但是也总会有人讨价还价,公共事业、公共品供给也成为问题。例如,泉村书记说税费改革以后村里就再也开不起会,即使是党员,开会不给钱,他们也不愿意参加。一切活动都要有钱才能组织起来。这无疑是时间日益价值化、时间产权观念兴起的又一表征。因为时间更值钱了,大家更舍不得耽误自己的时间了,于是,村庄里的公益事业也就很难做成。

公共时间让渡给了私人时间,其后果不仅使得村庄公益事业做不成,公共性的村庄闲暇活动越来越少,而且还造成村庄中的公共舆论也越来越弱,失去了得以产生的基础。在大集体时代,人们在一起生产、生活,关系比较紧密,交流的机会很多,因此村庄舆论得以产生的机会也比较多。而现在,每个人都做自己的事、赚自己的钱,村庄的公共活动很少,彼此之间很少会有像以前那样紧密的联系和有像以前那样多的交流时间。而且,现在由于人们与外界有更多的接触机会,生活方式、工作种类、经验体会都越来越多元化,由此导致村庄生产生活的同质性下降。在同质性高的群体中易产生为大家所接受的舆论,但在异质性程度较高的群体中,则较难产生为大家公认并有效发挥作用的舆论。这就使得大家对别人家的情况了解得越来越少,而正因为了解得不多,所以在不少问题上也就不好多说什么了,毕竟"家家都有一本难念的经""清官难断家务事",而且,"哪有时间管别人的闲事?"

三、闲暇时间的公共性意涵丧失[①]

概而言之,近几十年来,随着国家权力对乡村社会的不断改造,以及信息传媒、市场竞争、现代性法律观念的不断发展深入,农民的生产、生活私人化的程度上升很快,熟人社会的规则体制逐步解体,"原子化"成为村落中村民之间关系长远的演变趋势,乡村公共生活严重萎缩,闲暇交往利益化、私人化,闲暇时间货币化,很少再有人愿意去议论或者干涉别人的私人生活,当然也不愿意其他人来干涉自己的私人生活。

农业社会的乡土时代,闲暇与农业生产活动是紧密联系在一起的,田间地头无处不闲暇,闲暇与家庭生活、生养死葬及农业生产很难割分。如果把闲暇分为仪式性闲暇和社会性闲暇的话,不难发现,传统乡土社会中,无论

[①] 这部分内容修改后发表于《广东社会科学》2016 年第 6 期,题为《乡村社会闲暇私人化及其后果》。

是在农业生产、节气节日中,还是在红白喜事人情方面,仪式性闲暇活动都是无处不在的。仪式性闲暇是关于人与自然以及人与灵魂的关系,是有关人活着的意义、人与自己内心世界的对话。从关系层面上,仪式性闲暇注重伦理纲常、血缘地缘的差序格局层面上的关系。从规范和秩序层面上,仪式性闲暇对于熟人社会的整合和亲密社群的再生产是不可或缺的,也从文化层面上实现了村落基本价值的再生产。

仪式性闲暇更多地体现在民间信仰、祖先崇拜、生育文化、节气节日等抽象层面。仪式性闲暇活动中时间具有规定性和神圣性,时间被赋予个体所无法超越的神秘力量,仪式性闲暇时间是一种集体性时间,是被抽离了的、集中的时间。这种时间对于村落中的每个个体都是均等的、共享的。这种时间(仪式活动)到来的时候,个体的特殊性被抛之脑后,集体参与带来共同的体验,因而集体有共鸣,有公共情感。当然,仪式性闲暇活动也有公共空间的依托,祠堂庙宇、乡间小道等都是公共空间。生活在村庄场域中的个体参与仪式性闲暇活动,预示着必须尊崇村庄社会结构和民间信仰结构。借由共同参与的时间和空间,乡土社会的文化价值再生产,就从丰富的仪式性闲暇活动中延续扩散继承开来,看似简单的闲暇仪式活动,饱含着文化传承和文化实践的密码。

此外,传统乡土社会中社会性闲暇活动也非常丰富。社会性闲暇相对而言是具象的,包括打牌娱乐、闲而无事的串门聊天、骂街斗嘴等都属于社会性闲暇。社会性闲暇范围很广,更类似于现代休闲学意义上的休闲活动。在社会性闲暇中,个体在日常生活中融入村落社会,与村落社会发生连接与关系,个人也可以在社会性闲暇中获得情感寄托、身心满足、价值评价。正是在社会性闲暇的频繁交往中,"管事佬""三个女人一台戏""多嘴婆"等俗语和绰号也就在村落中有了存在的空间,在人们的日常生活中扮演了重要的角色。也正是在社会性闲暇活动中,村民形成了亲密关系的共同体,农民才注重面子竞争,才关注村庄共同体的事情,讲究是非伦常,甚至才崇尚长幼有序、尊老爱幼的伦理秩序，村民个体才乐于为村庄的发展贡献心力和物质资本，并从中获得道德位序和价值体验。社会性闲暇从生活世界层面建构了熟人社会的"自己人"关系。可以说，没有社会性闲暇，熟人社会就不再是一个"自己人"社会。

在熟人社会里，长久的生活预期和频繁的闲暇交往形成了无处不在的亲密感，多数村民较注重自身行为在村落里形成的影响，村落的价值生产能力较强，这些使得熟人社会的交往规则得以形成并发挥作用。自然而然地，他们也就比较关心身边的事情，村落闲暇生活、闲话等都具有公共性色彩。仪式性闲暇和社会性闲暇使得村落社会兼具社会性和价值性，村庄公共生活具有公共性。

随着市场化、社会分化与社会流动的加剧，无论是仪式性闲暇还是社会性闲暇都呈现出去公共性的特征，乡村闲暇逐渐走向个体化的闲暇。现代性的时间框架下个体的时间被重新安排，打工经济条件下的挣钱逻辑是一种时间就是金钱的分秒必争的逻辑，不同于传统乡土社会时间，传统乡土社会的时间具有延续性、对等性等特征，而现代性时间具有不对等性、层级性、断裂性。乡村社会的闲暇时间逐渐走向货币化、产权化、个体化。乡土社会中的均等化的时间被打破，"我的时间可能比你的时间更为值钱"。时间创造价值，不同人的时间创造不等的价值，这里的价值仅仅是指金钱价值。祖祖辈辈而来、子子孙孙而去的延续性时间被割裂为个体的有限的时间。这某种程度上使得仪式性的闲暇时间安排被打破，社会性闲暇时间也被割裂。即使有宗族文化重建，传统节日节气被重新重视，但市场化条件下时间观被彻底改变，在现代时间观念下，集体参与的时间遭到重创。没有共同的时间，集体公共空间原有的承载意义不断流失。消遣意义上的打牌娱乐被赌博所彻底取代，农民闲下来更多的是待在自己家里而不愿外出串门聊天。

闲暇时间产权意识的兴起最关键之处是改变了闲暇的包容性，闲暇交往成为一种主观上的理性交往。笔者在村庄调研一个普遍的感受是，失去劳动能力的老年人以及村里的边缘人,这里主要指家庭有缺陷或者生理有缺陷的边缘人,这些人成为真正的边缘人,村里已经没人再跟这些边缘人打交道。二十世纪八九十年代之前的乡村社会没有真正意义上的边缘人,不管是瞎子、聋子,还是精神病患者都不是边缘人,那时候农村没有精神病一说,村庄闲暇具有很大的开放性、包容性,每个人都可以参与到闲暇中来。边缘群体不边缘,村庄是一个守望相助的、有历史感、当地感和归属感的熟人社会。某种意义上说,乡村熟人社会正是一种边缘群体组成的社会,精英多数都不在村或脱离农村。况且,哪个家庭是十全十美的?哪个家庭在整个家庭生命周期中是一帆风顺的?在农村,哪个家庭能确保不会出现一些个别的边缘人?村落社会成为共同体的关键正是无排斥性的闲暇交往、互助性人情使得生活其中的人们能够共享意义,老弱病残手扶相助,从而产生让人挥之不去、割之不舍的乡土情结。这正是传统熟人社会的情面原则,熟人社会是讲情面的,不是冷冰冰的。当村落社会形成对边缘人的排斥的时候,其实也就形成了对每个家庭的排斥、每个人的排斥,乡土情结也就不复存在,甚至"尿都不愿往村里撒",村庄走向真正意义上的衰败。当下乡村社会诸如刁民、无赖、泼皮、钉子户、小混混等此类边缘人却不再边缘,他们成为村庄舞台上的红人,个别的钉子户、上访户甚至消耗了基层干部大部分的时间。有几年在泉村流传一件事,一个混混不仅自己弄到了低保,还给自己的父母、兄弟都弄到了低保,全家吃低保,成为不少村民所羡慕的对象,村干部也都不敢得罪他。

此外,在公共时间让渡给了私人时间之后,村庄的公共文化活动越来越少,即使有个别人愿意组织,也没人愿意捧场。这就意味着许多农民的闲暇时光越来越难以打发,从公共文化活动交往中所感受到的村庄生活乐趣可能越来越少,而在消费主义的刺激下,农民的现实生活和意义世界两者之间的紧张关系却在加剧。农民闲暇生活的空虚又进而加剧了村庄生活中的一系列问题,如老年人自杀事件不断攀升、地下教会蔓延等。

不仅公共时间在退却，仪式性的时间也在丧失。农民的时间观念所体现的不仅仅是对时间本身的认识，还能体现出其内在的精神意义世界是如何的。而在货币化时间观念以及时间产权意识的影响下，农民的时间观中已经少有像过去那么丰富的精神意义世界的内涵了。在不同的历史阶段，农民是在不同的意义维度上来认识时间，形成了不同的时间认知模式，而不同的时间认知模式进而又会对应着不同的自我构造。

第三节　闲暇空间区隔化与人际关联功利化

一、闲暇的空间区隔

列斐伏尔认为，空间从来就不是空洞的，它往往蕴涵着某种意义。空间是一定社会关系和社会行动的产物，通过空间的变动我们可以反观人的行为与社会关系的变化。①

张柠认为，传统乡村的公共空间是一个交流情感、传播信息、产生故事、进行教育、游戏、审美的场所，也就是一个世俗性的公共空间，②比如村中央的晒场和大树下、房屋与房屋的过渡地带，小巷的拐角处等。在村落的历史上，乡村公共空间则是一个举行仪式（比如祭祀）的场所，也就是一个带有神圣性的场所，它承担着家族成员与过去和未来对话的功能。"正是这些公共空间的存在，它连接了农民单个的、孤独的家庭空间，同时也连接了家族的过去和未来。乡村内部的活跃程度，与公共空间的仪式化能力、交流状况密切相关。假如没有仪式和交流，仅仅是一块有地租意义的空地，它就没有任何意义"。并且，传统村落中就连农民的私人生活也一直维持着乡土社会的

---

① 参见列斐伏尔：《空间的生产》，中国档案出版社 2009 年版。
② 张柠：《土地的黄昏》，东方出版社 2005 年版，第 44—50 页。

共同性(也就是公开性),农民的私人空间也就是一种变相的公共空间。"传统村庄中的农民是同质的,隐私并不存在,虽然也有小秘密,但他们的秘密无需破解,无需侦察,他们有时候装得鬼鬼祟祟,但实际上大家都知道。"[1]而当下的村庄,农民身份不断分化,具有差异性,人际区隔得以产生。

"区隔"是法国著名社会学家布迪厄(Pierre Bourdieu)社会理论中的一个关键概念,其理论思想主要体现在其著作《区隔:趣味判断的社会批判》中。布迪厄的主要理论用公式来表述就是:{惯习(资本)}+场域=消费实践。在布迪厄看来,消费首先是一种形成"区隔"的手段,地位和阶级群体通过消费模式相互区分开来。把消费当作一种由习性、资本以及场域共同决定的实践,消费本身成为一种社会关系逻辑、一种建构社会关系的方式。他在该书中指出:在传统划分社会阶层的标准(如收入、财产、教育、权力等)之外,还可以用一种新的标准来划分社会阶级或阶层,那就是人们的消费偏好。区隔性,即通过构筑消费差异来维护阶层的区别边界。消费是一种表现性实践,即表现人的独特的阶级品位和生活风格的实践活动。同时还是一种形成区分的手段,地位和阶级群体通过消费模式区分开来。[2]

在此,借用布迪厄"区隔"的用语,用"闲暇的空间区隔"来表达闲暇活动以及闲暇活动得以开展的具体空间所具有的将人的地位和群体分化相互区分开来的特点和作用。与布迪厄理论中的消费相近,在我们的研究中,闲暇的空间本身成为一种社会关系逻辑和一种建构社会关系的方式,即是一种形成"区隔"的手段。闲暇的空间是一个有边界的、被认同的、意义充满的、被命名的和有价值的场域,是一个环境的空间形态和人的认知、认同过程相互作用的交汇处。[3]

---

[1] 张柠:《土地的黄昏》,东方出版社 2005 年版,第 44—50 页。
[2] 参见[法]布迪厄:《区隔:趣味判断的社会批判》引言,朱国华译,《文化研究》(第 4 辑),中央编译出版社 2003 年版,转引自张雅丽:《新闲暇空间:现代城市商业会所的组织、消费与重构》,上海大学博士论文,2011 年 4 月。
[3] 张雅丽:《新闲暇空间:现代城市商业会所的组织、消费与重构》,上海大学博士论文,2011 年 4 月。

中国农村的闲暇方式变化是在当前特定的时空背景下展开的，同时也是通过具体的空间载体得以存在和具体展现。通过上文的考察，我们可以知道，在不同的时代条件下，中国农民闲暇活动的具体安排是在与之相应的不同的场域空间中实施的，比如在自家房屋里、家门口处、路边的小店等，这些都成为农民闲暇活动的具体空间。这些具体的场域空间以及人们在这样的具体场域空间中的参与方式、参与程度的变化，都能体现出人们的行为以及社会关系本身复杂微妙的改变，也是我们更加细致和深入地认识村庄人际关系和行为考量的一个重要窗口。

集体大会和田间地头

在我们调研过的许多农村，村庄公共空间的变迁有一个较为清晰的演变过程，泉村也不例外。集体时代，每个生产小队不仅有固定的开会地点，且开会时村民的家庭琐事都要被大家议论。村民说，集体时代村里会评"孝顺媳妇""好婆婆""五好家庭"等，小队会议都会针对性地表扬。当时的这种集体大会乃是村庄公共空间最主要的形式，村民们在这个空间中对村庄的共同话题有着集中的关注，甚至把公共话题延伸进了私人最隐秘的领域。[①]

除此之外，村民集体劳动的地间田头也是他们聊天的场合。集体劳动是人民公社时期特有的劳动形式，大家集中在一块的劳动方式是与分田单干之后零散个别化的劳动方式所不同的。田间地头、打谷场、麦场都成为一种重要的公共空间形式，劳作也是一种密切交往。闲下来时，大人、孩子都会到这些地方闲聊、玩游戏等。放电影也是村里重要的公共娱乐，每到放电影时，方圆十里甚至更远的村民们都会前往，电影放映前后，本村、邻村汇集一处，人声鼎沸，非常热闹。各个年龄段的人都喜欢聚集于此，为争论某个话题常常面红耳赤，大家在此宣泄情绪、交流情感，年轻人也在这里结交朋友，参与社会互动和交往。

---

① 王绍光：《毛泽东时代的闲暇》，《书摘》2002年第7期。

1980年代初分田单干之后,伴随集体劳动的解体,农业劳动重新向家庭劳动复归,打谷场、麦场都不再成为公共空间,田间地头的公共空间意涵也逐渐消弭。不少打谷场、堰塘甚至被开垦成了耕地,以致不少农户晒谷子时都把谷子堆在路旁。当时泉村仅有几台黑白电视机,有些爱热闹且经济条件好的家庭开始优先买电视机,当时这些买电视机的家庭很有荣誉感,也很喜欢家里、院外聚集很多人的热闹感觉。他们总是把电视机放在空间较大的堂屋,夏季则放在院外,便于更多的人观看电视节目。村民也觉得去凑热闹是一件很快乐的事情,因为大家彼此熟识,日常频繁的交往使得大家并不见外。甚至雨雪天气,也会有村民不顾恶劣天气聚集一起去某户人家看电视。当时电视节目相比现在非常有限,只能收到本市、县或中央一台。虽广告相比现在少很多,但节目很单一,常收看的是县电视台的电视剧,电视剧播放前有个点歌台的节目,光这个节目往往要放2个小时,都是重复的歌曲,大家在等待的时间里玩游戏、说笑话,好不热闹。等到电视剧开始的时候,已经开始打瞌睡要回家了。如果忽然停电,大家也不散场,而是就地围坐闲聊。可见,当时结伴去某户人家看电视是很普遍的,电视空间还是进行情感沟通和交流的重要空间和平台。这个时期,电影在农村也还有一定的市场,偶尔也有文化队下乡放电影活动,观看的地点也一般是村里某块露天空地,电视机没有普及,自然有不少村民愿意前往观看。1990年代中期以后,电视节目不断丰富,村里逐步也有人家购买VCD、DVD等影碟机,村民想看什么电影可以到县城或买或租,露天电影已经没人观看。

院子和围墙

农村过去的居住空间是小院,几家人住在一个院子里,共用一块公共禾场,因此,几家人之间往往关系密切,相互走动极多,在吃饭时,端着饭碗就走到邻家去了。在同一个小院,妇女闲时一起边做针线活边聊天,东家长西家短,无所不谈,既增加了生活中的趣味,又扩大了见闻,还形成了村庄中的舆论。当然,因为闲话聊天而出现的冲突也是不断。

分田到户以后，经济条件大为改善，子女长大成人后，小院也不再能住得下，年轻人搬到外面建房，而老年人则仍然留住小院。到了现在，若小院还在，小院就成了村庄中老年父母的住所，而年轻人建的新房则大都是独家院落，这个独家院落的前面建有一个天井，用一堵院墙在住房门前围起来，这样可以使住房更加安全，同时又将自己的房子与外面隔开，成了相当独立的空间。而小院则是没有这种独立空间的，因为小院的天井是几户人家共同拥有的，且正是因为几户人家共同拥有，而使小院以外的人也可以自由进入。小院至少是一个半公共的空间，而用院墙围起来的住房则是完全的私人空间。相对于小院等半公共的空间，用院墙围起来的个人住房就减少了人们在一些聊天说话的机会，人们更加可能通过在小家庭里家庭成员间的说话来打发时间，而不是聚在一起说闲话。

当然，人们仍然可以串门。几个妇女聚到一个人的家里，边聊天边做针线活，或边打麻将边聊天，是很惬意的事情。用围墙围起来的住宅增加了人们串门的心理成本，以前的小院是公共场所，谁都可以进出，在个人住房中则不再存在这种可以自由进入与退出的机制了。以前相互串门聊天，可以是所有刚好有时间的人们，现在则是只有关系特别好的朋友才聚在一家说话。

精致的装修

如今，即使是关系好的朋友也不大聚在一起说话了。因为近年来，村民经济收入提高很快，家里都进行了装修，到别人家串门，总担心将别人家的环境搞得脏乱差，而别人来自己家串门，打个麻将，就不再只是影响家庭生活，而且往往要收拾很长时间才能恢复原样。家里装修得越好，就越是需要干净卫生，而外面的人来得多，家里就越搞得乱成一团，再收拾起来，十分麻烦。

装修是村民不串门的一个重要原因，但并非根本原因。精致装修所形成的这样一个闲暇空间发挥着一种"区隔"的作用。而在这种"区隔"作用得以发挥的背后,更重要的原因则是伴随农村经济发展的村民之间的经济收入分化。之前大家经济收入比较平等,心理上就比较有安全感,就不怕将自己的家庭暴露在其他来串门的村民眼前。随着经济收入差距的扩大,村民中的心理落差越来越大,不平等感增强,穷人担心被人看不起,心灵脆弱而敏感,经济条件好的村民则说话时往往缺少顾忌,不能设身处地地感受对方,大嘴一张就伤害了人。因此,村民越来越不愿意让自己的家庭暴露在其他人面前,他们要维护自己的面子,守住自己的空间。

更进一步地,因为经济分化,经济条件较差的农户,不仅户主有自卑感,而且娶来的媳妇也觉得抬不起头,她们白天到工厂上班,晚上则闷在家里看电视。她们不愿向别人展示自己的内心世界,村民也不愿走入她们的内心世界。而一个家里有一个这样的年轻媳妇,就有了一双对任何来串门的人保持警惕甚至怀疑的眼睛,在这双眼睛的观察下,来串门的人会不自在,串门简直是受罪,在这种情况下还聊什么天呢?

路边的小店

许多村庄的路边都有小店,在卖些日常生活用品和杂货的同时,如今还承担着为村民提供聚会场所的功能。在小店这一新的公共空间里,大家交往的主要方式是打麻将和打扑克。店主依靠提供空间向打麻将和扑克村民收钱,每个人半天要交 5 元左右。而村民则是为了娱乐,大家乐此不疲。

在泉村,小店设麻将室的历史是与麻将走出村民家庭,村民不再串门的历史同时发生的。小店的"麻将化"与农民家庭的私人化则是同一个进程的两个侧面,两者之间有一定的因果关系。小店麻将化,成功地填补上农民因为串门减少而带来的公共生活的缺憾,或者说农民串门减少促使了小店的繁荣。

除了小店,在夏天,村头的大树底下、村边的水库边上,这都是村民聚会的好场所；在夜晚，村民一起聚在那里，一边乘凉一边聊天。这种大树底下、水库边上的聊天，可以随时进入，也可以随时退出，愿意讲的就多讲，想听的就听，没有人可以限制其他人的进入和退出，同时也不用担心看别人的脸色。而到别人家里串门，就不只是可能看别人的脸色，而且也不是可以想进入就进入、想退出就可以退出的，且因为有人来串门，而使户主不得不改变计划来陪人聊天。这对于现代有主体性的人来讲，被动地陪人聊天，实在是很难受的事情。

小店也是公共空间，也不可能限制任何人的进入和退出，任何人进入和退出，都不用看别人的脸色。当然，若要打麻将，那得支付台费。同样的道理就是，只要支付了台费，就没有任何人可以限制你的娱乐。除非没有人愿与你打麻将，那是因为你牌风不好，这是你自己应该检讨的事情。

无论是小店，还是大树底下和池塘边上，都是公共场所，较之于围了墙的自家小院子、精致装修的房间中存在的那种"区隔"，这些场所的区隔性是比较弱的，许多人都能较为自由地进出，这样的场所在很大程度上弥补了农村中因闲暇空间的区隔作用而导致的公共闲暇空间不足的问题。不过现在，在这些人多口杂的地方，人们聊天多半只能聊天气和一些无关紧要的趣事，而不大可能聊那些敏感问题。人多口杂的地方，不能乱说，乱说会出大问题的。在这些公共场所，村民即使仍在聊天，他们聊天的内容却已大变。真正敏感的有村庄生活内容的闲话，现在变成只能在家里说说，在夫妻之间说。但夫妻之间的闲话，就不是什么闲话，因为不会传播，也不构成公共的舆论，这种闲话也就是夫妻的悄悄话而已。最近10多年，随着经济的发展、生产方式的改变和生活方式的变化，农村中生产闲话的场所也发生了改变，从而使闲话本身也发生了变化。

改革开放以来，尤其是世纪之交，随着小院逐步退出历史舞台，农民家庭装修普及和其他各种原因（主要的一个原因是经济分化导致的心理变化），而使农民之间的串门大大减少，很少再有一群妇女聚在一户家中边做活边聊天,越聊越投机,越聊越深入,且越聊相互感情越深厚。村民现在不串门了,以小院和串门聊天为典型的带有半公半私性质的村民闲话空间到现在发生分化,公私分离,私的部分就私到了夫妻之间,私到小家庭层面,公的部分就公到人多口杂不能乱说的小店或大树底下,以前那个构成闲话生产传播最佳场所的半公半私的小院或串门聊天,现在已经不再时行,闲话失去了自己的生产与传播空间。于是,"闲事"没人管了,谁也不愿管闲事了,相反,"管闲事的倒落了个不是"。管闲事是一种文化,它需要社会舆论的支持。管闲事是一项公共事务,具有公共性。现在管闲事变成了干涉别人的私人空间、干涉别人的私事。个人变得很重要。管闲事不落好,管闲事不再是大家积极提倡鼓励去做的事情,管闲事的人有时也被认为是傻瓜。①

此外,就连村干部也不愿多管闲事,且村干部的闲暇多在村外度过。不少村民表示根本不知道现任的村干部是哪一位。其实,泉村近几年都是"老好人治村",②因此,可以说村庄隐形的政治空间也在悄然变异。据泉村现任村主任讲,领导班子中不少人不愿当干部,工资低又得罪人,平时做事不涉及自身利益,都非常消极。有些人只是将担任村干部作为一种无法外出打工的副业,最多就是选举时出来跑跑关系,平时"你好我好大家好",并没有实际作用。"老好人"治村以不得罪为主要行动标准,导致村庄中的大量矛盾长期积压而无法得到解决。这也使得村干部与村民间的区隔进一步

---

① 参见贺雪峰:《乡村社会关键词》,山东人民出版社2011年版。
② 详见华中科技大学中国乡村治理研究中心2012年文化调查报告。报告撰写者龚维刚、李祖佩等。所谓"老好人",是指随和厚道、不愿得罪人、缺乏原则性的人。对于这种人的处事风格,毛泽东给了精到的解读,"事不关己,高高挂起,明知不对,少说为佳,明哲保身,但求无过;见群众不宣传,不鼓动,不演说,不调查,不询问,不关心其痛痒,漠然置之;见损害群众利益的行为不愤恨,不劝告,不制止,不解释,听之任之"。除了奉行不出事逻辑、不得罪逻辑之外,"老好人"善于利用手段平衡各种关系,以此实现自身利益空间和权力稳定,同时回避矛盾,行事缺乏原则性。因此可以说,"老好人"的"好"绝不是按照规则办事,服务村民的"好",相反地,是无视原则的"好",与当前服务型组织的构建要求存在本质的区别。"老好人"治村现象的产生是多重结构性矛盾共同作用的结果,具体而言,既有税费改革及其相关系列影响下村庄治权弱化、村干部利益空间萎缩等制度层面原因,又有在宏观制度变迁背景下村庄社会变迁和内生型力量彰显等因素存在。

拉大。

　　闲话失去自己的生产与传播空间,是与新的生产方式和生活方式,以及经济发展和经济分化紧密联系在一起的。在这个过程中,特定的闲暇活动空间发挥着"区隔"的作用,进一步明确和固定了人与人之间的差别。这种基于经济实力、社会地位等方面所形成的差别,使得在当前特定的闲暇空间中形成了人与人之间的一堵"墙",阻隔着农民之间的交往,也阻隔着村庄公共舆论的传播,从而也建构出了新的社会关系和农民的行为选择模式。但这并非说村庄中没有公共话题了,只是闲暇公共空间中的话题开始发生转移了,越来越远离村庄本身。现在,闲暇公共空间中话题的转移并不是离村民远了,而是更近了,公共话题的转移反映了村庄生活面向的转向,村民的注意力集中于更为斑斓多彩的外部世界。农民在闲暇公共空间中关心的是城市,是国内国际大事,是电视剧里的"家长里短"。这种外部世界中的信息在村民心目中比村里的事情更加有价值,更有意义。①

　　闲暇空间的区隔制造了时空的规定性与排斥性,公共空间不再具有公共性,即使串门也是在特定的时间、特定的空间,串门不再是随意的,聊天也自然不是亲密的,而是互相的寒暄。村庄不同层次家庭更不会互相串门,串门成为一个私人性事件,看私人关系的好坏。这种私人关系多数是看村民私交,或是刚好聊得来的邻居;或是关系比较好的同学关系,这些都超出了村庄之外,具有很大的随意性和不确定性。闲暇时空的规定性和区隔无疑带来了村庄人际关联的区隔。

二、人际区隔与功利化关联

　　当前,闲暇空间是一种区隔的空间,区隔的空间型塑和界定着人与人之

---

① 王德福:《缺失公共性的公共空间——基于浙东农村的考察》,《宁波市委党校学报》2011年第2期。

间的行为交往和与之相关的社会关系,①进而促使了一种共同体(社区/住区)的建构。通过闲暇空间的区隔作用,改变了闲暇的价值,并建构起与他人相连接的意义关系。这样,在当前的中国许多农村就突出地表现为人际的疏离以及人际关系的功利化。我们可以将之称为村庄中的人际区隔现象。空间的区隔,既是村庄中人际区隔的表征,也是推动这种关系得以产生的重要的物质性驱动力量。

我们可以先以城市来作为考察当前农村中这种人际关系特点的参照系。城市人口规模大、密度高、异质性高,这是与传统乡村社会的鲜明对照,都市生活就是一幅匿名大众的图景,他们与邻居们互不往来,只有为了使自己个人利益最大化时才与他人打交道。这体现出现代人的交往理性,或者交往的工具性。②

而在当前的农村,或许也正在渐渐地发生类似于城市中的这种变化。正如村民所说,现在的人眼光看得短了,都只顾眼前的利益,村民间的人情味少了。从总体上看,村民间的关系疏远了,人与人的期待变低了,交往更加理性化。村庄生活私密化是人际区隔的表现之一。经济条件提高,村民的独立性变强、互助变少了,相互依赖变得不重要。村民之间彼此认同的标准正在发生很大的变化。在许多地方的农村,"认钱不认人""有钱才有身份",这似乎成为不少农民的口头禅。在这样一些地方,过去的那种基于血

---

① 关于空间区隔与社会关系方面,布迪厄提出了文化屏障的概念。文化屏障指:不同文化身份、地位的群体,有着不同的文化资本、文化品位、文化消费和不同的生活方式及价值观念。人们在这种同质文化群体中通过交往和行动逐渐形成了一种共同的阶层文化保护和排斥意识——文化屏障——使其他阶层的人不能进入这个阶层,也使得自己阶层的人的利益不受侵犯。文化屏障有时是以外显方式作用于保护阶层,有时是以隐藏的方式排斥其他阶层的接触。像上剧院看演出、参观博物馆、听音乐会、读书读报之类的闲暇活动分布在不同的身份群体中,这些表现为特定身份群体的文化实践。特定的文化实践被符码化,只有那些可以解读这些文化符码的人才能获得这些文化实践,这样就形成了不同阶层之间的文化屏障。布迪厄在此基础上区分了三种品位圈:合法品位、中产阶级品位和大众品位。
② 具体参见[美]布耐恩·贝利:《比较城市化:20世纪的不同道路》,顾朝林等译,商务印书馆2010年版,转引自张雅丽:《新闲暇空间:现代城市商业会所的组织、消费与重构》,上海大学博士论文,2011年4月。

缘关系享有的身份与辈分不再明显,村民之间的关系交往一切以钱为目标驱动和衡量标准。在金钱为主导的工具理性下,人际之间的区隔形成,熟人社会日益向半熟人社会,甚至陌生人社会转变。在这样的背景下,空间的区隔与人际的区隔结合到了一起,闲暇空间不再是用来交流感情的,在此时此地的闲暇空间中,利益而不是村民之间的亲密感、熟悉感和感情成为核心问题。事实上,村民之间不再熟悉,不再有亲密感。村庄中人际区隔的形成带来了村庄中人的许多关系的改变和行为交往规则改变,简单地说就是熟人社会已经发生变异,人际交往中的功利性考虑更多了。

在当下的泉村,村民间关系更多的是一种功利性的关联,这种关联模式类似于陈柏峰对两湖平原乡村江湖的描述,即人们的预期很短暂,一次性的,犹如市场上的交易,讲究斤斤计较和不择手段,比如村庄里的人有能力和胆量将集镇上的混混引入庄内以解决自己的问题,破除了熟人社会的交往规则和权力支配体系。一般而言,熟人社会的交往是讲究宽容和情谊的,而陌生人社会则是冰冷无情的。混混能够入村,说明其内部的交往规则已经发生了变化,熟人社会的规则在熟人之间不再起作用,熟人之间用对待陌生人的规则体系来处理自己的问题。[1]

功利性关联解构了村庄的其他关联类型,从而使得村庄中人与人之间的关系变得越来越势利化,预期越来越短暂,人们在进行思考和行动时不会把自身和村庄的长远利害放在首要的位置,而是算计当前的得失,将当前的、狭隘的、细小琐碎的利益作为行动与不行动的主要判断准则,散失了对长期的、大范围的利害关系的考虑动力和能力,对个人、家庭和村庄都缺乏远景规划。它的血缘止于家庭、始于个人,亲不过两代人,也不像北方村落那样除了对家族的一定认同外,家族之间通过各种"关系"(朋友、把子、光棍、干亲、趣缘、业缘等)而将村庄联结起来,它的原子化使人们无法在家庭

---

[1] 参见陈柏峰:《乡村江湖——两湖平原混混研究》,中国政法大学出版 2010 年版。

以外建立起长远的关系,家庭是最基本的认同与行动单位,紧接着就是对国家的认同,在这两者之间没有第三种认同对象,个体农民只能直接对接国家了。日常的闲暇文化生活是村庄关联形成的基础条件,在特定的闲暇时间与空间中人们才有条件和动力、压力去构造、维系、强化或者解除自己的社会关联。从闲暇文化生活的变化中,我们可以清楚地看到村庄中人与人之间相互关系的变化。[①]

实际上,村庄中功利性关联向来就有之,但不构成村庄关联模式的主流,只有个别边缘群体才在相互之间结成这类关联,并为人们所不齿。改革开放初期,这类关联有所增加,但不明显,人们在村庄中仍有较强的预期。随着市场化力量的进一步深入和消费主义经济的迅猛发展,村民之间的关系越来越功利化。村庄作为传统的熟人社会正在以常人所无法把握的速度"陌生化",其表现是熟人之间相互生疏,参与村庄公共的闲暇与文化生活的人数和机会少了,进而也使得陌生社会的交往规则进入村庄,替代村庄世代运行的规则体系。明显的例子是村庄日常性摩擦减少,而极具功利目的的侵害性摩擦增多。如"骂街"等接触性纠纷退出村庄场域的同时,侵害性纠纷则不断增多,人们在饭场、牌场等村庄公共场所谈论和抱怨最多的就是村民相互之间的倾轧和报复,村庄"人情"和"面子"异化。[②] 从村庄选举中以及选举之后村干部之间的关系也可以清晰地看出功利性考虑的侵入。朋友、拜把子、干亲等都是有权有钱的人,村干部对这些人的需求越来越大,也越来越短期,从而越来越功利化。

由于村庄"公"的载体(村两委、村民小组)和家族这两个在北方村庄相辅相成的东西的弱化,村庄社会关联模式更迭的速度加快、变更的性质加深:功利性关联在村庄中迅速蔓延。在功利性关联中,人们的预期很短暂,

---

[①] 贺雪峰、仝志辉:《论村庄社会关联——兼论村庄秩序的社会基础》,《中国社会科学》2002年第3期。
[②] 杨华:《纠纷性质及其变迁的原因》,《华中科技大学学报》(社会科学版)2008年第1期。

一次性的,犹如市场上的交易,讲究斤斤计较和不择手段,而不是本体性关联和社会性关联当中的"血亲情谊"、"人情面子"。[①] 这样,越来越多的人不讲人情,不讲面子,不择手段,你算计我、我算计你的局面在村庄内部迅速蔓延。每个人都依据自己利益最大化的原则与他人交往,而不再顾及以往的人情、交情乃至亲情,什么事情都是一次性的往来,一次性结算。最终,自己人不断"外化",熟人社会走向"陌生化"。

第四节 时空秩序与个体化闲暇

闲暇文化是在闲暇时空中产生,不同的闲暇时空为村落文化的整合和发展以及村民完整的生存提供了不同的村庄秩序。对于生活在村落中的村民来说,闲暇时空和闲暇文化是一个熔炉,是村民社会化的重要中介,单个村民闲暇的集合形成了村落社会闲暇,村落社会闲暇又通过闲暇文化塑造个体村民。闲暇时空的有序组织和合理安排能给村民个体带来自我价值感、文化归属感和文化家园感,反之,则会导致精神空虚、价值失落和文化失序。传统时代,农民的时间是共有的时间、对等的时间和轮回的时间,因而对闲暇时间的态度是消遣和消磨,对应的闲暇活动选择具有集体性、丰富性、公共性的特点。随着农村打工经济发展和现代性的进入,农民闲暇时间观念发生了质的变化,时间异质化、差异性、规定性凸显,农民时间货币化、财富化,农民有了自我时间这种时间产权意识,对应的闲暇活动选择具有个体化、单一化和去公共性色彩。

费孝通认为,乡土中国的农民捆绑在土地上,闲暇是一种从土里生长出来的消遣型的经济生活,将传统乡土社会的经济形式概括为"消遣经济"。

[①] 陈柏峰、郭俊霞:《也论面子——村庄生活的视角》,《华中科技大学学报》(社会科学版)2007年第1期。

第五章 农民闲暇的时空秩序

在村里享有闲暇的人不是因为没有工作的机会,而是因为握有土地所有权,即使不劳作也能靠着不劳而获的部分来维持生活。这种消遣性的心态与西洋社会大为不同,西洋社会的经济价值最大化伦理观使得他们在闲暇生活中也期望以"最少的痛苦来换取最大的快感",是从快乐主义的基础上发展起来的苦修主义。"……依这种说法,人类行为可以很明白的分为两类,一类行为的目的是在忍受现在的痛苦创造将来可以享受的效用;一类行为是享受的本身。"禄村属于后者,消遣经济是以控制消费或者是消费的欲望为前提,追求现在的快乐。[1] 乡土社会的生产方式、生计模式和土地占有状况都促成了消遣性闲暇的产生。

此外,在一个封闭的农业型社会,农民共同参与社会生产,日常生活中交往密切而频繁,共享一套对等的社会时间和社会空间。正如费孝通在《乡土中国》里所描述的那样,"乡土社会是一个熟悉的,没有陌生人的社会。熟悉是从时间里、多方面、经常的接触中所发生的亲密的感觉,这感觉是从无数次的小摩擦里陶炼出来的结果"。[2] "乡土社会的规矩是习出来的礼俗。从俗即是从心。乡土社会是从熟悉得到信任。乡土社会的信用不是对契约的重视,而是发生于对一种行为的规矩熟悉到不假思索时的可靠性。"[3]甚至,"不但对人,他们对物也是熟悉的。一个老农看见蚂蚁在搬家了,会忙着去田里开沟,他熟悉蚂蚁搬家的意义"。[4] 村落日常生活和劳作基于最基本的性别分工体系来安排。农民的社会时间具有季节性、交替性、轮回性,这种共同参与的社会时间相当重要,熟悉和共享的时空是共同体存在的前提。这种特定的经济制度、生计模式、生存伦理下形成的闲暇是整体化的闲暇,这种闲暇就是田间地头的打情骂俏,没有对时间价值的算计,劳作就是闲暇,闲暇时也可以劳作。

---

[1] 参见费孝通、张之毅:《云南三村》,社会科学文献出版社2006年版。
[2] 参见费孝通:《乡土中国·生育制度》,北京大学出版社1998年版。
[3] 同上。
[4] 同上,第10—11页。

消遣经济形态下产生的整体性闲暇是一种共同的、有预期的闲暇时空秩序。这种秩序不仅满足了传统乡土社会农民的社会性需求和情感寄托，而且能够生产公共性，具有社会整合、关系建构和价值生产的功能。村民在消遣性闲暇社会交往中形成的人际关联模式是一种本体性的关联。本体性关联是指由一个祖先传递下来、拥有共同血缘的人们结成的一种关系模式，它旨在探求一种超越性或本体性的价值，给人们提供一套关于生活和生命最根本意义的定义体系和目标系统。在传统农村，一个人之所以存在及其存在的意义即在于传宗接代，延续香火，荫蔽后世，生活中的一切都围绕此而展开，只要能完成此任务个体生命存在就有价值，就获得了意义，今生死而无憾，可以盖棺论定，入土为安了。因此，本体性关联要解决的是人们的超越性价值，是涉及人生和生命根本意义的问题。在北方多姓共居村庄，一个理想意义上的家族就是一个完整的具有本体性关联的团体，它的根本目的就是要为人们定义和提供本体性的价值和意义。在一个血缘的家族内部，每个个体都与家族的历史和整个家族共同体联系在一起，将整个家族当成一个强力认同单位，而相对于村庄而言，家族在其成员的心目中是"私"的利益和情感共同体。

但是随着社会的急剧变迁，特别是进入21世纪之后，从国家制度到社会结构迅速变革和转型，作为北方村庄本体性关联最大的关联单位也是基本认同与行动单位的家族正被各方力量和因素挑战和肢解，其内部结构变得松散而缺乏整合力，人们的关联强度越来越弱，甚至濒于崩溃瓦解。如果将家族作为理想意义上的、完整的本体性关联模板的话，那么，村庄的本体性关联从强度到范围都正处在变动的过程，强度渐趋弱化。一个可以预计的变迁趋势是：家族—户族—小亲族—联合家庭—个体家庭，关联的范围越来越狭窄，人际之间的关联性越发松散。消费主义和市场经济带来村庄经济社会分层凸显，社会性竞争不断加剧，农民闲不下来或者闲而不暇，处处感到竞争和消费的压力，消费主义带来的是一种新的闲暇时空秩序。

闲暇时空秩序的转变不仅作用于村庄熟人社会客观的诸方面,而且有力地作用于其主观的诸方面。熟人社会的一大特征就是血缘关系把整体联结成一个相互交融的集体人格,每个村民没有独立的人格,在闲暇生活方式的选择上缺乏独立性和自主性,他们均在集体人格和集体生活中获得自己的存在。市场经济的发展使得村民个体日益卷入社会生活,同时也唤醒了他们的个体意识和个体人格。伴随着私人化闲暇的兴起,乡土社会的集体人格不断萎缩,走向个体化。这种人格的变化体现在诸多方面,如超社区关系和圈层关系的发展,权威、资本和权力观念的变化,效率观念的加强,消费和社会性竞争意识的确立等。由此,市场经济和消费主义统摄下的现代化成为不可抗拒的力量,把个体人格从家族集体人格上剥离下来,从而造成村庄熟人社会集体人格的淡化,也进一步瓦解了闲暇的公共性。从某种意义上说,当个体化的人格意识成为较为普遍的意识时,村落熟人社会秩序的规定性就会改变。可以说,在新型闲暇时空秩序的作用下,个体化的人格将是村落熟人社会正在遭遇的最大变革,社会性闲暇也将遭遇到最大的威胁。

第六章
个体化闲暇兴起的根源

农民闲暇的变迁根源于农民的分化。改革开放以来,中国越来越以一种配合的姿态进入全球化体系中,因此,也日益受到全球化浪潮的影响,在经济态度上,人们日益接受消费经济的理念。在这种消费经济理念的驱动下,财富、消费成为面子和权威的基础。另外,随着农村社会流动的增加、就业的多样化、社会经济的分化,农民的异质性大为增加,村庄经济社会结构和农民心态及价值世界均发生了前所未有的分化。总体来说,农民分化主要表现在3个方面:一是经济分化;二是社会分化;三是价值观分化。这些变化是私人化闲暇兴起的根源,3种分化类型既彼此独立,又相辅相成,相互影响和促进。

第一节 经济分化与农民闲暇变迁

经济分化是影响村庄社会分层的基础要素,也是型塑村庄社会结构的基础要素。传统中国乡村社会也有经济分化,但是经济分化却不构成农民生活的中心,不构成农民的身份差异和区隔的主要因素。当下,经济上的分化不仅可以拉开贫富之间在住房和消费上的差距,也可以拉开农民在社会交往上的差序结构,经济分化甚至还可以生产面子与权威结构。① 经济分化所带来的村庄经济分层、社会性竞争和消费压力,是闲暇变迁的直接诱因。

一、"闲而不暇":村庄经济分层与社会性竞争

前面章节已对打工经济所带来的社会流动和职业分化如何改建了闲暇的时空秩序做出了分析,此处将重点分析村庄经济分层所带来的社会性竞争和消费压力对闲暇变迁的影响。

近几年,随着当地经济的大力发展,泉村发生了翻天覆地的变化,泉村农民从从事农业劳动、收入水平相对平均的群体,分化成为从事多种职业、收入差距不断加剧的不同阶层。泉村各家庭间已完全打破血缘的束缚,不同阶层间形成了高度的"面子"竞争关系。村庄经济分层带来村庄不同收入群体的闲暇交往和闲暇生活方式的差异和区隔。

村庄富裕阶层、中上阶层、中等阶层和中下阶层以及边缘人的闲暇方式和进入场所完全不同。以村庄经济精英和政治精英为代表的富裕阶层,他们的闲暇几乎不在村里度过,更多在村外、镇里和县市进行人际交往和编织关系。他们的闲暇并非真正的闲暇,而是一种利益交往。而交往的主体双方关系非常丰富,如领导关系、同学关系、战友关系、同事关系、业务关系,等等。他们身兼多重身份,不完全是真正意义上的农民,只是住在村里而已。而他们的居住场所,其环境和房屋装修都非常豪华,跟普通村民有着截然的区别,这进一步标记了他们的身份,他们的闲暇交往是有明确目的的,他们偶尔也会一掷千金去专门的场所休闲,比如城市中的娱乐场所、郊外钓鱼、外出旅游等。这是以一定的经济条件为基础的闲暇方式,当然,这只占泉村的极少部分。中上阶层主要包括村里做小生意、养殖大户、包工头以及一些技术工人,他们实际上几乎没有闲暇时间,他们是最忙碌的一个群体,同时

---

① 宋丽娜、田先红:《论圈层结构——当代中国农村社会结构变迁的再认识》,《中国农业大学学报》(社会科学版)2011年第3期。

他们之间的竞争也是最激烈的。村民赵大舟过去是村里一个普通的水电工,近几年随着县城房地产事业的迅猛发展,他的一技之长得到了充分的发挥,组建了一个装修队伍,成为一个小包工头,近两年在县城买了房子也买了一辆大众汽车,面对我对闲暇的提问他的回答颇为戏谑:

"都忙得要死,都往上看,活都搅不过来,经济社会哪有时间闲扯啊?机会来了就要抓住机会,老板对我们都不错,给我们机会做事情,万一哪天再来经济危机,没得事情做,那不可惜嘛。现在社会不能跟过去比,都去闲暇了,经济还怎么发展?!大家都在搞经济,经济不就这么地上去的嘛……"

再如村里53岁的修老四,他对闲暇时间安排很具有代表性。

修老四从2001年开始接触中国人寿,现在已经是中国人寿公司镇分区的经理。他们夫妻两人一起搭档做保险,不仅在村里建了楼房,且今年在城里买了楼房。笔者调查期间多次找他们访谈,找他们访谈通常是坐上他们的小车,跟他们一起拜访客户。他们的工作内容是每天找人聊天以推销保险。夫妻俩每天早晨5点起床,将家里打扫得一尘不染后(据妻子说这是他们家的名片),吃个早点就立刻开车出门,上午转悠拜访几家,中午并不回家吃饭,下午拜访几家,直到晚上才回家。吃完饭就打开电视机,修老四最喜欢看的是国际频道。他喜欢了解国家大事和国际形势。夫妻两人几乎不到本村串门,也不大喜欢村里人到他家串门。串门后要打扫好一阵时间。修老四家有三个孩子,两个女儿一个儿子,放假都是在家看书、看电视,修老四的妻子总是很自豪地告诉笔者:"我们家的孩子都不喜欢出去玩,我们放假了,一家几口人都在家,暑假装了空调,都在家吹空调看电视。不喜欢跟很多人混在一起。我们家孩子都很听话,全家人都买了保险,三个孩子都有教育保险,我们夫妻有养老保险,城里房子也装修好了,我们夫妻都能忙,以后谁嫁到我家,那是很有福气的呢……"

显然,中上阶层将时间看得非常宝贵,正是如此,他们跻身于村庄的中上阶层,并且生怕滑下来。从修老四的例子可以看到,对耐用消费品、教育、居住地等方面的投资,是农村阶层"区隔"的一种表现,更是对阶层身份的消费符号编码,它为每个阶层提供了一个明确奋斗的"标的",不在一定期限内获得俘获"标的",就会产生被区隔的"耻辱感",因此他们闲暇时间并不闲。当然,他们偶尔有闲暇时间,会在村里露面,不是特殊事情多只是点头打招呼罢了。

占泉村绝大多数的是中等阶层,主要由普通打工阶层和种地的农户构成。这部分阶层闲暇时间相对较多,但他们的闲暇时间被一种无处不在的压力笼罩着。村民王阿来就跟笔者说:

"都是一个庄子的,总不能过得太差吧?大家都是比着过日子。不是身体不舒服都想找事情做,我和你婶都有腰椎病,干不了重活,在家里干着急啊。田地都差不多,人家喜事办得热热闹闹,房子搞得漂漂亮亮的,家具、电器什么都有,自己家里却搞得乱糟糟的,都是个人,怎么能够比别人差呢?我们夫妻两个不争气,自己又生病,没有办法……家家户户房子都搞得好,城里买了那么多房子,我们就是买不起啊,共产党政策好,我们享不到了……"

村落经济分化带来阶层之间的竞争,使得每个阶层都承受着竞争的压力,而压力最大的是实行"赶超战略"的中等阶层和中下阶层。中下阶层的竞争压力最集中,因为他们的家庭收入较低,而家庭的刚性支出较大,再要"赶超",压力确实大。比如,在中上阶层有能力将子女送到县城上学,而中等阶层、中下阶层为了不使自己的子女输在起点上,也要努力将子女送入县城,这无疑徒增了他们的支出。压力再大,也不可能退出阶层间的竞争体系,成为不要"面子""脸面"的人,于是拼命地往中上阶层"制造"的符号标杆中挤。而中上阶层则要不断地制造"标杆",以证明自己,或不被赶超。农村的摩托车、彩电肇始于中上阶层,时下已经普及;洗衣机、空调、冰箱正在中等阶层中普及,可以想见,不久便会占据中下阶层的居住空间。

在这个高度竞争的体系,大家都胆战心惊地生活着,闲而不暇,如坐针毡,生怕赶不上人家,落在人家后面,或者稍有不慎,就会掉入下层,被人看不起。一旦在竞争中被甩出去,在这个阶层结构中就没有一席之地,在村里就没有面子、地位和说话的分量,得不到他人的尊重,甚至为他人所鄙视,"吵架时也抬不起来头"。说明高度竞争的阶层体系,实质上是一个高度地位焦虑的体系。下面是如今属于中上阶层的赵小玉女士对过去闲而不暇的焦虑状态的叙述:

"那时候家里穷哪里能闲得下来?家里条件差自己一分钱都舍不得花,都要省给儿子用,打工挣不到钱,回到家都感觉没得面子,就不愿意在村里待着。没有钱还闲待着就遭人家笑话,都一个村的,能不看笑话?怕人家说懒说没本事,(村里生活难免)磕磕碰碰的,跟人家吵上架了,拉不开架势,人穷志短……你想想,人家高楼大厦的,城里房子买了,家里搞得亮亮堂堂的,跟人家吵头都抬不起来。光在家里生闷气,跟老公吵、跟婆婆也吵,吵了没用,在家就是干着急,气急了出去打工就不回来,过年也不回来,回来没得面子啊。现在楼房建好了,装修都搞好了,闲下来的时候才能有点儿闲心……"

对于村庄里的农民而言,富裕阶层不是"面对面"的群体,他们的闲暇几乎不在村里度过,因而不是竞争的对象。中等阶层与中上阶层的竞争很激烈。对于中等阶层的农户来说,他们绝对不甘心落后中上阶层,因为他们起点最接近:他们的土地占有量、最初的资本、关系网络,以及个人能力被认为相差无几。中等阶层的农户会努力使自己成为中上阶层的人,并且,要跃升到中上阶层,也不是遥不可及;即便他们认为自己比不上中上阶层,也会努力让下一代比中上阶层的下一代强。中下阶层与中等阶层的差距最近,并且常年在村庄里面对面打交道,事事都向中等阶层靠拢。而且,中下阶层即便一时没有达到中等阶层的水平,随着时间推移,如随着子女长大外出务工,而自己则在家种好7~15亩地,还经营其他副业,基本上也可以达到中等阶层的水平。对于处于较高阶层的中上阶层和中等阶层来说,除了继续努力攀升、警惕被人轻易赶上外,还要努力防止掉入下层。这样,每个阶层都"勒紧裤带"参与竞争。农民并不只是在为自己以及自己家里"过日子",还要"过给别人看"。"人活一口气""不吃馒头争口气""十年河东十年河西",这些都是农民"比着过日子"的形象表达。特别是在当前农村日益分化的情况下,很多农民更不愿意自己家的日子过得处于村里的"下层"。

农村各阶层在社会性竞争中对未来地位提升的渴求与担忧,对未来的不确定性与地位下降怀有恐慌感与焦虑感。我们调研发现,地位焦虑在不同阶层的农户中有不同的分布。在底层社会资源匮乏、发展空间逼仄与生活空间局促的大环境下,相对而言,拥有更多物质资源、机会资源和社会关系资源的上层农户,其地位焦虑较少,释放焦虑的手段、途径、空间也较多;而处于下层的农户则因各方面资源的缺少,其地位焦虑就会更强烈,释放焦虑的选择空间有限。这种地位焦虑和社会性竞争的心态使得泉村农民即使有闲暇时间,也难以有闲情逸致。经济层级中处于上层的家庭在闲暇生活中通过各种方式炫耀、摆阔,闲暇交往中则多到村外经营关系、进行利益交往。而经济处于下层的家庭则盛行"气人有笑人无"的恶性竞争心态,并试图通过一切方法跻身上层。21世纪以来,农民的一个重要体验就是生活中处处离不开钱,老百姓现在都说,"现在不缺吃了,就是缺钱"。这种情况下,自然导致人们向"钱"看,也导致了村民之间的关系发生了变化。"以前找人帮忙很容易,现在找人帮忙都推托,人的关系都金钱化。"即便是办人情这种原本具有互助、联络感情的公共性的仪式时间也演变成赚钱的工具性时间。在整个社会货币化的大环境中,社会性竞争和消费压力无处不在,有钱可以支付交往朋友的成本,甚至有钱了别人对自己说话的语气都会改变。"当金钱成为一种强有力的判别标准的时候,村庄中的经济分化就成为了一个实实在在的社会分层了。"[①]

[①] 宋丽娜、田先红:《论圈层结构——当代中国农村社会结构变迁的再认识》,《中国农业大学学报》(社会科学版)2011年第3期。

二、消费压力与闲暇变迁

经济的分化带来无处不在的消费压力,泉村各阶层结构都表现出了高度竞争性,这种竞争关系必然型塑其独特的村庄政治社会形态以及日常生活方式。社会性竞争以家庭为单位,主要围绕着村庄社会的地位与身份展开。在村庄社会生活层面,这些竞争主要表现在对物质与文化产品的消费上、闲暇生活方式的选择上,并已成为各阶层凸显自己的特殊符号。

对于一般家庭而言,生活成本越来越高,如果不外出打工而只是在家度过空余时间,一家的生活很难得到较好的改善。"比着过日子"已成为许多农民根深蒂固的想法。如果自家的"日子"被别人家比下去了,这就会让许多农民感到非常焦虑,会觉得在村庄里"抬不起头"。

经济条件稍好的家庭则在日常消费上展开激烈的竞争,落后于别的家庭就会很没面子。在这种竞争过程中,各阶层注重与其他阶层、家庭的区隔(distinction),或者至少不落后其他阶层和家庭,甚至有很多村民认为跟"时间不值钱"的老人群体或者村庄边缘户在一起聊天或者娱乐是一件很没面子的事情,经济条件好的青年理所当然地选择到县城休闲消费。

日常生活中的消费行为是展示自己地位、身份最直接的方式,经济处于上层的农户以此彰显经济能力,宣示与其他阶层尤其是中下层的差异,他们的收入来源、生活方式以及社会身份已经与农村完全脱节。他们试图通过种种方式证明自己的身份高人一等,这种炫耀体现在日常生活的方方面面。笔者调研期间,村民周某就很自豪地说起他家里虽然有地,但已经全部出租,现在吃的粮食全部是买的粮食。每逢过年,打工回村的村民在比较过各自的收入后,总是在消费方面试图高人一等,以证明"自己或家人在外确实混得很好"。在消费已成为代表身份符号的时代,农村各阶层的社会性竞争也锁定在一些给人感官刺激最大项目的消费上,如居地与房屋的选择、子女就读学校的选择、娱乐休闲方式的选择,以及耐用消费品的选择上,等等。

具有消费型经济态度的村民在日常消费中没有上限,电视机、摩托车、电动车、洗衣机、冰箱、空调等现在都进入了农户家中。无处不在的、每时每刻的社会性竞争渗透并改变了人与人之间的关系。竞争中顺利胜出的农户在市镇、县城买房;中等农户因为机会的有限,不断调整劳动力投入、精打细算、压榨老人;一些被竞争甩出的农户干脆破罐子破摔,沉溺于赌博或寻找更刺激的方式。

消费的经济态度是现代经济的逻辑,村民陷入这种逻辑中就很难跳出来,比如不修好楼房就没有办法娶到媳妇。然而这种消费方式是没有上限的,比如 1980 年代当地兴起修砖瓦房、1990 年代砖瓦房被拆掉修平房,2000 年以后村里兴起修楼房,现在有在楼房的样式、装修上显示意义,砖瓦房、平房、楼房每一种都可以至少住几十年,但是不到 10 年都要拆掉重修,并且这种更新换代的周期越来越短。房子是越来越昂贵并且越来越耐用,但是使用的寿命却越来越短,村民陷入了一种"恶性"的消费逻辑中。其实,村民经济能力的提高并不能赶上类似房子更新一样的消费增长,可能一套房子需要 5～10 年的努力才能够造起来,但是不到 10 年就又落伍了,村民在这种"恶性"的消费逻辑中不堪重负并苦苦支撑。

农民已经彻底被卷入市场化的浪潮中,娱乐休闲更是走向消费性,"现在玩就是玩钱,没钱就不是玩,也没什么好玩的"。村民不得不通过消费获得生活意义,比如调研中有些村民都认为,有钱不花别人又怎么知道,那样有钱又有什么用。多数农民都深陷于"不消费就不是闲暇"的误区之中,这也极大地提高了闲暇生活的经济成本,进一步促使越来越多的农民更倾向于以市场中消费主义的态度和方式来度过自己的闲暇时光。但以这样的方式来度过闲暇,其实则是要用钱"堆出来的",也体会不到闲暇的真正乐趣。以下是在外打工多年现年 38 岁的王大宝对闲下来打牌有关赌资的看法:

"挣钱就是用来花的,不花挣那么多钱干吗?!我要赌就赌上千,几百几十我不玩,小打小闹有什么意思?都老头老太打这些小的,我们要玩几十的不遭人笑话吗?现在赌得都大,一条龙服务,既然到牌馆里来了,那就是要消费的,消费不起的人不会到这里来。过年好不容易聚到一起,哪个不是几百几千的,几十块钱的一看就知道是一些爱玩的老妇女下的(注),男的放个几十块都是瘪三,遭人笑话的,要么你就不要往里面挤……"

泉村青年陈大柱20岁生日时,父母为他在县城买了婚房,提到闲暇时光如何度过,他说:

"村里有什么好玩?!我们要玩都去县城玩,我几个朋友经常聚会过生日,一起吃饭、唱歌、蹦迪,偶尔也去泡个脚。我家条件不算好,我朋友都在县城里做点儿小生意,我必须得去啊,每次聚会开销大,我们都争着付钱,哪个月开销大了我父母都有意见呢。我的钱根本存不下来,花都不够花。现在几乎每周都要聚,三五个人聚齐了,摩托车一开(很方便)就到(县城)了,没事情就玩呗。(但)村里确实没什么玩的了,在村里顶多就看看麻将,没什么玩的东西。"

消费的压力使得每个家庭中的中老年人不堪重负,也使得村庄中的一般收入阶层时时笼罩在无处不在的压力下,根本感受不到闲暇的娱乐性,甚至可以说闲暇时间是一种煎熬。村里的老年人体会最深,老人不仅平时感到很孤独,就是过年的时候,也不例外。调研中一些老年人聚在一起就谈论到:

"年轻人哪里能跟我们说话?年轻人说过年没意思,我们老人觉得更没意思。(儿子、媳妇、女儿等)就回家吃了饭就走了,都跟客人一样,他们要玩都到县城里玩。在村里就是个赌,赌得大,上千上万能把父母给气死,赌个面子,都想摆阔的……"

今年53岁的村民赵玉宁则对过去的闲暇生活方式非常怀念,他说道:"我们年轻的时候活动多,搞篮球比赛、拔河比赛,打牌就是打头弹子,输了就给人打几个头弹就行。那时候人真是单纯,玩起来真是好玩。就是没活动都抱在一起摔跤,挤在墙边你推我我推你的,有时候也打起来,但一会儿就好了……现在人都嫌脏,都干净得不得了,都把自己看得金贵,把孩子看得更金贵。过去玩得都投入,不分你我的,现在哪能那样玩?况且活动也没人组织,有个活动吧也没人愿意捧场,我发现现在人好像不喜欢真心的表扬别人似的,都喜欢看人笑话……"

而18岁的女孩赵静恰好与赵玉宁两代人对闲暇的看法形成了鲜明的对比,赵静家庭条件在泉村属于上层,从她小学时父母就将她送到县城读书。访谈中她提道:"我不喜欢跟村里的同学一起玩,小时候就不喜欢,她们几个在一起玩很疯,又挤又打又闹的,还喜欢掏来掏去的,你挠我一下,我挠你一下,简直就是作践自己,我觉得很没意思。我接受不了(很亲密的举动)。我喜欢安静,暑假父母给我报了一个古筝班,以后我还想学钢琴……"

这些都是消费主义逻辑下闲暇心态的真实写照,不难看出消费压力使得村民变得异常理性,一些村民在闲暇消费中开始进行精心的印象整饰,[1]以显示出自己不同一般的身份。传统村庄出于对乡土秩序和生产至上的价值观念的维护,非常排斥那些迷恋非生产性的时尚、经常有消费的冲动的人,认为这些人很"假",现在不懂消费则被认为"老土""很傻"。传统时期的那种具有亲密感的闲暇已经不复存在,闲暇的快感只能从消费中获得。于是,不同年龄段的人一年四季几乎都在不断地忙碌之中,这是一个缺乏闲暇意识的村庄。他们在不断努力地劳动着,不断地减少自己的闲暇,拼命地挣钱,然后挥霍地消费。在此过程中,闲暇生活中原本具有的单纯的情感交流和身心满足渐渐地被当下表面的显富炫耀心态和贪婪的物欲所取代,正如泉村农民自己所说,现在的闲暇生活再也感受不到踏实感,消费压力和恶性竞争彻底瓦解了村庄的公共性。

---

[1] 参见[美]戈夫曼:《日常生活中的自我呈现》,冯钢译,北京大学出版社2008年版。

第二节　社会分化与农民闲暇变迁

一、闲暇交往圈层化、阶层化

村庄经济分层与人际关联方式的互动又进一步带来并加剧村庄社会分化，这也进一步型构了村庄社会结构。血缘、地缘关系也已经不是农民生活交往的唯一选择，血缘、地缘为基础的闲暇交往中的社会性和公共性标准日渐消失，以个体能力、喜好为表征的个体性标准逐渐凸显出来，个人可以更多地根据自身的经济地位、能力强弱、性格偏好等各种个体性因素建立自身的闲暇交往圈子。

梁漱溟、费孝通认为中国社会是以伦理为本位的社会。梁漱溟直接指出中国社会秩序是以"伦理本位"为基础的，这是从社会规范的意义上来说的。① 费孝通则用"差序格局"来概括中国社会结构。② 无论是伦理本位，还是差序格局，都表明中国社会与西方意义上的阶级阶层社会有明显的差别。事实上，"差序格局"指出了中国社会人与人之间最基本的结合方式是从社会结构的意义上来说的。而"伦理本位"则指出了中国社会人与人之间在社会交往过程中遵循的基本准则，是从社会规范的意义上来说的。二者恰恰是社会的一体两面，即传统乡土中国的结构是"差序格局"的整体结构，而在此结构背后，伦理本位发挥着规范人们行为的作用。

传统社会中，血缘地缘关系是村庄中的主导关系，个体镶嵌在村落文化和血缘脉络中，每个人一出生就被决定了他在这个等级系统中的地位，每个人根据其在血缘上的亲疏远近排定地位。血缘地位是不能逾越的，而社会地位则是有可能逾越的。因此熟人社会是一个讲规则的社会。"费正清作

---

① 参见梁漱溟：《中国文化要义》，学林出版社 1987 年版。
② 参见费孝通：《乡土中国·生育制度》，北京大学出版社 1998 年版。

为一名在西方文化下生长的学者,对此有深感,他在分析中国社会的结构时说:在大家庭里,每个孩子一生下来就陷在一个等级森严的亲属关系之中,他有哥哥、姐姐、舅母以及姑母、姨母、婶母,叔叔、伯伯、舅舅、姨夫、各种姑、表、堂兄弟和姐妹,各种公公、婆婆、爷爷、奶奶,乃至各种姨亲堂亲,名目之多,非西方人所能确记,这些关系不仅比西方的关系名义明确,区分精细,而且还附有按其地位而定的不容争辩的权利和义务。由此发展出来儒家的正式规范——君为臣纲,父为子纲,夫为妻纲。"[1]

  在传统乡土社会中,血缘地缘关系是主导性关系。可以这么说,对于个人而言,其所周遭的不是血缘关系就是地缘关系。生活于村庄中的人,从其懂事开始到入土为安,其一生都要学会如何与血缘地缘关系相处。会为人处世的,这个交道就打得好,生活就会很顺当,如果不领会其中的要义、不会处理人际关系,其生活就很可能遭受诸多不必要的烦扰。在所有社会关系中,血缘地缘关系不是唯一的,但只有将血缘地缘关系放在首位,其他的关系才能得以平衡。由于血缘地缘关系涉及闲暇交往和村庄治理的各个方面,而且往往起着决定性的作用。比如在村民矛盾纠纷调解中、水利合作灌溉中,以及建房、红白事等一系列社会性事务中,都难免会牵涉到血缘地缘关系。这些问题看似简单,但如果处理不好,就会使问题更加复杂化,甚至引起打架斗殴乃至世仇等。传统乡村社会中的一般处理办法是,将这些公共事务转化为血缘地缘内部事务,由村落或家庭中的长老以及其内部等级体系的领头人去解决。不同血缘地缘之间的交互关系对村庄社会的影响极其重大,不仅影响日常的生产、生活与社会交往,而且影响村庄的政治社会生态,对村庄文化都起着潜移默化的作用。

  但随着血缘地缘的衰弱、阶层的分化,阶层之间的关系在人们的闲暇日常生活和村庄政治社会事务中的角色日益凸显。血缘地缘的关系对于村民

---

[1] 参见王沪宁:《当代中国村落家族文化——对中国社会现代化的一项探索》,上海人民出版社1999年版。

来讲已经不是最重要了，人们不再刻意去维系这样一个关系，因此人们的社会交往不再拘泥于血缘地缘范围内，而是在更广阔的阶层范围内进行选择。

改革开放以来，农村集体解散，从集体中解放出来的农民生产积极性高涨，个体生产能力和创事业的能力在农村社会中逐渐凸显出来。农民开始出现分化，社会流动加剧，并出现了社会性竞争，由夫妻双方和孩子组成的核心家庭成为竞争的主体，而血缘地缘关系并不是核心家庭在竞争中可以凭借的力量，有时甚至是竞争的阻力，如男子往往被拉去给兄弟宗亲帮忙而荒废了家庭的事务，这往往又与核心小家庭的利益相违背。并且，在血缘地缘内部，每家每户的起点都差不多，因此一旦被拉开了差距，落后的家庭就会觉得丢脸、没面子，因此，血缘地缘关系越近，竞争就越激烈。这样，事实上农村的分化与竞争在很大程度上是对血缘地缘关系的进一步瓦解。

随着农村流动的加速、职业分化越来越广泛、土地流转逐渐成规模，农村社会的分化进一步加剧，不同农民在家庭收入、社会关系、权力、资源诸方面都呈现出了巨大的差异，这种差异在20世纪90年代末期以后开始显现化，世纪之交以来，农村阶层层级的雏形开始出现。农民的阶层意识和地位认同也开始明晰，各阶层在生产、生活和社会交往方面的差异越来越突出，农民的闲暇交往突破血缘地缘，不断走向层级化、圈层化。这种层级化、圈层化正是在县域范围内展开，县城是一个讲究圈子、讲排场的社会，不同级别、不同排场、不同消费等级的人很难混迹在同一个圈子。圈子很重要，进入这个圈子，很多事情自然就能水到渠成。

当闲暇交往超出村庄范围走向分化时，血缘地缘关系进一步被分割成不同的阶层，不同阶层的内部有自己独特的闲暇社会交往，而处在不同阶层的同一血缘地缘关系下的人们不再按照血缘地缘的关系法则交往，而是按照不同圈层、阶层关系的法则交往。圈层、阶层之间的关系既可以是利益关系、社会交往关系，也可能是力量对比关系和政治博弈关系，圈层、阶层关系涉及多重关系和多重法则，不是血缘地缘关系能够完全统领的。

总而言之,阶层内部关系和阶层关系在农村社会的凸显必然会进一步肢解血缘地缘关系,进一步突破血缘地缘关系规范下的行为法则。分析到此,可以得出这样的结论,随着农村社会分化的加剧,闲暇交往圈子超出村庄范围,而主要以县域为圈层,阶层内部关系和阶层关系在农民的闲暇日常生活中越来越重要,闲暇交往层级化,其中个体性的因素逐渐凸显。

当下,正如前文论及,闲暇交往圈子早已超出了村庄层面,现在的闲暇圈子主要以县域为单位展开。村庄里的能人仅仅在村庄里能干已经不能称之为能人,真正的能人必须在县域范围内吃得开,上面有几个人,吃得开、摆得平。县域范围内有一个打交道的圈子,办事能找到人就会被认为是有头有脸的人。有关系好办事自古就有,然而现在的关系与过去的关系不同,现在与县城的圈子打交道的频率更高,各种关系的作用就凸显出来,比如开车交罚单、人被派出所拘留、打工办证、小孩上学、升学等都需要找关系。相对于传统乡村社会,县域社会是一个既陌生又熟悉的关系社会,找关系找人就成了普遍的需求,也给超越村庄社区的圈层关系提供了发展的空间。

简言之,农民的闲暇交往圈子逐步脱离了村庄范围,而在县域范围内展开。县域的圈子是讲消费、讲等级、讲排场的,不同等级的人只能进入对应的圈子,很难进入上一级圈子。县域范围讲关系,关系到位,事情就能办妥。在县域范围能够认识一些关键人物,很多事就能够开方便之门,甚至各行各业要想做得出色,必须"有人"。"有人有关系"就有信息有关系,农村人所谓的人脉资源就是一种县域范围的超社区关系。

二、闲暇交往中的超社区关系

社会分化不仅带来社区内部关系圈层化,还带来超社区关系扩大化,即村庄内部的关系不再是唯一的关系,甚至不再是重要的关系。以个人财力、能力和性格特征作为依托的社会分化带来个体交往圈子的分化,少数富有的农民以个体为中心不仅在村庄中形成了一个特殊的人际圈子,而且他们的社会关系已经延伸到了村庄之外,形成了一个个较大的社会关系网络,挣脱了普通农民的关系网络。收入来源的多元化和社会流动的增强都对农民的社会交往产生了根本的影响。如泉村常年在外打工的农民常常说现在的朋友是五湖四海都有,村里人反而不熟悉。比如前文提到做保险的那对夫妇,他们的主要圈子是县域范围内的客户群体,而不是村内的关系。同样,对于村里的生意人来说,他们的主要关系是他们的生意伙伴,而不是左邻右舍。而对于生活在村庄中的普通村民而言,家庭经济状况的差异成为他们彼此之间建立朋友关系的条件和障碍,经济条件好的村民往往将关系拓展到村庄之外,经济条件差的村民往往缺乏朋友,更加不善交际,市场机会也更少。因经济条件的差异而产生的闲暇社会交往差异十分明显,条件好的村民关系更多地在村外拓展。农民社会关系不断走向分化,由此形成了农民之间具有差异等级的人际圈子。

人际关联中的个人主体性凸显无疑又带来农村社会结构的变动,泉村农民的人际圈子中,自家人的作用不断弱化,亲戚关系的选择性增加,朋友群体的重要性增加在中上阶层中表现尤为明显。在闲暇交往生活中,人际圈子能够进一步生产差距和区隔,个体的社会支持网络取决于个体能力。能力强的人拥有更多的社会支持和社会资本,能力弱的人则被边缘化,甚至排斥在主流圈子之外。其中,朋友关系和超社区关系越来越发挥决定性的作用。泉村农民尤其是经济处于中上层的农户普遍认识到了这一点,不管是社区内关系还是社区外关系,他们都在尽力拓展和建构自己的朋友圈子。

总体来说,伴随业缘、朋友关系的重要性上升,村庄边界早已被打破,已经不是农民进行闲暇交往的主要依据了。超社区关系成为农民经济能力和经济地位的社会性表达,并且是农民闲暇交往圈子中变化最突出的部分。随着闲暇交往中个人主体性急剧上升,村庄社区不再有闲暇交往的社会性规定,个人根据自身的经济地位和性格偏好主动选择和建构自己社区外的关系。村庄内部公共性闲暇不断被打破,农民以个人主体性为基础来选择和建构闲暇交往圈子。村庄中的人际关联模式从公共性的规则逐渐转变为个体性的规则。农民以自我为中心建构闲暇交往圈子,超社区关系和朋友关系的建构一方面显示了个人主体性在关系建构中的巨大作用;另一方面表明村庄社会分化成为结构性因素影响农民的关系建构。

显然,超社区关系的发展和个体在关系建构中主体性的增强打破了原有的血缘地缘关系,成为一种新的人际关联规则。这种人际关联方式的标准是一种个体化、私人性的人际交往规则,个人的经济社会地位、个人的情感偏好、理性选择更为重要。这种私人化人际关联规则的形成对于村庄人际关系的变化而言具有根本性,也决定了村庄中的人际关联模式所呈现的基本样态。受人际结合规则改变的制约,闲暇日常交往中人际结合的对象、范围也都呈现出了不同的层次。关系交往具有更大的机动性,比如,朋友关系、宗亲关系可以成为主导的关系,富裕阶层的农户关系更广,穷人的关系当然很窄。这相对于传统时期大为不同。传统时代的农民主要有宗亲和姻亲两种关系网,并且宗亲重于姻亲,以业缘、趣缘为基础的朋友关系只有极少数的农民才有。传统时代农民的人际关系网都是相对固定的,一个人从出生开始就已经基本上决定了他以后的人生中会有哪些重要的社会关系;个人社会关系范围的大小与血缘关系的范围相关,而与个人的经济实力和能力无关。道德伦理是规约农民人际关系网络的重要力量,也是形成村庄社会秩序的根本。在传统村庄,人的社会关系是社会文化给定的,个人要做的只是按照社会文化惯例来相互交往。个人的财力、能力、性格、爱好等因素在社会关系的规定中是无为的。[①]

当下农村社会超社区关系扩大化,个人社会关系的对象发生了变化,朋友关系在农民社会交往中的重要性急剧上升,村庄社会中也出现了以业缘和趣缘关系结合起来的不同的人际圈子。当村庄社区共同体趋于解体,社

[①] 宋丽娜、田先红:《论圈层结构——当代农村社会结构变迁的再认识》,《中国农业大学学报》2011年第1期。

区外关系无疑变得更为重要。村庄社区内的社会性竞争和冲突达到一定程度时,甚至可能出现援引村外力量对付本村村民的状况。调查中,村民薛红就炫耀地说:"村里没有人敢得罪我家,出了什么事情,征地拆迁、平常争吵,谁都不敢主动挑衅我家,我黑道白道都有人,我怕谁?今年过年我黑道的几个兄弟都开车到我家玩,在我家里聚会后,我们又到县城里聚……我的姨侄女在南京,又是有名的记者……村里谁没看到?我家是不怕任何人的……"①

在个体性、私人性的交往规则下,个人的经济实力、能力、性格、爱好等因素超越血缘地缘的规定性,成为建构闲暇交往圈子的主要影响因素。村庄中以个体为中心的人际圈子的形成意味着个体因素(经济实力、能力、性格、爱好等)在农民社会关系的建构中发挥了积极的作用,由此带来农民社会关系的对象和范围也都发生了相应的变化,而农民社会关系的功能也随之发生改变。在差序格局模式下,农民的社会关系有人际交往、互助、社会整合等方面的功能,本质是维护道德伦理秩序;随着超社区关系的发展,农民的社会关系功能的发挥是个人主体性的体现,人际关系不再是维护社会秩序的手段,而在较大程度上成为实现个体目标和个体价值的方法。甚至当个体利益、个体价值成为准则时,利益交往普遍化,为利益可以牺牲公道、正义,乃至亲缘关系,村落家族的公共规则被彻底瓦解。传统村落中的权威性、差序格局中对个体的道德性规约、权威的示范效应均不再存在。于是,我们可以看到,正如泉村当下正在发生的,村领导班子的德性并不重要,重要的是"不得罪人"或者是否"够狠",或者是不是"足够有钱",这三类人才是村干部的首选人物。红旗是泉村的混混,因为讲江湖义气、够狠,多次与村民打架,前两年因打伤一本村村民被判刑,据村民说在刑满释放的当天,他的朋友放了一整天的鞭炮迎接他,他多次扬言自己的朋友很多,总有一天要当上村干部。

---

① 来源于笔者于2011年暑期对泉村村民XH的访谈笔录。

人际关联规则与村庄社会性质相关,在传统乡村社会里,差序格局是人与人之间的基本结合方式。而在核心家庭本位的当代中国农村社会,差序格局已经不再构成人与人之间的基本结合方式,取而代之的是基于业缘、趣缘和个人情感偏好等而建构起来的关系。在传统乡村社会,农民自身建构的社会关系圈层受到一整套公共道德伦理规范的约束,个人的主体性无法独立和凸显出来;而在当代乡村社会,农民基于自身的情感、职业和兴趣等建构各类关系时,其受村庄公共规则的约束则大为削弱,个体的主体性、能动性得以凸显。[①]

村民个体重要性的增长和超社区关系的发展进一步带来村落家族组织的衰落和家族观念的淡化。中国社会千年以来一直是农业社会,人们依靠土地获得资源,获得基本的生活资料,在一定村落中生活的人们不会也不可能从外部获得这些资源,因此得依靠自己的力量和组织来满足自己。传统村落是自给自足的,如此,村落家族就要承担一定的功能。而当下,一方面,村民越来越多地依靠市场和社会获得各种资源,家族作为一个狭隘的地域系统已经无法应付由宏观社会活动提出的要求,家族文化对个体的规训和威慑力减弱;另一方面,随着家族组织的衰落,家族、家庭功能不断弱化,个体的能力和重要性变得重要。公共生活中村落权威的基础发生变化。

总之,随着现代性进村,传统社会的辈分、血缘、公正、道德等因素不被人们所看重,传统型权威渐渐被经济型权威所取代,财富成为权威生成的基础。那些在外有更多的致富门路、社会关系广的人更有权威性,甚至那些走后门、搞歪门邪道的人也被认为有权威。社会的发展使得村民越来越多的依靠社会体制来获得生存的资源,而且这种可能性在不断扩大,家族已经不构成主要的依靠,村落家族中以血缘关系为基础的权威性不断下降,血缘等级制逐渐被更大范围内的社会性竞争所取代。"有钱就有面子",而不管面

[①] 宋丽娜、田先红:《论圈层结构——当代农村社会结构变迁的再认识》,《中国农业大学学报》2011年第1期。

子背后的支撑资源和获得这种面子所采取的手段。这不仅抑制了村庄内部公共人格的生成和发展,且公共人甚至失去了说"公道话"的合法性基础。乡土社会的公共性供给在相当程度上依赖并取决于处于"差序格局"中心的某个个体或某一批个体的道德性,村落权威的负面示范效应使得这种替代对整个村落闲暇和公共生活产生的影响甚至具有颠覆性。

三、家庭核心化与私人性闲暇的兴起

熟人社会核心在于共同体概念,熟人社会是一个生活共同体,传宗接代及稳定的村庄预期是熟人社会形成共同体的基础。传宗接代、养儿防老、形成的夫权链条是传统村庄联结性力量,村庄得以具有内聚力及强社会关联,为每个人提供社会支持网络,行为有度、不至于走极端。① 这是熟人社会的意义和基石。在传统性别分工模式下,村庄的内聚性主要体现在两个方面:首先是价值层面,强调传宗接代本体性价值,村庄具有当地感和历史感;其次,村庄公共生活具有公共性,舆论有实质效力。村庄是以男性为中心建立起来的家族体系和血缘共同体。② 传统村落共同体是一个熟人社会,这个熟人社会的联结纽带不仅仅是人情,而是基于夫权的面子、生命礼仪、互助交往和人情往来,从而使得传统村庄是一个情理社会。③

最近几年随着打工潮兴起和当地市场的不断发展成熟,原有的性别分工模式从根本上发生改变。在这一变革时代,年轻妇女不再依附于家庭和男人,成为一支独立而有主体性的力量,妇女成为核心家庭中的当家人。在这一当家权流变过程中,妇女作为村庄的外来人,对于村庄整合而言是不可忽略的重要方面。妇女的外来人角色恰恰成为冲击以内聚性及男性中心链

---

① 参见贺雪峰:《村治模式:若干案例研究》,山东人民出版社 2009 年版。
② 王会、杨华:《从当家权流变看村落社会的内聚与离散——基于对晋西南伯村生活世界的考察》,《陕西行政学院学报》2012 年第 2 期。
③ 杨华:《妇女何以在村落里安身立命?》,《中国乡村研究》第八辑,黄宗智主编,福建教育出版社 2010 年版。

条为特征的传统村庄,从而使村庄逐渐表现出了离散性的特征。可以说在变革时代,妇女的外来者角色发挥着重要的牵引作用,甚至可以说是变革的原动力。①

就泉村的经验来看,家庭核心化和妇女地位的提高也是私人性闲暇的重要诱因。在泉村,妇女一般都是家里的一把手,家庭经济由女性掌管,家庭事务一般是女性说了算,"女的不同意就办不成事"。比如男方的兄弟因盖房、娶妻想找其借钱,即使男方同意,但只要女方不同意,事情也办不成。但反过来情况就有所不同,女方的亲属想借钱一般都可以借成。只有少数家庭还是男性做主。

导致妇女家庭地位提高一个很重要的因素就是高价婚姻。高价婚姻使得在本地娶一个媳妇变得越来越不容易。媳妇娶回来后不好好对待就有可能导致婚姻关系的破裂,而离婚后再找一个媳妇又需要支付高昂的成本。女性则不同,据村民们说妇女离婚后再嫁比较容易。因此,本地的男性在处理家庭事务时尽量尊重女性的意愿,满足女性的要求。在泉村,年轻媳妇婚后几年不会立即与父母分家,因为趁父母年轻,她们可以啃老。然而在居住方式上一点儿也不能含糊,虽不分家,但必须有独立的空间,新建的楼房一般情况下整栋都是作为年轻人的新房,父母"很自觉"地住在老屋里。这在很大程度上也道出了年轻人对隐私的明确追求,而这种追求的根源在于年轻人情感寄托的单一化。年轻人结婚便意味着拥有了属于自己的小家庭,小家庭里的青年夫妇无论是在居住空间上还是在生活方式上,往往都渴望拥有相对独立的、不受长辈这个大家庭过多干涉的小家庭生活。

与父辈相比,现在年轻的男子更愿意花时间陪在自己妻子的身边,有的甚至形影不离,"天天黏在一起",连上街买菜都要骑着摩托车载着老婆

---

① 王会、杨华:《从当家权流变看村落社会的内聚与离散——基于对晋西南伯村生活世界的考察》,《陕西行政学院学报》2012 年第 2 期。

一起去。与夫妻感情得以发展相伴随的是家庭父子关系的削弱,以及由父子关系主轴延伸开去的宗亲关系。宋丽娜①认为,当家权就是在家庭生活中某个角色掌管经济分配、做决策以及承担家庭责任的权力,在当家权的实施过程中,老人和妇女当家的逻辑是不同的,老人当家的逻辑是大家庭的理想和责任义务,而妇女当家的逻辑却更多的是小家庭的利益。

与1990年代及之前相比,2000年以后的家庭关系中,一个显著的变化是父子轴心向夫妻轴心转变,夫妻关系变成了家庭中最重要、最根本的关系,同时家庭权力也由父辈向子辈传递,家庭的决策与分配都由年轻夫妇决定,老人在家庭决定中越来越边缘化,他们对子辈的约束力逐渐消退。小家庭越来越脱嵌于家族和村落,走向私密化,新一代妇女因此越来越不在乎他人,不看人家的脸色行事,不考虑他人的因素,我行我素,甚至基本上对他人视若无物,很是傲慢。

这种婚姻家庭领域的爱情逻辑延伸出来的便是单一化的情感寄托,无论是女性还是男性,夫妻的感情日渐成为生活的中心,核心小家庭是其情感寄托的唯一,超出核心小家庭之外的其他情感性的追求(如传宗接代、延续香火、把有限的个体生命寓于无限的血脉相传中的,以及对于超越核心小家庭的父系大家庭的关心和对村庄公共事务的关注)都已淡出其视野。

在夫妻关系轴心化、权力关系颠倒后的家庭中,夫妻俩就完全可以决定做自己的事情,而不用看他人,特别是父母的脸色。此时的小家庭里,若处在爱情的催化下,以身体、肢体接触为主要表征的私密生活就会被建造出来,隐私也就会逐渐浮出水面。在这种情况下,家庭日益核心化,闲暇也越来越个体化,家庭闲暇私密化。

综上所述,在当下的变革时代,随着妇女地位的提高,家庭生活闲暇的

---

① 宋丽娜:《农民分家行为再认识》,《宁波市委党校学报》2009年第4期。

私密性逐渐变得重要。传宗接代观念减弱,夫妻关系成为核心,父子、婆媳、兄弟甚至朋友关系均靠后,村庄走向原子化甚至个体化;传统时期的以男性为中心的圈层被打破,包括人情圈、同学圈、朋友圈、业缘圈等。这几个变化的直接后果是,村庄预期变短,村庄社会关联度降低。传统社会的信任步步缺失,进而村庄具有离散性,从村庄整合的角度看,男人具有家族性和社会性,女人具有家庭性、社区性,妇女当家对村庄共同体是一股冲击性力量,核心小家庭的利益得以保障和强调,而夫姓村庄作为一个共同体却呈现出离散性特征,继而村落公共闲暇生活不断走向衰退。

第三节 农民价值分化与闲暇变迁

在消费主义背景下,中国乡村社会与农民的价值世界正在发生一场深刻的变革。这一变革势必会步步作用于乡村社会共同体、家庭和农民个体的每一个层面。最终,乡村社会共同体瓦解,大家庭走向核心化乃至个体化,乡村社会的集体人格趋于衰落,不断走向理性化、功利化。农村闲暇变迁的根本在于农民的价值世界之变。

一、消遣经济时代的闲暇与价值观

在消遣经济时代,农民的闲暇并不成为一个问题,农民对于劳动的态度视需要而定,农民有着丰富的闲暇文化生活。传统时代,农民也没有旺盛的需求或者只有很少的需求,他们通过维持较低的生活标准来获得充裕社会的体验。这种消遣经济模式与现代社会的经济理性原则大相径庭,农民如何度过闲暇时间,采取何种闲暇生活方式,不是简单的出于经济理性,而更多的是从文化的角度来考虑。传统社会农民闲暇行为的选择不仅仅与乡土社会特定的经济制度和生存伦理相关,更为重要的方面是传统乡土社会农民的价值观念和意义世界。

数千年来中国农民将传宗接代确定为最大的人生任务,传宗接代构成了一般中国人安身立命的基础。每个人都是祖祖辈辈传下来的,还要子子孙孙传下去,从而香火不断,生命不息。有限的生命因为可以融入子子孙孙向下传递的无限事业中,而具有了永恒的意义。无论现世生活多么艰难,只要可以延续子孙,就会有光宗耀祖的希望,就值得忍耐和坚守。贺雪峰[①]将关注有限生命于无限意义层面的价值称为本体性价值,即关于人的生存的根本性意义的价值,是使人安身立命的价值。他认为,正是因为农民有了对本体性价值的追求,人们的生活中就有了纲,有了目标。纲举目张,生活中其他方面的价值将会服从和服务于对本体性价值的追求。

当然,这种本体性价值并不是农民喊在口头的生活目标,农民对之习以为常,觉得是理所当然的事情,可以说深深的内化、嵌入在农民闲暇日常行为的各个方面。在这种价值主导下,乡村社会有长远预期,农民共享一套对等的时间和空间,村落闲暇交往中形成了忍让、不走极端等诸种村庄社会的公共性价值,[②]农民在一个生于斯、长于斯的熟人社会里,不仅是一个血缘、地缘共同体,而且是一个情感共同体,彼此间有亲密感,"从心即是从俗"。[③] 这使得消遣经济时代的农民看似缺乏追求,实际上精神世界非常充实。农民生儿育女,辛辛苦苦过日子,看似非常艰辛,但他们能够以此为乐,其背后无疑是人们对本体性价值和意义永恒不灭的追求,这可以说是中国人生生不息的源头。正是有了对本体性价值的追求,人们才会觉得忍受现实苦难具有意义,才会脱离狭隘的个人利益的局限,才能摆脱个人物欲的困扰,才能够安身立命。"在中国缺乏超越性信仰的背景下,农民'传宗接代'的想法,正好构成了他们对永恒意义的寻求。而一旦人们在追求'永恒',人们就能

---

① 贺雪峰:《本体性价值缺乏是中国农村的最大危机》,《开放时代》2008年第3期。
② 陈柏峰:《熟人社会:村庄秩序机制的理想型探究》,《社会》2011年第1期。陈柏峰在研究中将之概括为乡土逻辑,包括四个方面,情面原则、不走极端原则、歧视原则和乡情原则。
③ 参见费孝通:《乡土中国·生育制度》,北京大学出版社1998年版。

够忍受苦难,就能够具有毅力,就不会自暴自弃,就不会只顾眼前利益。"[1]

二、农民的价值观分化与闲暇变迁

农村闲暇的根本变动始于1980年代,改革开放以来,随着现代性进村和社会流动的加强,乡村社会不断趋于分化。西方社会的理性经济原则在乡土社会长驱直入。传统的"传宗接代"作为愚昧和落后的代名词,被主流价值所抛弃,人死如灯灭,有限的生命不再能被无限的子子孙孙的延续向下传递,从而不再能凭此获得永恒的意义。同时,农民又不能获得当前主流价值所倡导的凭借事业成功和地位升迁,而可以彰显的人生价值。原本属于西方社会根深蒂固的消费主义和功利主义决定论也深深植入中国农村的广袤土地上。在西方社会理性主义的假设和前提下,人类的一切行为都出于对自身物质需要的满足,所有人与自然关系中的实践都受制于人对其生活世界的符号表述。在这种宇宙观的影响下,闲暇也被视为一种经济行为,是对有限时间的消费,是对工作还是不工作、获取经济收入还是不获取经济收入的选择。当下农村的闲暇也演变成农民有目的的使用时间的方式,闲暇与经济理性、符号消费等联系起来。

在消费主义的狂轰滥炸下(以电视、广告、网络为代表),传统时代勤俭节约的消费观被认为是老土的生活方式,从而被抛弃。对于原本就缺乏文化主体性的农民而言,源自经济社会的消费主义文化具有一种政治正确,对于中青年来说,没钱实在是一件很没面子的事情,农民有钱没钱都想通过消费来证明自己的价值。消费主义迅速占领农村阵地,农民似乎只有站在消费时代的潮头才能证明自己的价值。中青年在消费主义的鼓动下,拼命赚钱,他们中的大多数虽然不能在城市安家,但是他们追求的是城市的生活,

---

[1] 贺雪峰:《农民价值观变迁对乡村治理的影响——辽宁大古村调查》,《学习与探索》2007年第5期。

当下生活的参照系也是城市生活,在他们看来,不消费已经体验不到闲暇的乐趣。农村传统时代的田间地头、戏曲文艺,他们已经完全没心情欣赏,相比而言,他们更喜欢出入城市的电影院、麦当劳餐厅、大超市,在这种快餐时代,必须通过一时的消费来体验一时的快感。

正如贺雪峰所言,当前社会主流价值,是所谓中产阶层的价值观,是以广告和时尚作为支撑基础的、适合有消费能力者的价值观,这种价值观所提倡和鼓励的,是与绝大多数农民实际需要相当不同的价值观。这种主流价值观批判农民观念为愚昧落后,提倡通过个人奋斗来实现中产阶层生活的梦想。问题是,中国目前在全球化中的位置使中国的中产阶层难以有快速成长壮大的机会,多数中国人缺少通过个人奋斗来改变自己、实现"中产阶层梦"。强势的中产阶层价值观可以打碎大多数人的传统价值追求,却不可能为大多数人提供实现中产阶层价值观的经济基础。如果一个社会的主流价值长期脱离这个社会中大多数人的生活实际及他们可能达到的目标,这个主流价值鼓励社会中大多数人奋斗的目标是注定不可能实现的,则这个主流价值本身就存在问题。[1]

这不仅仅是中国乡村社会的问题,也是现代性带来的普遍性问题。吉登斯很早就反思了现代性和消费主义的根本问题:在从传统社会向现代工业社会转型的过程中,社会分工的发展和个人主义的强化日益消解了传统社会的民间、道德、习惯等整合纽带,但在社会转型时期,新的社会整合纽带还处于形成过程中,从而造成公民道德信仰匮乏、行为失去外在的约束和欲望变得毫无节制等后果。[2]

西方社会的闲暇研究极力强调对闲暇价值问题的回归,西方社会也在极力试图走出这种功利主义的泥潭,然而,个体的解放越被强调,就越有可

---

[1] 贺雪峰:《农民价值关系的类型及其关系》,《开放时代》2008年第3期;贺雪峰:《当代中国价值之变》,《文化纵横》2010年第6期。
[2] 参见[英]吉登斯:《资本主义与现代社会理论——对马克思、涂尔干和韦伯著作的分析》,郭忠华、潘华凌译,上海译文出版社2007年版。

能出现制度性压抑力的扩展,这也就可以理解为什么在西方社会中,人们越是呼吁要摆脱充斥着物质主义的闲暇观念,摆脱消费主义对于闲暇的束缚,却越是深陷其中而不能自拔。

现代人在从自我寻求确定性根源的过程中,同时也将人本身感性的、流动的成分宣扬开来。欲求超出了生理本能,进入心理层次,成为无限的要求。马克斯·韦伯早已指出,现代性在发轫之时,价值理性与工具理性之间存在着一种相互推动、相互支持的亲和力。新教的禁欲伦理精神,促使新教徒在世俗生活世界采取一种理性化的生活态度,通过自己在现实中的辛勤劳作来回应上帝的感召力。这种理性化的生活态度,有力地推动了人类社会的现代化进程,现代社会赖以成立的社会经济组织、科学技术、科层制度、法律系统等,都根植于这种理性化的精神气质。但是现代性的进展在突出"经济冲动力"一面的同时,却将"民间冲动力"忽视了,社会发展中的两个具有相互制约性的因素失去了内在的平衡。现代社会将一切都纳入理性的计算过程当中,工具理性日益远离了价值理性,手段压制了目的,财富的追求剥夺了原有的民间和伦理含义,只剩下与赤裸裸的世俗情欲的关联。[1]

现代性进村、本体性价值瓦解,会导致以下社会后果:

(一) 社会性价值凸显与农民闲暇的异化

一旦缺失本体性价值,农民就更加敏感于他人的评价,就十分在乎面子的得失,就会将社会性价值的追求放到更加重要的位置。社会性竞争白热化,一切围绕着赚取货币、争取面子转,就会出现一系列匪夷所思的现象,包括闲暇的异化。譬如,为了吸引观众眼球,丧事上跳脱衣舞、混混横行乡里、做小姐正常化等,大家虽觉得不正常,但都表示理解,因为"这都是为了钱"。而赚钱本身是为了炫耀性地"闲暇",通过看得见的、引领潮流的、不断翻新的闲暇方式,来获取面子、获得村庄的认可。此时,闲暇不再是个人获得休

---

[1] 参见[德]马克斯·韦伯:《新教伦理与资本主义精神》,康东、简惠美译,广西师范大学出版社2007年版。

闲、恢复体力、进行村庄社会交往的方式,而是实现社会性价值的有效手段。

(二)村庄的原子化与农民闲暇的个体化

一旦现代性的因素进入传统的封闭村庄,村庄的社会性价值就会发生变异。传统社会中的秩序被打破了,人们对社会性价值的激烈争夺往往不是加强了村庄的团结,而是破坏了村庄的团结,村庄社会因为对社会性价值的激烈争夺,而使村庄共同体解体,村庄变得原子化起来。村庄的原子化突破了传统基于先赋性的血缘地缘关系的社会结合方式,使得村庄人际交往更多地依赖于个人的后天努力、选择和建构,从而最终导致了农民闲暇的个体化,即农民以建构私人关系为目的完成自己的闲暇生活。这样,在超出个人之外就不再存在闲暇空间,人不再能够通过超出于个人及核心小家庭的闲暇生活中寻找到一定程度上的情感寄托的时候,人的生命的存在是飘零的,不仅一般的人与人之间会出现信任危机,即使是夫妻这样的亲密关系中也可能产生不信任,这种不信任来自情欲的刺激、来自超越性追求的丧失,也来自一种源于内心深处绝望的恐惧。这是信任危机,是私人性闲暇所遭遇危机的关键所在。

(三)农民道德观念异化与私人性闲暇兴起

道德观念是生活在社会中的人应当自觉遵守的行为规范的信念,费孝通对此有过精彩的论述:"它(道德观念)包括着行为规范、行为者的信念和社会的制裁",它促使人们"合于规定下的形式行事,用以维持该社会的生存和绵续"。乡土中国社会里农民的道德观念是差序格局的,"从己向外推以构成的社会范围是一根根私人联系,每根绳子被一种道德要素维持着。社会范围是从'己'推出去的,而推的过程有着各种路线,最基本的是亲属:亲子和同胞,相配的道德要素是孝和悌……向另一路线推是朋友,相配的是忠信"。[①] 同时,乡土社会也是安土重迁的,是礼俗社会,一个"生于斯、长于斯、

---

① 参见费孝通:《乡土中国·生育制度》,北京大学出版社 1998 年版。

死于斯"的人从小就在言传身教的教化式学习中将社会的道德观念和乡土习俗内化到自身的行为逻辑中去了,因此形成了一个秩序井然的社会。

但是,当前的乡村社会处于急剧变迁中,农民传统的道德观念已经解体,原有的规范已经失去了效力,农民不再关注本体性价值,而更加看重社会性价值。[①] 本体性价值主要是从私人道德差序格局中最基本的成分中,更具体地说是从家庭、家族中获得的,祖先崇拜和鬼神信仰都是它的构成要素。它使人们注重人生的本体性意义,将传宗接代看作是安身立命的根本,每个人都是祖祖辈辈传下来的,还要子子孙孙传下去,从而使香火不断,生命不止,人的生命因此而有了历史感。祖祖辈辈都要生活在同一个社区,也使农民对乡村社区有一个基本的认同,使他们对村庄的建设与发展保持着高度的关注,对自身行为对村庄影响有所顾忌,从而也就有了当地感。

当前乡村社会,农民正在逐步丧失历史感与当地感,日益关注自身社会性价值的实现。社会性价值是要在村庄舆论、面子竞争中获得与维持的,主要表现在农民拥有的钱财数量与花钱的方式上,对于钱财的来源则可以不去追究,一些人甚至为此可以去抢、去偷,也可以去卖淫,以致"中国农村出现了伦理性危机[②]"。社会性价值的关注也导致家庭规范的丧失,将道德规范的差序格局从中心地带加以摧毁,使孝道衰落成为当下农村一个普遍性现象,使人的生命除了钱以外越来越没有意义。

在此背景下,人们在闲暇生活中的交往不再遵循于村庄公共规则,而是依赖于农民个体的性格、偏好、财富、情绪等,农民闲暇中的社会交往就会失去公共性。

[①] 贺雪峰:《农民价值关系的类型及其关系》,《开放时代》2008 年第 3 期。
[②] 申端锋:《中国农村出现伦理性危机》,《中国老区建设》2007 年第 7 期。

第七章
结　论

前面章节描述和分析了农民闲暇生活的内涵、功能、样态、变迁及其原因,所要回答的核心问题是:农民闲暇生活个体化及其对个人和乡村社会的意义,论述至此可以提出本研究的三个主要结论:

结论一:农民的闲暇生活是在村落熟人社会中实现的,它具有双重意义和三重功能。所谓双重意义,是指闲暇兼具个体性和社会性,它满足了个体的功能需求,但其实现方式是社会性的,并且客观上也具有社会性的功能后果。所谓三重功能,是指闲暇满足了个体身心放松、人际沟通和价值体验三方面的功能需求,其社会性的功能后果是指客观上促进了社会整合。

结论二:农民闲暇生活的主要内容包括娱乐性生活、交往性生活和民间性生活,三者承担的功能各有侧重但又互有交叉。闲暇生活的变迁表现为上述3个方面的日益个体化,即闲暇生活的功能需求和实现方式脱嵌于村落熟人社会,闲暇时间产权化,空间区隔化,闲暇生活的社会整合功能日益弱化。

结论三:闲暇生活的个体化与乡村社会的变迁紧密相关。社会流动和农民的经济分化与社会分化加速了村庄的半熟人社会化,市场经济和消费主义生活方式不断强化着农民的个体主义观念,个人与村庄的关联日益瓦解,个人倍感孤独,村庄日益空虚。

下面笔者将对上述结论进行具体阐述,并在最后一部分讨论如何在变动时代重建农民的美好生活。

第一节 闲暇的性质与功能

一、熟人社会中的闲暇

中西方社会都有悠久的闲暇文化传统,并且具有一定的相似性,比如都强调人们在闲暇中可以体验到生命的意义,其方式就是在宁静状态下的沉思。这种观念几乎构成了休闲学研究的核心观点,他们将"闲暇"视为一种对现有社会的否定方式,认为个人只有在与社会保持足够距离的前提下,才能获得宁静的生活状态,才能找回精神家园,获得美好的人生意义。①

过于强调中西方闲暇文化的一致性,反而无法理解熟人社会中农民闲暇生活的真正内涵。

西方文化传统中的闲暇观念基本上是古希腊和基督教传统的延续。作为古希腊最著名的哲学家和休闲学研究的创始人,亚里士多德的观点集中反映了古希腊传统的闲暇观念,在他看来,闲暇中的休养娱乐并不是真正的愉快与幸福的源泉,沉思才是最好的并且是最神圣的休闲活动,人只有在沉思中才能认识到自己的本性,进而引导自己选择符合道德的行为,这些行为反过来引导出真正的愉快和幸福。② 与亚里士多德的观点相似的是,基督教教义也指导人们在休闲中感受到上帝的存在。③ 瑞典天主教哲学家皮普尔认为休闲有3个特征:第一,休闲是一种精神的态度,它意味着人所保持的平和、宁静的状态;第二,休闲是一种为了使自己沉浸在"整个创造过程中"

---

① 马惠娣:《休闲问题的理论探究》,《清华大学学报》(哲学社会科学版)2001年第6期。
② [美]托马斯·古德尔、杰弗瑞·戈比:《人类思想史中的休闲》,成素梅译,云南人民出版社2000年版。
③ 《圣经》"诗篇"中写道:(上帝对人说)"你们要有休息,要知道我是神。"

的机会和能力;第三,休闲是上帝给予人类的"礼物"。① 在西方文化传统中,他人、社会乃至自然的存在对个体本性的实现都是否定性的,是外在的障碍,个体要实现自我的意义,就要摒除这些外在束缚,获得精神层面的宁静,在纯粹隔绝和孤独的状态中体验生命意义,也就是说,闲暇的真正意义在于发现、体悟个体自我与某个外在客观规律或者上帝之间的本体关联,而为了实现这个目的,需要个体暂时性地隔断与社会的关联。②

中国的传统文化也强调个人修养中的"静",比如"静以修身,俭以养德""宁静以致远、淡泊以明志"等,但这种"静"却并非西方那种隔绝万物关联的孤独式的静,恰恰相反,它强调与宇宙万物融为一体,通过无限扩大自我、超越自我而达成,所谓"参天地""民吾同胞吾物与也"。这反映了中国人追求生命意义的实现方式,非但不是要割裂社会关系,而是要深度融入社会之中,在人与人、人与社会乃至人与宇宙万物的本体关联中超越个体的小我。③ 因此,闲暇服从于这种实现生命意义的本质要求,非但不是要获得一种隔绝于世的孤独感,反而是要融入这个世界,在与他人、与社会"同在"的状态中体验生活的美好。

对于世代生存于村落熟人社会中的农民来说,他们不可能像文人士大夫那样纵情山水与琴棋书画为伴,寻求天人合一式的闲暇体验,但在根本逻辑上却是一致的,只不过农民只能将他们的闲暇生活限定在有限的生活场域中,同有限的人与物相交融。熟人社会中的闲暇首先是与生产无法完全割裂的,劳动既是一种生存手段,也建立了农民与土地、庄稼甚至牲畜的生命关联,对农民来说,土地等生产资料并非纯然的工具,更没有"异化"为统

---

① 转引自于光远、马惠娣:《关于"闲暇"与"休闲"两个概念的对话录》,《自然辩证法研究》2006年第9期。
② 西方文化关于个人如何发现本性、如何获得人之意义的论述可以参考吴飞、杜维明的相关论述。参见吴飞:《自杀作为中国问题》,生活·读书·新知三联书店2007年版;[美]杜维明:《人性与自我修养》,胡军、于民雄译,中国和平出版社1988年版。
③ 杜维明:《人性与自我修养》,中国和平出版社1988年版,第14—39页。

治人的力量,它们本身就具有审美的意义,闲暇时间到自家地头上走一走、坐一坐,看看庄稼的成长,闻闻青草和麦香,体会到的是劳动带来的充实,收获孕育的希望,这一切都是生命的肯定性力量。其次,闲暇创造了融入村庄的机会,如果说忙碌的农作不得不将人们局限于自己的小家庭的话,那么闲下来就是走出家门与他人在一起的好机会。无论是街头巷尾、小河畔大树旁,还是私人的小院、公用的祠堂,都是闲暇生活的好场所,也无论是茶余饭后的小憩还是重大节日的庆祝,都是闲暇生活的好时间,零零碎碎的时间、不拘一格的空间,农民就是通过这种方式修养身心、联络情感,获得作为村庄一员的资格,体验作为村庄一员的价值。熟人社会中的闲暇有嬉笑怒骂,有爱恨情仇,但归根结底始终生产着全体村民共同在场的"当地感",传承着村落集体记忆汇成的"历史感",[①]唯其如此,农民才能获得本体性的安全感,他们是有根的,他们不是孤独的。

如果说西方人通过在闲暇中让自己宁静下来体验神的存在而感知生命意义,圣人通过在闲暇中让自己宁静下来体验万物一体天人合一而感知生命意义,那么,农民则是在闲暇中让自己走出家门体验"我们""在一起"而感知生命意义,农民的"闲"并不一定是"宁静"的,热热闹闹的"闲"反而更能获得存在的肯定性。

二、闲暇的三重功能

农民从闲暇生活中可以获得三方面的功能满足,即身心放松、人际沟通和价值体验。

身心放松是闲暇的基本功能,尤其是娱乐性闲暇生活的主要功能。农民的娱乐生活包括日常性和节日性两类,日常性的娱乐活动散布于农民日

[①] "当地感"与"历史感"是杨华提出的一对概念,参见杨华:《农民的"历史感"与"当地感"——对农民生活意义和生命价值的一项探讨》,http://www.snzg.net/article/2008/0219/article_9155.html。

常生活之中,随着农作强度和方式变迁,日常性的娱乐活动时间日益增加,节日性的娱乐活动则依据农作节气和生命仪礼的分布规律安排。农民的日常性娱乐活动历来比较简单,主要就是聚会和游戏两种形式,聚会形式主要有村庄公共场所的聊天、私人之间的串门、宴请等,一般每个村庄都有固定的公共聚会场所,比如村内主干街道的交叉路口、公共水井、村庄外围的桥头河畔等,有的村庄还有土地庙、祠堂、茶馆等,一切便于村民聚集的场所都有可能发展成为人民茶余饭后聚在一起聊天的地方。公共场所的聊天其实活动很多,有的在一起"喷锅""摆龙门阵",有的则边哄小孩边做一些零碎活计,村民在一起沟通村庄内外信息,分享各自的生活见闻,那些互相传递的逸闻趣事既可以开阔眼界,也平添了生活的乐趣。

总之,只要聚在一起,无论说什么做什么,总能暂时性地从紧张艰难的生活节奏中释放出来,纾解情绪,放松身心。公共场所的聚会是开放性的,每个人既有自己的习惯和偏好,也可以随意加入或退出,私人之间的串门和宴请则是具有高度选择性的,它取决于双方日常关系的亲密程度,与至交好友或知心姐妹的串门聊天、喝酒吃饭,往往可以获得比公共场所聚会更加深刻的放松,毕竟许多私密性的爱恨情仇更适合通过这种方式与人分享、请人分解。农民的游戏是很简单的,对于成年人来说,主要的游戏方式不外乎打牌,儿童的游戏形式则要多一些,成年人的游戏在娱乐性上更为纯粹,儿童的游戏则总蕴含着社会教化的内容,成年人必须与之保持距离。[①] 作为娱乐活动的打牌本来是极其低成本的,成本低才便于吸纳更多的人加入和消磨更长的时间,比如泉村妇女们早年喜欢的纸牌游戏,即使玩上一整天所需也不过几元钱,输赢之间虽然会影响心情,但总是可控的,只是在近年来才出现日益赌博化的趋势。节日性的娱乐活动既有家庭内的,也有家际之间的,还有一些属于集体性的,家庭内的聚会活动获得的是合家团圆、其乐融融的

---

① 张柠:《土地的黄昏:乡村经验的微观权力分析》,东方出版社2005年版,第132—134页。

情感体验,家际之间的走动宴请等则是这种情感的分享与传递,集体性的舞龙灯、唱社戏等活动,则制造了更加浓烈、更大范围的欢快气氛。农民获得身心放松的娱乐活动与文人士大夫的不同在于,后者可以通过琴棋书画、种花养鸟等比较个体化的方式放松身心,农民则更多地选择社会性的方式,无论是日常性的聚会游戏还是节日性的集体活动,憋在家里是体验不到那种"在一起"的充实和放松的。

人际沟通既是闲暇的基本功能,又是其基本方式。对农民来说,"闲下来"就意味着要"走出去",参与到村庄内外的社会交往中去,暂时性中断社会交往的唯一正当理由就是"太忙了",如果一个人有充足的闲暇时间,却只是待在家里,学文人、士大夫那样侍弄花草,那他在村民眼中就不是个合格的"人",是个"死门子"。农民的一切闲暇生活几乎都具有人际沟通的功能,上文所讲的娱乐性生活如此,下文将要论述的民间性生活也如此,主要承担此项功能的闲暇生活方式是交往性的,它也包括两类:日常性交往和仪式性交往。日常性交往的最主要形式是串门,仪式性交往的最主要形式人情往来。在传统的村落熟人社会中,串门几乎是不受时空条件约束的,就是说任何人都可以在任何时间到任何家庭去串门,这就是村庄内部的开放性,不过具体实践起来,串哪家的门、何时去串门、串门做什么,则是受约束的,因为它表征着双方的关系亲密程度,在几乎没有秘密的熟人社会中,串门的频次和范围是人们品评一个人社会交往能力高低的重要指标,是其人缘好坏的外在表现之一。与串门相比,仪式性交往则要正式和严肃得多,并且受村庄社会规范的约束比较重,从一定意义上讲,仪式性交往在村庄内具有公共性的意义,它不只是私人之间的事情。仪式性交往基本等同于人情往来,农民说的"赶人情""随礼"都属于这个范畴。仪式性体现在其交往缘由比较正式,一般集中在重大的生命仪礼和节庆时刻,比如红白喜事、各类节日、建房祝寿等,这时农民并不一定正值农闲,却要尽量强制性地中断生产活动,这种"忙里偷闲"正体现了农民对人际沟通的重视。

价值体验是闲暇在人的精神层面发挥的功能,"价值"的内涵非常多,涉及贺雪峰所讲的三层价值的全部类型,[①]娱乐生活和交往生活中均可以获得价值体验,不过,更典型的闲暇生活方式则是民间性生活。中国农民的民间生活不同于西方基督教传统中的民间生活,在后者那里,民间生活是对现实生活的中断和否定,人只有进入特定的空间以特定的方式和特定的精神状态才能摆脱现实生活的桎梏,实现与上帝的沟通,其终极结果就是通过死亡—救赎这种方式彻底实现对现实生活的终止、否定和超越,因此,在基督教传统中通过安排礼拜日这类仪式活动,实际上就是强制性地要求人们"闲"下来重建与上帝的精神关联。中国农民的民间生活并非是对现实生活的否定,相反它就是现实生活的一部分,民间生活的形式就不是与现实生活隔离开来与某个外在的神沟通,而是在人与人、人与祖先的具有现实性的关联中体验生命的超越意义,因此,那些涉及民间生活的生命仪礼和节日安排就与基督教的礼拜日不同,这些民间活动非但不是"宁静的沉思",反而比日常生活更加热烈,即使像祭祖扫墓这类庄重肃穆的活动也总少不了聚会、社戏等娱乐庆祝。在这些民间生活中,农民通过中断日常生活,慎终追远,缅怀和告慰祖先,祈祷祖先神灵保佑生者的生活幸福,体验生命有限通过血脉关联起来的无限绵延感,获得他们的本体性价值体验。同时,通过生者的聚会,人们也可以从中获得生活的满足感、他人评价带来的社会荣耀感等社会性价值体验。

娱乐生活、交往生活和民间生活的功能性是互相交叉的,娱乐生活和民间生活都具有人际沟通的功能,交往生活中也具有身心放松和价值体验的功能,[②]民间生活同样是身心放松的重要途径。

---

① 贺雪峰:《农民价值观的类型及其相互关系——对当前农村严重伦理危机的讨论》,《开放时代》2008年第3期。
② 农民甚至直接将参加某些仪式活动称为"凑热闹","热闹"既来自仪式本身,更来自"我们"共同在场的群体性氛围。以农村的基督教仪式为例,大多数农民对其宗教活动的理解都是基于"身心放松"和"人际沟通"的功能需求,礼拜活动变成了那些子女不在身边的老年人难得的聚会时机,他们聚到一起聊聊天、唱唱歌(即唱圣歌)要比闷在家里好得多,绝大多数参加这种活动的老年人都是冲着这两点去的,不过,这种宗教活动却不能满足农民对本体性价值的追求。

三、闲暇的个体性与社会性

通过上面的论述可以发现,闲暇生活满足了个体 3 个方面的功能需求,这是其个体性的意义所在,同时,闲暇生活的方式却是具有社会性的,即农民主要是通过走出家庭参与到社会交往中休闲的,这是闲暇生活社会性的一面;另一面是指闲暇生活具有社会性的功能后果。农民为什么要通过社会性的方式安排闲暇生活,上文已多有阐述,这里重点讨论其社会性的功能后果,这种后果主要包括两个方面:一是再生产村庄的社会规范;二是凝聚个人对于村庄的集体认同。

社会规范再生产是个人社会行动的必然产物,吉登斯的结构化理论指出,社会结构(包括人际关联模式和规则)与个体行动之间的作用是相互的[①],农民通过社会性的方式安排闲暇生活,必然要遵循村庄的社会规范,否则不但闲暇生活无法持续,其作为人的资格都要面临质疑,比如人情交往,它不只是参与的问题,更重要的是要按照规则参与,如果破坏规则就不但意味着双方关系的破裂,更会影响到当事人在村庄中的人缘。在日常性的闲暇生活中,无论是私人性的串门还是公共场所的聊天,都具有重要的生产公共舆论的功能,其载体就是"闲话"。闲话是正式话语体系之外的舆论,它产生于公开半公开的街谈巷议,产生于私下的家长里短,这种具有流动性和扩散性的非正式舆论蕴含着村民对村庄内外人和事的品评,而品评的标准就是村庄中的社会规范和价值体系。"谁人背后无人说,哪个人前不说人",正是因为每个人都敏感于他人的品评,闲话就具有了行为约束力,那些成为人们的"谈资""话柄"的人,会感受到无形的巨大的舆论压力,走路时旁边投射过来的眼神和传来的窃窃私语指指点点,他"闯入"公共场所时人们突然中止的话题和王顾左右而言他的神态,这些都是村庄规范向他发出的细微信

---

① 参见[英]安东尼·吉登斯:《社会的构成:结构化理论大纲》,李康、李猛译,生活·读书·新知三联书店 1998 年版。

号,如果当事人缺乏足够敏感的感知力,或者不知悔改,那么,他终将被村庄边缘化,甚至沦为笑柄,这就是熟人社会中的"唾沫星子淹死人"的闲话效应。因此,闲话不闲,闲暇生活也不可等闲视之,它是村庄社会规范重要的再生产机制。

集体认同就是农民作为个人对于村庄的认同与归属感,村庄因此成为农民获得人生意义的基本场所。这种认同与归属感是比涂尔干意义上的"集体意识"更深层次的个体与村庄的关联,涂尔干从民间生活中发现了社会整合的"秘密",那就是"社会"取代"神"在个体意识和行为两个层面引导和规约着个体,因此,集体意识就成为形成社会秩序的核心。[1]认同与归属感则不仅仅意味着社会对个人在秩序层面上的规约,更是引导着个人自我实现的具有本体意义的力量。无论是在娱乐生活、交往生活还是民间生活中,农民之所以"本能"地采取社会性的方式实现,就在于其作为人的意义内在要求他采取这种方式,这也是闲暇的价值体验功能的表现。娱乐生活中的身心放松来自共同在场营造的群体性的情感温润,交往生活的人际沟通也不断密切着村民之间的情感关联和伦理义务关联,通过与他人的人情交往,一个人才能体会到村庄的"人情味儿",他自身也才具有了"人情味儿",它给农民提供了孙隆基所说的"在一起"的本体性安全感。[2]同时,交往中的荣辱得失(也就是"面子")也直接将社会评价引入个人的内心世界,使他对村庄社会评价产生了本能的敏感性。民间生活中的价值体验就更加明显了,农民对生命绵延的体悟直接将他们的自我意识扩充到祖祖辈辈而来、子子孙孙而去的血缘脉络中,融入村庄的集体记忆中,而民间生活中的集体狂欢则

---

[1] 有关集体意识在意识和行为两个维度展开的观点来自渠敬东,他的具体表述是:"在道德领域内,集体意识在纯粹观念的意义上转化为一种精神力量,散布在个体意识之中,引导个体的反思筹划及其行动取向;在制度领域内,集体意识则结晶为一种物质力量,借助法律规范或纪律准则对个体的行动加以规定和调动。"参见渠敬东:《涂尔干的遗产:现代社会及其可能》,《社会学研究》1999 年第 1 期。
[2] 孙隆基说,中国人无论到哪里,总会本能地建立自己人的群体,寻找那种"在一起"的安全感。参见孙隆基:《中国文化的深层结构》,广西师范大学出版社 2011 年版,第 173—178 页。

进一步发挥了不断凝聚和强化农民"当地感"与"历史感"的作用。总而言之,农民通过闲暇生活不是隔断而是不断强化着个体与村庄的关联。

闲暇的个体性是其基本属性,这在中西方的闲暇文化中是一致的,所不同在于,在西方的古希腊—基督教传统中,个体性中蕴含着民间性,它引导着个体与社会相隔绝,建立与上帝的本体性关联,从而体悟到人的本性,但在中国农村的熟人社会中,人的本性是由社会性所规定的,因此闲暇生活便需要通过社会性的方式实现,自然就产生了社会性的功能后果。

第二节　闲暇个体化与半熟人社会化

一、闲暇生活的个体化

农民闲暇生活变迁的核心是其性质的嬗变,社会性式微而个体性增强,同时,其社会性的功能后果日益弱化。农民闲暇生活的个体化可以从3个方面理解:闲暇实现方式的个体化、闲暇时间产权化和空间区隔化、闲暇功能的去社会化。

闲暇实现方式的个体化在娱乐生活、交往生活和民间生活中均有表现:娱乐生活日益空洞。比如公共场所的聚会丧失公共话题,居住结构改变等引发了串门的减少,农民越来越习惯于看电视等私密化的娱乐方式,打牌等公共场所的游戏蜕变成赌博工具,并随着参与成本提升导致其开放性的降低,甚至成为将经济分化转化为社会分化的工具,农民通过娱乐生活追求的身心放松越来越依赖于个体的消费能力和意愿,原来那种"在一起"的群体性的情感温润逐渐丧失吸引力,个人的身体感觉越来越重要。交往生活中个体意愿逐渐成为主导因素,社会规范约束力弱化,公共舆论瓦解。串门和公共场所聊天等闲话生产的载体丧失,而且农民普遍缺乏制造、传播闲话的意愿,得罪人的机会成本成为重要的考量因素。人情交往的公共性、规则性日益减弱,个人利益和情感需要成为人情交往的主要推动力,人际沟通工具化了。最后,民间生活中的价值体验逐步丧失本体性追求,围绕个体荣辱得失展开的社会性价值的竞争开始发挥主导作用,仪式蜕变为财富炫耀和面子竞争的工具,慎终追远的意义已经丧失殆尽。

闲暇时间的产权化表现为经济理性的算计渗入农民的生活世界,闲暇时间开始承担起财富生产和衡量的功能。萨林斯所说的传统时代那种"丰裕而悠闲的生活"[①]已经消失,"消遣经济"日益变成"消费经济"。[②] 时间产权观念形成以后,人们就会很明确地认识到并划分出时间的边界,哪些是"我的",哪些是"他的",即形成了基于权利主体的时间权利意识。既然这个时间是我自己的,我就应当有充分的自主权,别人就不能随便在这个时间中打扰我。人们彼此都越来越意识到了这一点,所以也就会自然而然地选择不轻易去打扰人家、麻烦人家。就村庄闲暇活动方面来看,不串门也就成为许多人的一个行为选择。"串门太浪费时间了""怕打扰别人",这也就成了大家对串门这样一个在以前看来再正常不过的行为的典型评价了。时间产权观念的形成也意味着时间的价值化、隐私化,意味着公共的时间在逐渐退出村庄人们的视野,公共时间让渡给了私人时间,进而,社会性的闲暇也就让渡给了私人性的闲暇。不仅像上文所说的那样,村民与村民私人之间越来越不愿意占用别人时间,即使是村庄集体为了村庄的公共利益也很难占用村民的时间,虽然这可能明明是对大家有益的事情,但是也总会有人讨价还价。例如,开村民代表会的时候就常会有村民代表说:"你要给我误工费。"因为时间更值钱了,大家更舍不得耽误自己的时间了,于是,村庄里的公益事业也就做不成了。

闲暇空间区隔化是指原本闲暇生活创造了密切人际沟通、强化村庄认

[①] 参见[美]马歇尔·萨林斯:《石器时代的经济学》,张经纬、郑少雄、张帆译,生活·读书·新知三联书店 2009 年版。
[②] 费孝通、张之毅:《云南三村》,社会科学文献出版社 2006 年版,第 107—113 页。

同的社会空间,现在这个空间却开始疏离人际关系、隔断个体与村庄的关联。空间区隔化的首先,由居住结构改变而导致的私密空间增加,这在客观上提高了串门的心理成本。其次,公共空间的去公共性,原本可以生产社会舆论的公共场所变成纯粹的娱乐场所,聊天的话题大多围绕一些不涉及具体人事评价的东西,新兴的小店、麻将馆等更缺乏足够的人际交流,另外,经济收入、职业经历(尤其是外出务工经历)、年龄、兴趣等都成为人们选择闲暇交往对象的影响因素,这导致公共空间更难形成。再次,闲暇生活日益依赖消费后,越来越呈现布迪厄所讲的"区隔"效应,这在年轻群体身上表现尤其明显,有着城市务工经历、对城市生活有着深度接触和认同的年轻人,注重讲究消费品位(尽管是被动接受外部宣传),这不仅拉大了他们与其他年龄段村民的社会距离,甚至在同年龄群体内也形成了趣缘圈子分化。[1] 很明显,时间产权化和空间区隔化都表明闲暇生活中的个体性日益增强。

闲暇功能的去社会化就比较好理解了,闲暇生活方式的个体化意味着社会规范对个人交往行为的约束越来越弱,个体意愿和利益考量成为主导因素,社会规范的再生产就陷入困境,这进一步加剧了规范的不稳定性,农民从闲暇中追求的价值体验退化为个体之间的竞争,个体与村庄之间的具有本体性的关联解体。可以生产公共舆论的串门、聊天等都变得空洞,丧失了公共性,闲话无从产生,闲事无人过问,公道正义在社会评价指标中的比重越来越低,个人外在禀赋(财富、权力等)越来越重要。上述变化导致个人对村庄的认同弱化,村庄越来越成为一个居所,成为要进入城市的跳板,要逃离和摆脱的地方,农民的生活面向日益外化,农民对闲暇生活的追求直接受城市文化所引导,他们追逐着与村庄无关的生活品位、娱乐方式和生活价值,闲暇生活已经无法把农民与村庄关联起来了。

---

[1] 宋丽娜和田先红将当下乡村社会中依据社会阶层和各种私人交往圈子形成的社会结构称为"圈层格局",他们认为这意味着乡村社会已经不是费孝通所讲的"差序格局"了。他们的讨论参见宋丽娜、田先红:《论圈层格局:当代中国农村社会结构变迁的再认识》,《中国农业大学学报》(社会科学版)2011年第1期。

二、半熟人社会化

闲暇生活的变迁与整个乡村社会的变迁是紧密关联在一起的,前者是后者的内在组成部分,因此需要在乡村社会变迁的整体视域中理解闲暇生活之变。乡村社会的巨变包含许多层面,但均可归结为半熟人社会化。

"半熟人社会"是贺雪峰早年观察村庄选举时提出的概念,他发现,在行政村一级,村民之间熟悉程度很低,有的候选人不为多数村民所知,这成为影响选举效率的重要因素。[1] 贺雪峰还对"半熟人社会"的内涵作了新的阐述,极大地突破了早期仅从"熟悉"角度进行的理解。他指出,熟人社会并非仅仅是信息对称的,熟人社会还要有公认一致的规矩,即"地方性共识"。地方性共识包含价值与规范,是农民行为的释义系统和规范系统。在当前中国一些农村,村庄信息仍然全对称,但地方性共识却已经瓦解或陷入变动,新的共识尚未成型,熟人社会已经半熟人社会化了。这个半熟人社会具有以下3个特征:"第一,村庄社会多元化,异质性增加,村民之间的熟悉程度降低。第二,随着地方性共识的逐步丧失,村庄传统规范越来越难以约束村民行为,村庄中甚至出现了因为信息对称而来的搭便车行为,并因此加速了村庄内生秩序能力的丧失。第三,村民对村庄的主体感逐步丧失,越来越难以仅靠内部力量来维持基本的生产生活秩序,村庄越来越变成外在于村民的存在,二者的社会文化距离(而非物理距离)越来越远。"[2]

笔者认为,"半熟人社会"的概念可以很好地概括巨变中的乡村社会性质,正因为其"变",导致当下的乡村社会已经远非费孝通笔下的"乡土社会(熟人社会)",但也不是"陌生人社会"。"半熟"并不是说熟悉程度的折半,

---

[1] 贺雪峰:《半熟人社会——理解村委会选举的一个视角》,《政治学研究》2000年第3期。"半熟人社会"还收录进了贺雪峰《新乡土中国》一书,后文引述的他对此概念的最新阐述部分来自该书的修订版,北京大学出版社2013年6月出版;参见贺雪峰:《新乡土中国》,广西师范大学出版社2003年版,第1—4页。
[2] 贺雪峰:《半熟人社会——中国农村未来的社会形态》,《中国社会科学报》2013年第441期。

而是主要用以同"熟人社会"相区别,表明两种社会形态之间的转变既有连续性又有差异性,"半熟人社会化"是指乡村社会正在逐步褪去"熟人社会"的部分特性,根据贺雪峰的概括,我觉得这种变迁主要表现在 4 个方面:一是村民异质性增强,熟悉度降低。在熟人社会,绝大多数村民从事相同的职业(务农),在有限的生活空间中经历着相似的生命历程,共享相同且稳定的地方性共识,因此同质性非常高,现在,村民的职业分化虽然并不十分严重(多数仍以务工+务农的兼业形式为主),但是生活空间的分化程度却比较高,生活经验的重合度不断降低,共享性的东西则越来越少,因此异质性不断增强。异质性增强的同时也是日常接触的减少,村民之间越来越不熟悉了。二是人际关系工具化。熟人社会中的人际关系是人情化的,人情关系是一种具有长久预期、排斥即时结算的互惠关系,就是费孝通所讲的"互相拖欠着未了的人情",[①]人情关系内含着工具性成分,但它被抑制在比较合理的程度内。现在,工具性成分在人际关系中的比重越来越高,人们越来越理性地考量社会交往中即时或潜在的利益得失,"人情冷暖世态炎凉"的感觉越来越明显。人际关系工具化也意味着村庄内充盈的脉脉温情逐渐褪去,"关系变淡了""没有人情味儿了"是农民对这种关系变化的直观体验。三是社会规范剧烈变动,对个体心理和行为的影响减弱,个人自主性越来越高。熟人社会中依靠稳定的社会规范体系来约束和引导个体行为,并由此形成一套社会评价体系对每个人的行为进行社会考评,公共舆论就是其载体之一,这也型塑了农民"社会取向"的行为逻辑。[②] 现在,社会规范剧烈动荡,外部力量通过各种途径进入村庄,加速了规范的紊乱,同时,农民的自我意识转变,个体主义开始主导农民的行动逻辑,个体意愿和利益考量越来越重要。四是个体对村庄的归属感日益丧失,村庄价值生产能力弱化,村民追求的价值日益个体化,其来源受外部影响越来越大而逐渐与村庄失去关系,村

---

① 费孝通:《乡土中国》,上海人民出版社 2006 年版,第 68 页。
② 杨国枢、陆洛:《中国人的自我》,重庆大学出版社 2009 年版,第 205—249 页。

庄的地理学意义增强,却不再是村民安身立命的归属。[1]

半熟人社会化是多重因素合力作用的结果,1990年代中后期以来,随着全国性的农民外出务工潮出现,乡村社会的流动性和开放性空前增加,外出务工迅速改善了农民的经济生活水平,带来了农民职业结构的调整,村庄内部的经济分化开始逐步拉大,生活经历差异也加速了农民的异质化,村庄边界日渐模糊,原来相对封闭的熟人社会开始不断遭受外部力量的渗透。与此同时,经济收入水平的提高和城市务工经历改变着农民的生活观念和生活方式,电视迅速普及,成为城市消费主义文化向农村传播的主要渠道,与这种文化一并进入的还有个体主义精神,投身市场经济大潮、被消费主义文化裹挟的农民,个体意识不断增强,生活面向不断外化,于是,无论社会层面还是个体层面,乡村社会的半熟人社会化都在加速推进。

三、飘零的个体与空虚的村庄

由此,闲暇生活的个体化就可以很好地理解了,半熟人社会化意味着无论从行为规范还是价值导向上来看,村庄对农民的约束都在减弱,农民的个体自主性程度不断提高。如果说传统时代的农民是依附于"祖荫下"、集体时代农民依附于集体组织的话,那么现在,农民第一次以纯粹个人的身份投入市场经济和消费主义文化的汪洋大海中,他们从以往的结构性约束中"解放"出来,获得了空前的自由。[2]

无论是依附于祖荫还是依附于集体,这两种结构都为个体提供了超越

---

[1] 杨华:《隐藏的世界:农村妇女的人生归属与生命意义》,中国政法大学出版社2012年版,第351页。

[2] 当然,个人仍然处于家庭之中。家庭对于中国人的意义无论如何估计都不为过,但正如阎云翔指出的那样,"家庭的主要功能也从一个为了集体生存而奋斗的法人群体演化成为个体成员提供幸福的私人生活港湾……现代社会的个体不再愿意为了集体的利益和扩展家庭的绵延不绝而牺牲自己;相反,他们都通过家庭的运作来寻求自己的利益和快乐。用下岬村人的话来说,他们在寻求家庭生活的顺心(满意/开心)和方便(便利/自由),而两者都是从个体的角度来界定的",家庭对于个体的本体性意义也变得暧昧不明了。参见阎云翔:《中国社会的个体化》,陆洋等译,上海译文出版社2012年,第11页。

时空阈限的确定感:在祖荫下是祖先—我—子孙的香火绵延,每个人都将有限生命融入这个绵长的生命链条中,当你成为"过去"的一环也就意味着确定性的获得了生命的意义,在集体的革命氛围中,个人将生命融入对未来的理想期待中,当下的生活实践因此获得了它的稳定性。然而,当农民真正"解放"出来以后,生活不再具有长久稳定的目标追求,生活本身替换为目标,现在只能通过自己确定自己的意义。① 那么,"现在"的生活又意味着什么呢?

岳永逸批判道:"以现在为现在的、生活在当下的时间体认强调的则是'今天乃今天的今天',没有昨天和明天,也不知道过去与现在。这种时间体认自然将人导向及时行乐和肉体的欢愉,引向的是空灵、虚脱与纸醉金迷,灵魂被出卖的同时,丰盈的物质享受堆积着也充满着人的肉身,欢快又绝望无比,世界成为一个被下半身支配的世界,在这个世界中,处长、老板和小姐没有任何差别。所以,为官者在意的不是'为人民服务',而是能涨大自己的虚假数字,治学者喜欢的不是思考与追问,而是权力与资源,小姐则心甘情愿地出卖自己的肉体和青春,'没劲''无聊''活着真没劲'也就成为整个社会的流行语。"②消费主义文化本身是不稳定的,它是一种欲望的文化,是一种享乐主义的意识形态和都市的生活方式。人们的欲望在新奇与疲劳之间循环,"变化"本身成为唯一的确定性。这样的闲暇生活是不可能给农民提供生活归属感的。

从传统的共同体中"解放"出来的现代人普遍面临着重新建立生活确定性、寻找生命归属的问题,但"令人可悲的是,现代人日益为物质的欲望所统治,个人沦落为纯粹物质欲望的奴隶,现代人并没有全面的而是片面的占有了自己的本质。人性残缺不全了,现代人失去了自己的完整性存在,而成为

---

① 流心分析了中国人自我结构中时间认知模式的转变,参见流心:《自我的他性——当代中国的自我系谱》,常姝译,上海人民出版社 2005 年版,第 144—145 页。
② 岳永逸:《时空体认的转换及迷失——〈自我的他性〉读后》,《中国农业大学学报》(社会科学版) 2008 年第 1 期。

一种碎片化的存在。"①对形而上学持强烈批判态度的尼采恰好道出了这一点:"真的,我的朋友,我漫步在人中间,如同漫步在人的碎片和断肢中间……我的目光从今天漫步到过去,发现比比皆是:碎片、断肢和可怕的偶然,可是没有人。"②个体就这样"飘零"在市场经济和消费主义文化之中。

同时,村庄也在因"失去"它的主体而空虚化。吴重庆将当前农村社会称为"无主体熟人社会"③,所谓无主体,一是农村中青年大量外出务工经商,不在村里,村庄主体丧失;二是农村社会已经丧失过去的自主性,变成了城市社会的依附者。吴重庆对村庄主体的强调非常具有启发意义。他将农村"主体"等同于中青年农民,由此推论由于中青年农民的流动形成了熟人社会部分特征的周期性呈现。不过,在笔者看来,熟人社会丧失主体的深层内涵在于农民对村庄失去主体感。这种主体感就是费老所说的农民与乡土的利益关联、情感眷恋和价值归属,主体感就是"我们"感,它促发了人们对村庄的责任与关切,可能与农民在不在村没有关系:有主体感时,远行千里依然心系故土,飞黄腾达要衣锦还乡回馈父老,最终还要叶落归根;丧失主体感后,即使身在村内心也在村外,村庄如何与己无关,自己得意失意也与村庄无关。

第三节 重建美好生活

当前农村流行着"三个月种田,三个月过年、六个月休闲"的口头禅,农民用此描绘自己的生活状态,虽然说得有些夸张,但也反映了农村的实情。随着简便农作技术和化学肥料农药的大规模推广使用以及农业机械化程度

---

① 吴玉军:《非确定性与现代人的生存》,北京师范大学博士学位论文,2005年,第68页。
② [德]尼采:《查拉图斯特拉如是说》,尹溟译,文艺出版社1995年版,第149页。
③ 吴重庆:《无主体熟人社会》,《开放时代》2002年第1期。

的提高,农业的劳动强度大为降低,即使在缺少青壮劳动力的情况下,仅靠妇女老人依然可以经营好小规模的农业生产活动。同时,务工经济在农民收入结构中的比重越来越高,农业收益权重下降,农民在权衡劳动投入和劳动成果产出上越来越参照劳动力市场价格,即传统的不计劳动成本的"过密化"农业生产方式正发生改变。如此一来,农民就有了越来越多劳动之余的时间,可以毫不夸张地说,这是历史上中国农民第一次步入"有闲阶级"。

但是农民显然还没有做好准备,大量的闲暇时间如何安排,并且是进行有意义的安排呢?正如贺雪峰指出的:"在中国农民第一次有了大量闲暇时间的情况下,如何发展出健康的、具有农民主体性的消费闲暇的方式,是意义极为重大的现实问题,要让农民体验到美,诗化自己的生活,让农民获得心灵体验而不只是诉诸感官刺激。"[1]遗憾的是,几乎在农民的闲暇时间爆发式增加的同时,现代消费主义文化迅速席卷乡村社会,农民有限的经济收入被消耗在那些充满物欲刺激的消费方式中,闲暇生活反而更加空洞化,个体迷失在充满不确定性的消费主义大潮中。

如何在消费主义时代重建人们的美好生活,重塑人们的生命归属,成为全世界普遍面临的难题。不过,在西方的文化语境中,这种问题是由于民间祛魅化、世俗化过于张扬而导致的,人们的生命意义不再通过与上帝建立本体关联确定,也没有找到可替代的另一个具有永恒稳定性的客观存在,于是,个体在流动的现代性中日渐迷失。面对现代社会条件下个体权利的极度膨胀而导致的价值共识困境、自我认同焦虑的困境,社群主义力图从共同体之中汲取现代性弊病的治病良方,社群主义巨擘麦金泰尔明确认为真正的社群必须要回归亚里士多德传统,回归到一种重视人生目的、讲究德性的环境之中。[2] 但是社群主义所面临的困境是,在西方文化传统中存在根深蒂固的个体主义自我观念,个体与他人、与社会之间始终存在无法消弭的张

---

[1] 贺雪峰:《中国农村的"低消费高福利"实践》,《绿叶》2009 年第 12 期。
[2] [美]麦金泰尔:《德性之后》,龚群、戴扬毅等译,中国社会科学出版社 1995 年版,第 277 页。

力,寄希望于重建社群必然要面临西方人视之为最高价值的个体自由和独特性如何捍卫的问题,因此,社群主义更多是发挥着一种批判现代性的作用。对于中国农民来说,问题的实质则是闲暇生活原本就具有的社会性流失,个体性过度膨胀了。中国农民并非失去了规定生命意义的上帝,"我们没有这么一个至善的上帝来照管人心",[1]而是失去了他们的村庄。重建农民的美好生活,休闲学提供的思路与农民距离太遥远,而且其基本逻辑仍然是个体主义式的,真正具有现实契合性的道路应当是重新建立农民与村庄之间的关联,这应该构成乡村建设的基本要求。

现实是,现代性重塑了农民的自我意识,个体自由无论从生活方式层面还是价值观念层面来看,都已经为农民所接受,因此无论是"祖荫"还是"集体"都不可能再成为农民的依附对象。乡村建设只能在承认个体自由的基础上,为农民重新建立有意义的闲暇生活方式。

这种闲暇生活方式应当是具有社会性的,它可以让农民体验到人际交往的情感温润,可以让农民并不需要消耗过高的物质财富就能获得体面和尊严,可以让农民从容有度地放松身心,而不必追求稍纵即逝的消费泡沫。这种闲暇生活方式的核心在于,村庄焕发价值生产能力,为农民提供安身立命的基础。这样,农民仍然可以自由地在城乡之间流动,并且有序地、可控地城市化,即使不进城,他们依然可以在村庄中享受美好的生活。

贺雪峰一直倡导一种"低消费、高福利"的生活方式,所谓"低消费",就是讲求节俭,反对铺张浪费,尤其反对单纯以金钱来衡量人生价值的生活方式;所谓"高福利",就是人们感到生活满意,有意义,有体面和有尊严的生活方式。"低消费、高福利"就是要让农民的生活有根,对未来有确定的预期,村庄有价值生产能力,有公共舆论,有道德压力。他这样描绘这种生活方式:我希望重建田园牧歌的生活,希望温饱有余的农民可以继续享受青山

---

[1] 吴飞:《自杀作为中国问题》,生活·读书·新知三联书店 2007 年版,第 52 页。

绿水和蓝天白云,可以继续享受家庭和睦和邻里友爱,可以继续享受陶渊明式的'采菊东篱下,悠然见南山'的休闲与情趣。劳作是有的,却不需要透支体力;消费是有的,却不一定奢华;闲暇是有的,却不空虚无聊。①这应当成为乡村建设的基本目标。

行文至此,我愿意援引吴飞的一段话结束全书的讨论:"如果不能为人们找到一条不但自由,而且醇厚;不但高贵,而且快乐的过日子的道路,我们哪怕不会堕落成一个没有出息的民族,也会变成一个冷酷的国度。"②

---

① 参见贺雪峰:《乡村的前途:新农村建设与中国道路》,山东人民出版社 2007 年版。
② 吴飞:《自杀作为中国问题》,生活·读书·新知三联书店 2007 年版,第 55 页。

参考文献

[1] [法]阿利埃斯、杜比主编:《私人生活史》,杨家勤等译,北方文艺出版社2009年版。

[2] 奥斯古德著、黄德兴等编译:《工作后的生活》,载《现代生活方式面面观》,上海社会科学院出版社1987年版。

[3] [美]埃里希·弗罗姆:《逃避自由》,刘林海译,国际文化出版公司2002年版。

[4] [英]安东尼·吉登斯:《社会的构成:结构化理论大纲》,李康、李猛译,生活·读书·新知三联书店1998年版。

[5] [英]安东尼·吉登斯:《资本主义与现代社会理论——对马克思、涂尔干和韦伯著作的分析》,郭忠华、潘华凌译,上海译文出版社2007年版。

[6] [法]波德里亚:《消费社会》,刘成富、全志刚译,南京大学出版社2006年版。

[7] 安希孟:《关于闲暇的理性思考》,《自然辩证法研究》2005年第12期。

[8] [法]布迪厄:《区隔:趣味判断的社会批判》引言,朱国华译,《文化研究》(第4辑),中央编译出版社2003年版。

[9] [美]布耐恩·贝利:《比较城市化:20世纪的不同道路》,顾朝林等译,汉译世界学术名著丛书,商务印书馆2010年版。

[10] [法]波德里亚:《消费社会》,刘成富、全志刚译,南京大学出版社2011年版。

[11] 陈柏峰:《乡村江湖》,中国政法大学出版社2011年版。

[12] 陈柏峰:《农村仪式性人情的功能异化》2011年第1期。

[13] 陈柏峰:《价值观变迁背景下的农民自杀问题——皖北李圩村调查》,《中国乡村研究》(第六辑),福建教育出版社2008年版。

[14] 陈柏峰:《乡村江湖——两湖平原混混研究》,中国政法大学出版2010年版。

[15] 陈柏峰、郭俊霞:《也论面子——村庄生活的视角》,《华中科技大学学报》(社会科学版)2007年第1期。

[16] 陈锋:《交换与强制:地缘性村落互助合作的维持及其趋势》,《中共杭州市委党校学报》2011年第1期。

[17] 陈晓宏:《女性闲暇生活中的民间信仰活动——基于福建农村的田野调查研究》,《福建论坛》2012年第10期。

[18] 陈文玲、郭立仕:《关于农村消费的现状及政策建议》,《财贸经济》2007年第2期。

[19] 陈柏峰:《熟人社会:村庄秩序机制的理想型探究》,《社会》2011年第1期。

[20] 董磊明:《结构混乱与迎法下乡》,《中国社会科学》2008年第5期。

[21] 董磊明:《宋村的调解——巨变时代的权威与秩序》,法律出版社2008年版。

[22] [美] 杜维明:《人性与自我修养》,胡军、于民雄译,中国和平出版社1988年版。

[23] [美] 凡勃伦:《有闲阶级论》,蔡受百译,商务印书馆2009年版。

[24] 费孝通:《乡土中国·生育制度》,北京大学出版社1998年版。

[25] 费孝通、张之毅:《云南三村》,社会科学文献出版社2006年版。

[26] 费孝通:《乡土中国》,上海人民出版社2006年版。

[27] 高宣扬:《布迪厄的社会理论》,同济大学出版社2004年版。

[28] 甘满堂:《村庙与公共社区公共生活》,社会科学文献出版社2007年版。

[29] 桂华:《论村庄社会交往的变化:从闲话谈起》,《中共宁波市委党校学报》2010年第5期。

[30] 桂华:《妇女家庭地位变革与村庄公共生活变迁》,工作论文,待刊。

[31] 桂华:《散射格局:地缘村落的构成与性质》,《青年研究》2011年第1期。

[32] 高丙中:《时空设置的构造与重构:以土族为例》,载王铭铭、潘忠党主编:《象征与社会——中国民间文化的探讨》,天津人民出版社1997年版。

[33] [美] 戈夫曼:《日常生活中的自我呈现》,冯钢译,北京大学出版社2008年版。

[34] 黄美英:《民间与性别文化——台湾女神信奉初探》,载于《中国海洋发展史论文集(三)》,台湾"中央"研究院中山人文社会科学研究所1988年版。

[35] 黄平:《误导与发展》,中国人民大学出版社2006年版。

[36] 黄宗智:《华北的小农经济与社会变迁》,中华书局2000年版。

[37] [美] 赫伯特·马尔库塞:《单向度的人:发达工业社会意识形态研究》,刘继译,上海译文出版社2006年版。

[38] 贺雪峰:《中国农村的"低消费高福利"实践》,《绿叶》2009年第12期。

[39] 贺雪峰:《什么农村,什么问题》,法律出版社2008年版。

[40] 贺雪峰:《论中国农村的区域差异——村庄社会结构的视角》,《开放时代》2012年第10期。

[41] 贺雪峰:《新农村建设与中国道路》,《读书》2006年第8期。

[42] 贺雪峰:《农村的半熟人社会化与公共生活的重建》,《中国乡村研究》(第六辑),福建教育出版社2008年版。

[43] 贺雪峰:《村治模式:若干案例研究》,山东人民出版社2009年版。

[44] 贺雪峰:《新乡土中国》(修订版),北京大学出版社,待版中。

[45] 贺雪峰:《小农立场》,待版。

[46] 贺雪峰:《地权的逻辑》,中国政法大学出版社2010年版。

[47] 贺雪峰:《乡村社会关键词》,山东人民出版社2011年版

[48] 贺雪峰、仝志辉:《论村庄社会关联——兼论村庄秩序的社会基础》,《中国社会科学》2002年第3期。

[49] 贺雪峰:《农民价值观的类型及其相互关系——对当前农村严重伦理危机的讨论》,《开放时代》2008年第3期。

[50] 贺雪峰:《半熟人社会——理解村委会选举的一个视角》,《政治学研究》2000年第3期。

[51] 贺雪峰:《新乡土中国》,广西师范大学出版社2003年版。

[52] 贺雪峰:《半熟人社会——中国农村未来的社会形态》,《中国社会科学报》2013年第441期。

[53] 贺雪峰:《乡村的前途:新农村建设与中国道路》,山东人民出版社2007年版。

[54] 景军:《知识、组织与象征资本——中国北方两座孔庙之实地考察》,《社会学研究》1998年第1期。

[55] 渠敬东:《涂尔干的遗产:现代社会及其可能》,《社会学研究》1999年第1期。

[56] 李路路:《论社会分层研究》,《社会学研究》1999年第1期。

[57] [美] 罗伯特·帕特南:《独自打保龄:美国社区的衰落与复兴》,刘波等译,北京大学出版社2011年版。

[58] [美] 罗伯特·帕特南:《美国社会资本:如何再洗牌?》,《中国图书评论》2011年第3期。

[59] 罗红光:《权力与权威——黑龙潭的符号体系与政治评论》,载王铭铭、王斯福主编:《乡土社会的秩序、公正与权威》,中国政法大学出版社1999年版。

[60] 李景汉:《定县社会概况调查》,中国人民大学出版社1986年版。

[61] 刘勤:《自我、主体性与村庄》,华中科技大学博士论文,2008年。

[62] 刘燕舞:《自杀秩序及其社会基础》,《现代中国研究》(日本)总第25号,2009年。

[63] 刘忠卫:《目前我国农村民间盛行原因之剖析》,《青海社会科学》1997年第1期。

[64] [法]雷蒙·阿隆:《社会学主要思潮》,葛智强译,华夏出版社2000年版。

[65] [美]兰德尔·柯林斯、迈克尔·马科夫斯基:《发现社会之旅——西方社会学思想述评》,李霞译,中华书局2006年版。

[66] 李培林、张翼:《消费分层:启动经济的一个重要视点》,《中国社会科学》2000年第1期。

[67] 李春玲、吕鹏:《社会分层理论》,中国社会科学出版社2008年版。

[68] 梁漱溟:《中国文化要义》,学林出版社1987年版。

[69] 流心:《自我的他性——当代中国的自我系谱》,常姝译,上海人民出版社2005年版。

[70] 马惠娣:《休闲:人类美丽的精神家园》,中国经济出版社2004年版。

[71] 《马克思恩格斯选集》(第1卷),人民出版社1995年版。

[72] 《马克思恩格斯全集》(第46卷下),人民出版社1995年版。

[73] 马克思:《1844年经济学哲学手稿》,北京人民出版社2000年版。

[74] 《马克思恩格斯选集》(第2卷),人民出版社1995年版。

[75] [美]马尔库塞:《单向度的人》,张峰、吕世平译,重庆出版社1988年版。

[76] [德]马克思:《1844年经济学哲学手稿》,于晓、陈维纲译,生活·读书·新知三联书店1987年版。

[77] [德]马克斯·韦伯:《新教伦理与资本主义精神》,中共中央马克思恩格斯列宁斯大林著作编译局译,人民出版社2000年版。

[78] [法]米歇尔·福柯:《词与物:人文科学考古学》,莫伟民译,上海三联书店2001年版。

[79] [德]马丁·海德格尔:《存在与时间》,陈嘉映、王庆节译,生活·读书·新知三联书店2006年版。

[80] [美]马斯洛:《动机与人格》,许金声等译,华夏出版社2006年版。

[81] 马塞尔·莫斯:《礼物:古式社会中交换的形式与理由》,上海人民出版社2005年版。

[82] 买文兰:《社会转型期中国农村民间的特点》,《洛阳师范学院学报》2001年第3期。

[83] 马惠娣:《休闲问题的理论探究》,《清华大学学报》(哲学社会科学版)2001年第6期。

[84] [美]马歇尔·萨林斯:《石器时代的经济学》,张经纬、郑少雄、张帆译,生活·读书·新知三联书店2009年版。

[85] [美]麦金泰尔:《德性之后》,中国社会科学出版社1995年版。

[86] 列斐伏尔:《空间的生产》,中国档案出版社2009年版。

[87][德]尼采：《查拉图特拉如是说》，文艺出版社 1995 年版。
[88]欧阳静：《农民精神文化生活的历史性抉择》，《三农中国》2008 年第 12 期。
[89]欧阳静：《无根仪式：农村婚丧仪式的锐变》，《党政干部学刊》2011 年第 7 期。
[90][德]皮普尔：《闲暇：文化的基础》，刘森尧译，新星出版社 2005 年版。
[91][美]萨林斯：《文化与实践理性》，赵炳祥译，上海人民出版社 2002 年版。
[92]宋丽娜：《人情往来的社会机制——以公共性和私人性为分析框架》，《华中科技大学学报》(社会科学版)2012 年第 3 期。
[93]宋丽娜：《熟人社会的性质》，《中国农业大学学报》(社会科学版)2009 年第 2 期。
[94]宋丽娜、田先红：《论圈层结构——当代农村社会结构变迁的再认识》，《中国农业大学学报》2011 年第 1 期。
[95]宋丽娜：《人情的社会基础研究》，华中科技大学 2011 届博士论文。
[96]宋丽娜：《农民分家行为再认识》，《宁波市委党校学报》2009 年第 4 期。
[97]申端锋：《中国农村出现伦理性危机》，《中国老区建设》2007 年第 7 期。
[98]孙隆基：《中国文化的深层结构》，广西师范大学出版社 2011 年版。
[99][法]涂尔干：《职业伦理与公民道德》，渠东等译，上海人民出版社 2001 年版。
[100][法]涂尔干：《民间生活的基本形式》，渠东等译，上海人民出版社 2006 年版。
[101][法]涂尔干：《社会分工论》，渠东译，生活·读书·新知三联书店 2000 年版。
[102][美]托马斯·古德尔、杰弗瑞·戈比：《人类思想史中的休闲》，成素梅译，云南人民出版社 2000 年版。
[103]王会、欧阳静；：《"闪婚闪离"：打工经济背景下的农村婚姻变革——基于多省农村调研的讨论》，《中国青年研究》2012 年第 1 期。
[104]王会：《农村"闪婚"现象及其村庄社会基础》，《南方人口》2011 年第 3 期。
[105]王笛：《街头文化——成都公共空间、下层民众与地方政治，1870—1930》，中国人民大学出版社 2006 年版。
[106]王铭铭、王斯福主编：《乡土社会的秩序、公正与权威》，中国政法大学出版社 1999 年版。
[107]吴毅、李德瑞：《二十年农村政治研究的演进与转向——兼论一段公共学术运动的兴起与终结》，《开放时代》2007 年第 2 期。
[108]吴毅：《小镇喧嚣：一个乡镇政治运作的演绎与阐释》，生活·读书·新知三联书店 2007 年版。
[109]吴毅：《何以个案，为何叙述——对经典农村研究方法质疑的反思》，《探索与争鸣》2007 年第 4 期。

[110] 吴毅：《村治变迁中的权威与秩序——20世纪川东双村的表达》，中国社会科学出版社2002年版。

[111] 王雅林：《生活方式研究评述》，《社会学研究》1995年第4期。

[112] 王雅林：《生活方式研究的理论定位与当代意义》，《社会科学研究》2004年第2期。

[113] 王德福：《人情的公共性及功能》，《中国社会科学报》2009年11月5日。

[114] 王德福：《缺失公共性的公共空间——基于浙东农村的考察》，《宁波市委党校学报》2011年第2期。

[115] 王铭铭：《象征的秩序》，《读书》1998年第2期。

[116] 王铭铭：《中国民间民间：国外人类学研究综述》，《世界民间研究》1996年第2期。

[117] 王铭铭：《西方人类学思潮十讲》，广西师范大学出版社2005年版。

[118] 王沪宁：《当代中国村落家族文化——对中国社会现代化的一项探索》，上海人民出版社1999年版。

[119] 王利明：《物权法研究》（上卷），中国人民大学出版社2007年8月第二版。

[120] 王绍光：《毛泽东时代的闲暇》，《书摘》2002年第7期。

[121] 王绍光：《安邦之道：国家转型的目标与途径》，生活·读书·新知三联书店出版社2007年版。

[122] 威尔逊：《真正的穷人》，成伯清等译，上海人民出版社2007年版。

[123] 吴飞：《自杀作为中国问题》，生活·读书·新知三联书店2007年版。

[124] 吴飞：《论"过日子"》，《社会学研究》2007年第6期。

[125] 吴玉军：《非确定性与现代人的生存》，北京师范大学博士学位论文，2005年。

[126] 吴重庆：《无主体熟人社会》，《开放时代》2002年第1期。

[127] 小田：《近代江南茶馆与乡村社会运作》，《社会学研究》1997年第5期。

[128] 徐瑞青：《电视文化形态论：兼议消费社会的文化逻辑》，中国社会科学出版社2007年版。

[129] 薛艺兵：《对仪式现象的人类学解释（下）》，《广西民族研究》2003年第3期。

[130] 肖锋：《中国人压力报告》，《新周刊》2006年8月7日。

[131] 许荣：《中国中间阶层：文化品位与地位恐慌》，中国大百科全书出版社2007年版。

[132] [古希腊]亚里士多德：《政治学》，颜一等译，中国人民大学出版社2003年版。

[133] 于光远：《论普遍有闲的社会》，中国经济出版社2006年版。

[134] 于光远:《社会主义建设与生活方式、价值观和人的成长》,《中国社会科学》1981年第4期。

[135] 于光远、马惠娣:《关于"闲暇"与"休闲"两个概念的对话录》,《自然辩证法研究》2006年第9期。

[136] 阎云翔:《私人生活的变革》,上海书店出版社2006年版。

[137] 阎云翔:《礼物的流动》,李放春、刘瑜译,上海人民出版社2000年版。

[138] 阎云翔:《中国社会的个体化》,陆洋等译,上海译文出版社2012年版。

[139] [美]约翰·凯利:《走向自由:休闲社会学新论》,赵冉译,云南人民出版社2000年版。

[140] 袁松:《电视与村庄公共生活》,华中科技大学硕士论文,2008年。

[141] 薛亚利:《村庄里的闲话》,上海书店出版社2009年版。

[142] 杨华、范方旭:《自杀秩序与湖北京山老年人自杀》,《开放时代》2009年第5期。

[143] 杨美惠:《礼物、关系学与国家》,赵旭东译,江苏人民出版社2009年版。

[144] 杨华:《隐藏的世界——中国农村妇女的归属意义世界》,中国政法大学出版社2012年版。

[145] 杨华:《农民的"历史感"与"当地感"——对农民生活意义和生命价值的一项探讨》,http://www.snzg.net/article/2008/0219/article_9155.html。

[146] 杨华:《阶层分化、代际剥削与老年人自杀》,待刊论文。

[147] 杨华:《妇女何以在村落里安身立命?》,中国乡村研究第八辑,黄宗智主编,福建教育出版社2010年版。

[148] 杨华:《纠纷性质及其变迁的原因》,《华中科技大学学报》(社会科学版)2008年第1期。

[149] 岳永逸:《时空体认的转换及迷失——〈自我的他性〉读后》,《中国农业大学学报》(社会科学版)2008年第1期。

[150] 杨国枢、陆洛:《中国人的自我》,重庆大学出版社2009年版。

[151] 朱晓阳:《罪过与惩罚》,天津古籍出版社2003年版。

[152] 赵晓峰:《变味的丧葬改革》,《中国乡村发现》2008年第3期。

[153] 张广瑞、宋瑞:《关于休闲的研究》,《中央民族大学学报》(哲学社会科学版)2001年第9期。

[154] 张永红:《休闲的词源涵义考》,《湖南工业大学学报》(社会科学版)2010年第4期。

[155] 张永红、曾长秋:《马克思"自由"意蕴中的休闲思想》,《河北学刊》2008年第3期。

[156] 章辉：《论休闲学的学科界定及使命》，《中央民族大学学报》（哲学社会科学版）2012年第2期。

[157] 中国青少年研究中心等：《新跨越——当代农村青年报告》，浙江人民出版社2000年版。

[158] 周飞舟：《从汲取型政权到"悬浮型"政权——税费改革对国家与农民关系之影响》，《社会学研究》2006年第3期。

[159] 翟学伟：《中国人的脸面观》，社会科学文献出版社2011年版。

[160] 张柠：《土地的黄昏：乡村经验的微观权力分析》，东方出版社2005年版。

[161] Turner. *Drama*, *Fields and Metaphors Symbolic Action in Human Society Ithaca*. New York: Cornell University Press，1974.

[162] Victor Turner. *The Forest of Symbols: Aspects of Ndembu Ritual*. Ithaca: Cornell University Press，1967：19.

图书在版编目(CIP)数据

个体化闲暇：城镇化进程中苏北泉村的日常生活与时空秩序 / 王会著. — 上海：上海社会科学院出版社，2020

ISBN 978-7-5520-3278-9

Ⅰ.①个⋯ Ⅱ.①王⋯ Ⅲ.①农民—生活状况—研究—盱眙县 Ⅳ.①D422.7

中国版本图书馆 CIP 数据核字(2020)第 140912 号

个体化闲暇
——城镇化进程中苏北泉村的日常生活与时空秩序

著　　者：	王　会
责任编辑：	董汉玲
封面设计：	夏艺堂艺术设计
出版发行：	上海社会科学院出版社
	上海顺昌路 622 号　邮编 200025
	电话总机 021-63315947　销售热线 021-53063735
	http://www.sassp.cn　E-mail:sassp@sassp.cn
排　　版：	南京展望文化发展有限公司
印　　刷：	上海龙腾印务有限公司
开　　本：	720 毫米×1000 毫米　1/16
印　　张：	15.25
插　　页：	1
字　　数：	200 千字
版　　次：	2020 年 8 月第 1 版　2020 年 8 月第 1 次印刷

ISBN 978-7-5520-3278-9/D·591　　　定价：88.00 元

版权所有　翻印必究